八閩文庫

八閩文庫

要籍選刊

107

雲左山房文鈔
畿輔水利議
滇軺紀程
荷戈紀程

[清] 林則徐 著

茅林立 點校

海峽出版發行集團
THE STRAITS PUBLISHING & DISTRIBUTING GROUP
海峽書局

圖書在版編目（CIP）數據

雲左山房文鈔；畿輔水利議；滇軺紀程；荷戈紀程／（清）林則徐著；茅林立點校. --福州：海峽書局，2022.11
（八閩文庫.要籍選刊）
ISBN 978-7-5567-0884-0

Ⅰ. ①雲… Ⅱ. ①林… ②茅… Ⅲ. ①林則徐（1785-1850）-全集 Ⅳ. ①Z424.9

中國版本圖書館CIP數據核字(2021)第241998號

雲左山房文鈔
畿輔水利議
滇軺紀程
荷戈紀程

作　　者：［清］林則徐　著　茅林立　點校
責任編輯：廖偉
裝幀設計：張志偉
出版發行：海峽書局
電　　話：0591-87557277（發行部）
網　　址：http://www.zpxsxk.com
電子郵箱：zhongxuankan@sohu.com
地　　址：福建省福州市東水路76號
郵政編碼：350001
經　　銷：中篇小說選刊雜志社發行部
印刷裝訂：雅昌文化（集團）有限公司
地　　址：深圳市南山區深雲路19號
開　　本：787毫米×1092毫米　1/32
印　　張：12.375
字　　數：218千字
版　　次：2022年11月第1版第1次印刷
書　　號：ISBN 978-7-5567-0884-0
定　　價：56.00元

二〇一九年八閩文庫出版工程領導小組

組　長　梁建勇

副組長　楊賢金

成　員　施宇輝　馮潮華　賴碧濤　陳熙滿
王建南　黄　誌　卓兆水　葉飛文
陳　强　林守欽　王秀麗　蔣達德

二〇二〇年八閩文庫出版工程領導小組

組　長　邢善萍

副組長　郭寧寧

成　員　施宇輝　馮潮華　賴碧濤　陳熙滿
肖貴新　王建南　黄　誌　卓兆水
葉飛文　陳　强　林守欽　王秀麗
林義良

二〇二一年八閩文庫出版工程領導小組

組　長　張　彦

副組長　鄭建閩

成　員　林端宇　鄭家紅　顔志煌　黄國劍
許守堯　肖貴新　林　生　黄　誌
卓兆水　吴宏武　陳　强　張立峰
鄭東育　林義良　林　彬

八閩文庫總序

葛兆光　張　帆

一

在傳統中國的文化史上，福建算是後來居上的區域。

經歷了東晉、中唐、南宋幾次大移民潮，浙、閩之間的仙霞嶺，早已不是分隔内外的屏障，而成了溝通南北的通道。歷史使得福建越來越融入華夏文明之中，唐宋兩代，特別是在「背海立國」的宋代，東南的經濟發達，海洋的地位凸顯，福建逐漸從被文明中心影響的邊緣地帶，成爲反向影響全國文明的重要區域。在七世紀的初唐，詩人駱賓王曾說「龍章徒表越，閩俗本殊華」（駱臨海集箋注卷二晚憩田家，陳熙晉箋注，上海古籍出版社一九八五年，第三六頁），前一句說的是華夏的衣冠對斷髮文身的越人没有用，後一句說的是閩地的風俗本來就與華夏不同，意思都是瞧不起東南。但是，到了十五世紀的明代中期，黄仲昭在弘治八閩通志序裏卻説，八閩雖爲東南僻壤，但自唐以來文化漸盛，「至宋，大儒君子接踵而出」，實際上它的文明程度，已經「可以不愧於鄒魯」（四庫全書存目叢書史部一七七册，齊魯書社一九九六年，第三六四頁）。

的確，自從福建在唐代出了第一個進士薛令之，而且晉江有歐陽詹，福清有王棨，莆田有徐夤、黄滔這些傑出人物之後，到了更加倚重南方的宋代，福建出現了蔡襄（一〇一二—一〇六七）、陳襄（一〇一七—一〇八〇）、游酢（一〇五三—一一二三）、楊時（一〇五三—一一三五）、鄭樵（一一〇四—一一六二）、林光朝（一一一四—一一七八）、朱熹（一一三〇—一二〇〇）、蔡元定（一一三五—一一九八）、陳淳（一一五九—一二二三）、真德秀（一一七八—一二三五）等一大批著名文人士大夫。這些出身福建或流寓福建的士人學者，大大繁榮和提升了這裏的文化，甚至使得整個中國的文化重心逐漸南移，也許，就像程頤説的那樣「吾道南矣」（宋史卷四二八道學楊時傳，中華書局一九七七年，第一二七三八頁）。也就是説宋代之後，原本偏在東南的福建，逐漸成了中國重要的文化區域。

不過，習慣於中原中心的學者，當時也許還有偏見。以來自中心的偏見視東南一隅的福建，那時福建似乎還是「邊緣」。雖然人們早已承認福建「歷宋逮今，風氣日開」

（黃虞稷閩小紀序，撰於康熙五年，續修四庫全書史部七三四册，上海古籍出版社二〇〇二年，第一二七頁），但有的中原士人還覺得福建「僻在邊地」。像北宋樂史的太平寰宇記，一面承認「此州（福州）之才子登科者甚衆」，一面仍沿襲秦漢舊説，稱閩地之人「皆蛇種」，並引十道志説福建「嗜欲、衣服，別是一方」（樂史太平寰宇記卷一〇〇江南東道一二，中華書局二〇〇七年，第一九九一頁）。所以，歷史上某些關於福建歷史、文化和風俗的著作，似乎還在以中原或者江南的眼光，特別留心福建地區與核心區域不同的特異之處，筆下一面凸顯異域風情，一面鄙夷南蠻鴃舌。但是從大的方面説，我們看到宋代以降，實際上福建與中原的精英文化越來越趨向同一，正如宋人祝穆方輿勝覽所説，「海濱幾及洙泗，百里三狀元」，前一句裏所謂「洙泗」即孔子故鄉，這是説福建沿海文風鼎盛，幾乎趕得上孔子故里；後一句裏「三狀元」是指南宋乾道年間福建登第的三個狀元，即乾道二年（一一六六）的蕭國梁、乾道五年的鄭僑和乾道八年的黃定，他們都是福建永福（今永泰）這個地方的人（祝穆新編方輿勝覽卷一〇，施和金點校，中華書局二〇〇三年，第一六三頁）。

文化漸漸發達，書籍或者文獻也就越來越多，福建文獻的撰寫者中不僅有本地人，也有流寓或任職於閩中的外地人。日積月累，這些文獻記録了這個多山臨海區域千年的文化變遷史，而八閩文庫的編纂，正是把這些文獻精選並彙集起來，爲現代人留下唐宋以來有關福建的歷史記憶。

二

福建鄉邦文獻數量龐大，用一個常見的成語説，就是「汗牛充棟」。那麼多的文獻，任何歸類或叙述都不免挂一漏萬。不過，我們這裏試圖從區域文化史的角度，談一談福建文獻或書籍史的某些特徵。

毫無疑問，中國各個區域都有文獻與書籍，秦漢之後也都大體上呈現出華夏同一思想文化的底色，但各區域畢竟有其地方特色。如果我們回溯思想文化的歷史，那麼，唐宋之後福建似乎也有一些特點。恰恰因爲是後來居上的文化區域，所以福建積累的傳統包袱不重，常常會出現一些越出常軌的新思想、新精神和新知識。這使得不少代表新思想、新精神和新知識的人物與文獻，往往先誕生在福建。衆所周知的方面之一，就是宋代儒家思想的變遷。應當説，宋代的理學或者道學，最初乃是一種批判性的新思潮，一些儒家士大夫試圖以屬於文化的「道理」鉗制屬於政治的「權力」，所以，極力强調

「天理」的絶對崇高，人們往往稱之爲道學或理學，也根據學者的出身地叫作「濂洛關閩之學」。其中，「閩」雖然排在最後，卻應當説是宋代新儒學的高峰所在，以至於後人乾脆省去濂溪和關中，直接以「洛閩」稱之（如清代張夏雒閩源流録），以凸顯道學正宗，恰在洛陽的二程與福建的朱熹，而道學最終水到渠成，也正是在福建。因爲宋代道學集大成的代表人物朱熹，雖然祖籍婺源，卻出生在福建，而且相當長時間在福建生活。他的學術前輩或精神源頭，號稱「南劍三先生」的楊時、羅從彦（一〇七二—一一三五）、李侗（一〇九三—一一六三），也都是南劍州即今福建南平一帶人，他的提攜者之一陳俊卿（一一一三—一一八六），則是興化軍即今莆田人，而他的最重要的弟子黄榦（一一五二—一二二一）是閩縣（今福州）人、陳淳是龍溪（今龍海）人。

正是在這批大學者推動下，福建逐漸成爲圖書文獻之邦。慶元元年（一一九五），朱熹在福州州學經史閣記中曾經説，一個叫常濬孫的儒家學者，在福州地方軍政長官詹體仁、趙像之、許知新等資助下，修建了福州府學用來藏書的經史閣，即「開之以古人斅學之意，而後爲之儲書，以博其問辨之趣」（朱文公文集卷八〇，朱子全書第二四册，上海古籍出版社、安徽教育出版社二〇一〇年，第三八一四頁）。宋代之後，經由近千年的日積月累，我們看到福建歷史上出現了相當多的儒家論著，也陸續出現了有關儒家思想的普及讀物。大家可以從八閩文庫中看到，這裏收録的不僅有朱熹、真德秀、陳淳的著述，也有明清學者詮釋理學思想之作，像明人李廷機性理要選、清人雷鋐雷翠庭先生自恥録等等，應當説，這些論著構成了一個歷經宋元明清近千年的福建儒家文化史。

三

説到福建地區率先出現的新思想、新精神和新知識，當然不應僅限於儒家或理學一系。更應當記住的是，從宋代以來，中國政治、經濟和文化的重心，逐漸從西北轉向東南，一方面由於中原文化南下，被本地文化激蕩出此地異端的思想，另一方面海洋文明東來，同樣刺激出東南濱海的一些更新的知識。

我們注意到，在福建文獻或書籍史上，呈現了不少過去未曾有的新思想、新精神和新知識。比如唐宋之間，福建不僅出現過譚峭（生卒年不詳）化書這樣的道教著作，也出現過像百丈懷海（約七二〇—八一四）、潙山靈佑（七七一—八五三）、雪峰義存（八二二—九〇八）那樣充滿批判性的禪僧，還出現過禪宗史上撰於泉州的最重要禪史著作祖堂集。又如明代中後期，那個驚世駭俗而特立獨行的李贄（一五二七—一六〇二），有人説他的獨特思想，就是因爲他生在各種宗教交匯融合的泉州，傳説他曾受到伊斯蘭教之影響，當然更因爲有佛教與心學的刺激，使他成了晚明傳統思想世界的反叛者。而另一個莆田人林兆恩（一五一七—一五九八），則是乾脆開創了三一教，提倡「三教合一」，也同樣成爲正統的政治意識形態的挑戰者。再如明清時期，歐洲天主教傳教士「梯航九萬里」，也把天主教傳入福建，特別是明末著名傳教士艾儒略（一五八二—一六四九）應葉向高（一五五九—一六二七）之邀來閩傳教二十五年，從而福建才會有「三山論學」這樣的思想史事件，也産生了三山論學記這樣的文獻，無論是葉向高，還是謝肇淛，這些思想開明的福建士大夫，多多少少都受到外來思想的刺激。最後需要特別提及的是，由於宋元以來，福建成爲向東海與南海交通的起點，所以，各種有關海外的新知識，似乎都與福建相關，宋代趙汝適撰寫諸蕃志的機緣，是他在泉州市舶司任職；元代汪大淵撰寫島夷志略的原因，也是他從泉州兩度出海。由於此後福州成爲面向琉球的接待之地，泉州成爲南下西洋的航線起點，因而福建更出現了像張燮東西洋考、吴樸渡海方程、葉向高四夷考、王大海海島逸志等有關海外新知的文獻，這一有關海知的知識史，一直延續到著名的林則徐四洲志。老話説「草蛇灰線，伏脈千里」，歷史總有其連續處，由於近世福建成爲中國的海外貿易和海上交通的中心，所以，這裏會成爲有關海外新知識最重要的生産地，這才能讓我們深切理解，何以到了晚清，福建會率先出現沈葆楨開辦面向現代的船政學堂，出現嚴復通過翻譯引入的西方新思潮。

甚至還可以一提的是，近年來福建霞浦發現了轟動一時的摩尼教文書，這些深藏在道教科儀抄本中的摩尼教資料，説明唐宋元明清以來，福建思想、文化和宗教在構成與傳播方面的複雜性和多元性。所以，在八閩文庫中，不僅收録了譚峭化書，李贄焚書、藏書續藏書，林兆恩林子會編等富有挑戰性的文獻，也收録了張燮東西洋考、趙新續琉球國志略等關係海外知識的著作，讓我們看到唐宋以來，福建歷史上新思想、新精神和新知識的潮起潮落。

四

在八閩文庫收録的大量文獻中，除了福建的思想文化與宗教之外，也留存了有關福建政治、文學和藝術的歷史。如果我們看明人鄧原岳編閩中正聲、清人鄭杰編全閩詩録收録的福建歷代詩歌，看清人馮登府編閩中金石志、葉大莊編閩中石刻記、陳棨仁編閩中金石略中收録的福建各地石刻，看清人黄錫蕃編閩中書畫録中收録的唐宋以來福建書畫，那麼，我們完全可以同意歷史上福建的後來居上。這正如陳衍（一八五六—一九三七）在閩詩録的序文中所説「余維文教之開，吾閩最晚，至唐始有詩人，至唐末五代中土詩人時有流寓入閩者，詩教乃漸昌，至宋而日益盛」（續修四庫全書集部一六八七册，第四一一頁）。可見，宋史地理志五所説福建人「多向學，喜講誦，好爲文辭，登科第者尤多」，「今雖閭閻賤品處力役之際，吟詠不輟」（杜佑通典州郡十二），真是一點兒不假。

清代學者朱彝尊（一六二九—一七〇九）曾説「閩中多藏書家」（曝書亭集卷四四淳熙三山志跋，四部叢刊初編集部二七九册，上海書店一九八九年，第六〇一頁）。千年以來的人文日盛，使得現存的福建傳統鄉邦文獻，經史子集四部之書都很豐富，翻檢八閩文庫，就可以感覺到這一點，這裏不必一一叙説。需要特别指出的是，福建歷史上不僅有衆多的文獻留存，也是各種書籍刊刻與發售的中心之一。福建多山，林木蔥蘢，具備造紙與刻書的有利條件，從宋元時代起，福建就成爲中國書籍出版的中心之一。宋元時代福建的所謂「建本」或「麻沙本」曾經「幾遍天下」（葉夢得石林燕語卷八，侯忠義點校，中華書局一九八四年，第一一六頁），更有所謂「麻沙、崇安兩坊産書，號稱『圖書之府』」的説法（新編方輿勝覽卷一一，第一八一頁）。版本學家也許將它與蜀本、浙本對比，覺得它並不精緻，但是，從書籍流通與文化貿易的角度看，正是這些廉價圖書，使得很多文化知識迅速傳向中國四方，也深入了社會下層。淳熙六年（一一七九），朱熹在建寧府建陽縣學藏書記中曾説到，「建陽版本書籍行四方，無遠不至」，可當時嘉禾縣學居然藏書很少，「學於縣之學者，乃以無書可讀爲恨」，於是一個叫姚耆寅的知縣，就「鬻書於市，上自六經，下及訓傳、史記、子、集，凡若干卷以充入之」。當地刊刻的書籍，豐富了當地學者的知識，也增加了當地文獻的積累，甚至扭轉了當地僅僅重視「世儒所誦科舉之業」的風氣（朱文公文集卷七八，朱子全書第二四册，第三七四五頁），這就是一例。到了清代，汀州府成爲又一個書籍刊刻基地，近年特别受到中外學者注意的四堡，就是一個圖書出版和發行中心，文獻記載這裏「以書版爲産業，刷就發販，幾半天下」（咸豐長汀縣志卷三一物産）。所以，美國學者包筠雅（Cynthia J. Brokaw）文化貿易：清代至民國時期四堡的書籍交易（劉永華、饒佳榮等譯，北京大學出版社二〇一五年）就深入研究了這個位於汀州府長汀、清流、寧化、連城四縣交界地區的客家聚集區的書籍事業，繼承宋元時代建陽地區（如麻沙）刻書業，這裏再一次出現中國書籍出版史上佔據重要位置的福建書商群體。

可以順便提及的是，福建刻書業也傳至海外。福建莆田人俞良甫，元末到日本，由九州的博多上岸，寓居在京都附近的嵯峨，由他刻印的書籍被稱爲「博多版」。據説，俞氏一面協助京都五山之天龍寺雕印典籍，一面自己刻印各種圖書，由於所刊雕書籍在日本多爲精品，所以被日本學者稱爲「俞良甫版」。

從建陽到汀州，福建不僅刊刻了精英文化中的儒家九經三傳、諸子百家以及文選、文獻通考、賈誼新書、唐律疏議之類的典籍，也刊刻了很多大衆文化讀本，諸如西廂記、花鳥争奇和話本小説。特别在明清兩代書籍流行的趨勢和作爲商品的書籍市場的影響下，蒙學、文範、詩選等教育讀物，風水、星相、類書等實用讀物，小説、戲曲等文藝讀物，在福建大量刊刻。如果我們不是從版本學家的角度，而是從區域文化史的角度去看，這種「易成而速售」（石林燕語卷八，第一一六頁）的書籍生産方式，使得各種文獻從福建走向全國甚至海外，特别是這些既有精英的、經典的，也有普及的、實用的各種知識的傳播，是否正是使得華夏文明逐漸趨向各地同一，同時也日益滲透到上下日常生活世界的一個重要因素呢？

五

八閩文庫的編纂，當然是爲福建保存鄉邦文獻，前面我們説到，保存鄉邦文獻，就是爲了留住歷史記憶。

這次編纂的八閩文庫，擬分爲三個部分。第一部分是「文獻集成」，計劃選擇與收録唐宋以來直到晚清民初的閩人各種著述，以及有關福建的文獻，共一千餘種，這部分採取影印方式，以保存文獻原貌。這是八閩文庫的基礎部分，按傳統的經史子集四部分類，這是爲了便於呈現傳統時代福建書籍面貌，因而數量最多；第二部分是「要籍選刊」，精選一百三十餘種最具代表性的閩人著述及相關文獻，以深度整理的方式點校出版，不僅爲了呈現歷代福建文獻中的精華，也爲了便於一般讀者閱讀；第三部分則爲「專題彙編」，初步擬定若干類，除了文獻總目之外，還將包括書目提要、碑傳集、宗教碑銘、官員奏折、契約文書、科舉文獻、名人尺牘、古地圖等，我們認爲，這是以現代觀念重新彙集與整理歷史資料的一個新方式，它將無法納入傳統的四部分類，卻是對理解福建文化與歷史至關重要的文獻，進行整理彙集，必將爲研究與理解福建，提供更多更系統的資料。

經歷幾年討論與幾年籌備，八閩文庫即將從二〇二〇年起陸續出版，力爭用十年時間，經過一番努力，打下一個比較完備的福建文獻的基礎。

當然，不能説八閩文庫編纂過後，對於福建文獻的發掘與整理就已完成。八閩文庫僅僅是我們這一兩代人的工作，還有更多或更深入的工作，在等待著未來的幾代人去努力。無論從舊材料中發現新問題，還是以新眼光發現新材料，都是建立在前人的基礎上，而又對前人的工作不斷修正完善的過程。還是朱熹寫給陸九齡的那句廣爲流傳的老話：「舊學商量加邃密，新知培養轉深沉。」用舊的傳統融會新的觀念，整理這些縱貫千年的歷史文獻，也就無論「人間有古今」了。

八閩文庫要籍選刊出版説明

福建自唐代以降，名家輩出，著述繁興，流傳千載，聲光燦然。遺存之文獻，多可彰顯福建歷史發展脈絡，展示前賢思想學術及文學藝術成就，爲研究福建區域文化之基本典籍。八閩文庫「要籍選刊」擇取重要之閩人著作及相關福建文獻百數十種，予以點校。其中具備條件者，將採用編年、箋注、校證等方式整理。諸書略依經史子集分部編次，陸續出版。

二〇二一年八月

整理前言

林則徐（一七八五—一八五〇），字元撫、少穆，晚號竢邨老人，謚文忠，福建侯官（今福州）人，中國近代杰出的政治家。林則徐嘉慶十六年（一八一一）成進士，嘉慶十九年（一八一四）在翰林院任編修，嘉慶二十五年（一八二〇）開始任外官，先後任江南監察御史、浙江杭嘉湖道、江蘇按察使、陝西按察使、湖北布政使、河南布政使、江寧布政使、東河河道總督、江蘇巡撫、湖廣總督、兩廣總督、署理陝甘總督、陝西巡撫、雲貴總督等職，兩次出任欽差大臣，歷官十四省，長達三十年，經歷了嘉慶、道光、咸豐三朝，特別是出任欽差大臣及任職兩廣期間，領導的禁煙運動和抗英鬥争，奠定了林則徐民族英雄、近代中國開眼看世界第一人的歷史地位。

林則徐一生有不少的文章，彙編成集，就是雲左山房文鈔。林則徐親筆鈔録、修改的雲左山房文鈔原稿，今存浙江省圖書館，為稿本，分五卷，目録三十八篇，實際收文三十七篇。民國五年（一九一六）廣益書局刊印雲左山房文鈔四卷，則較原稿本多出許多篇章，但也有存目未收的文章見諸原稿本。原稿本按撰文時間先後編排順序，並不考慮文章的類别，而刻本大體按文章類别編排，但也有不同卷次類别重複的情况，其中卷三專收駢文，卷四則雜録告示、書信等。原稿本注重的是私人著作，刻本更注重文體，不論是自撰還是代作。由此可知雲左山房文鈔的收文原則和收文範圍，林則徐本人未録公文和書信，後人彙編文集則擴大了範圍。從雲左山房文鈔刻印本，我們既見識了林則徐的文章和讀書範圍，還瞭解他的公文寫作和體現在書信中的政治主張，還可以瞭解林則徐的交遊和社會關係。林則徐史料目前尚有許多片段闕如，雲左山房文鈔為研究其身世、交遊、學業、政治的重要的佐證，其價值無可替代。由於雲左山房文鈔收文較廣，本次整理，僅將雲左山房文鈔原稿收入而雲左山房文鈔存目未刊一篇作爲附録，附在雲左山房文鈔之后，避免文章重復。

畿輔水利議是林則徐關於在北方種水稻的專著，清光緒二年（一八七六）林氏刻本。就其内容看，更像是資料彙編，加上按語，闡述林則徐關於水利、漕運、國防的政治主張，似為上書而做的資料準備，他收集歷代文獻，範圍不僅在直隸，還談到西北問題，這部著作曾名北直水利書是恰當的。關於此書的成書準確時間，目前尚無定論，但從林則徐道光十九年十一月所上的覆議體察漕務情形通盤籌畫摺判斷，此書資料收集較早，覆議體察漕務情形通盤籌畫摺僅針對兩江漕運問題摘要上陳，這大概就是清史稿所謂「道光之季，東南困於漕運，宣宗密詢利弊，疏陳補救、本原諸策，上畿輔水利議。文宗欲命籌辦而未果」的來由。王慶雲荊花館日記記「今上登極之初，曾令廷臣集議」「而林文忠直隸水田簡要事宜兩本，猶珍庋篋中，發而視之，猶怦怦於中也」。林則徐上奏，主要是針對兩江的工作問題，但漕運、水利關係國計民生，畿輔水利議體現了林則徐對漕政的深刻認識，寄託着他想在北方種植水稻，解決南漕問題的重大理想。林則徐關於人水争地的重要水利思想在這部著作中得到充分的展示。畿輔水利議後附本傳，即清史列傳中的林則徐傳，而文字略異，有新增部分，可知本傳據林則徐傳增補，關於畿輔水利議亦有一段文字表述可供研究，故一併保存，仍列文後。

林則徐日記兩種滇軺紀程和荷戈紀程，清光緒三年（一八七七）宣南所藏雕版刊印。滇軺紀程又稱己卯日記，是林則徐記錄嘉慶二十四年四月廿七日（一八一九年六月十九日）至八月朔日（九月十九日）充雲南鄉試正考官赴雲南途中見聞。荷戈紀程又名壬寅日記，是林則徐記錄道光二十二年七月初六日（一八四二年八月十一日）至十一月初十日（十二月十一日）遣戍新疆，由西安到伊犁的途中見聞。日記本屬私秘，因為印行年代較近，涉及人事及繁瑣的記載，編者有意做了删改，但大體保存了原本講述的風物人情，是瞭解林則徐行踪及當時社會的重要文獻。

以上四種，在林則徐全集中，分列文録、信札、日記卷中。林則徐全集對雲左山房文鈔原稿與雲左山房文鈔采取了擇優入選的收文方式，其日記兩種比本次所收兩種多出許多詳細内容。林則徐傳世的手書、印拓序跋、銘傳尚復不少，文字與雲左山房文鈔略異。此次整理，重在突出稿本、刊本的原始資料價值，體現林則徐文獻形成的過程及前人的收文觀念。就對古代典籍的學習運用而言，屢歷科舉、出身翰林的林則徐較今人有更爲廣博深入的吸收和認知；就政治及風土人情而言，林則徐是當時的親歷者。他的論述是今人研究清嘉、道時期及林則徐個人的重要史料。林則徐的文字值得今人深入學習研究。

基於上述認識，本次點校整理，凡異體、避諱字及編排順序一仍其舊，原編者跋語一律保留，只出必要的校記。限於水平，點校舛錯尚在難免，敬請讀者批評指正。

茅林立

二〇二一年六月八日

總目録

雲左山房文鈔

目録

雲左山房文鈔卷一目次

雲左山房文鈔卷二目次

雲左山房文鈔卷三目次

雲左山房文鈔卷四目次

校記：

〔一〕原書有目無文。
〔二〕原作「張孟中」，據内文改。
〔三〕原無「序」，據内文補。
〔四〕内文題作「曹太傅」。
〔五〕原書有目無文。
〔六〕原作「丙午科陝西武鄉試録序」，據内文改。
〔七〕〔九〕〔一〇〕與内文題略不同。

〔八〕原書有目無文。

〔一一〕原書有目無文。

〔一二〕內文題後有「代」字。

〔一三〕原題為「為兩淮鹽政呈」，據內文改。

卷一

十一經音訓序

昔儀封張清恪公建鼇峰書院，手授諸生課程，並刻經傳諸書以資肄業，故鼇峰藏書稱富而吾閩人才百年來多所成就，咸頌其德不衰。道光辛卯春，余由楚藩調豫省，下車詣大梁書院觀風，見士子恂恂有矩度，試經義亦具家法。蓋中丞楊公由豫藩晉七年，於兹嘗改建書院，章志貞教，與諸生相切劘，其大旨平近切實，不務苟難，使人人各得饜飫以去。前此，嘗刻陸朗甫中丞所輯切問齋文鈔、蔡文勤公手録古文雅正，復取甘肅蘭山書院所藏如康伊山學使摘抄三通序，先後刊發，以示諸生矣。其經訓約編一種，萃十一經梓之，尤便學者誦讀。顧其書，惜未足本，注亦簡略。爰仿五經旁訓之體，補輯完好，改顏曰十一經音訓。命名之意，衹謂辨反切耳，訓字義耳，未暇旁徵博引以闡明奥窔也。然聖人之心即吾人之心也，人人自具之心。聖人言之，使讀者自領之，固有不待詳説而濆以得之者。且是書爲課書生設，書生質有高下，學之深淺因之。高者無難博綜傳説，折衷同異。卑者窮年呫嗶。有終身未誦十一經之全者。中丞嘉惠士林，俾人置一册，而循循善誘，先就淺者近者引之，令讀者由章句而求訓詁，由訓詁而求義理，則高遠之境自有恍然而不容已者。

余幼熟聞清恪公課士之法，今宦公鄉，思以公之教閩者教士，而中丞已一一與前賢用心不謀而合，向所得諸私淑者，今且親見之，又安見前後賢之不相及哉！因書之成，謹誌厓略如右。

周易象理指掌序

傳曰：龜，象也。筮，數也。物生而後有象，象而後有滋，滋而後有數，數由象生，而理實寓焉。漢氏易學皆主象數，自王輔嗣注周易，始黜象數，言義理，開程傳先聲。然語涉老莊，流爲虚渺，識者病之。唐李鼎祚採子夏易傳以下三十五家之説，作周易集解以發明象數。至希夷、康節有河洛先天之學，而象數詳。宋倪天隱述其師胡安定之説，作周易口義以闡明義理。至程朱有易傳易本義之作，而義理備。自是，言易之家，宗漢學者主象，宗宋學者主理，惟御纂周易折中、述義二書，詳義理，不遺象數，爲能集漢、宋之大成。

中州王君以名孝廉爲文學博士，敏書耆學，於易尤邃，所著周易象理指掌，恪遵折中、述義，而旁參諸家之説，因卦求象，因象明理，其釋卦、爻取義也，特於卦之二體、爻之六位，及主卦、互卦、所來之卦、所之之卦，反覆推闡，以求其説，不徒如比興之解，實能於胡氏易圖明辨、任氏周易洗心、惠氏易述易例易漢學諸書而外，别樹一幟，殆史遷所謂好學深思、心知其意者乎？學者誠能而求之於學易之道，其如示諸掌者歟？

禮記訓纂序

漢唐以來説禮諸家，精奥無如鄭注，博贍無如孔疏，詳明無如衛湜集注。明永樂中，專以陳澔集説列學官，科舉宗之，而鄭孔之義微。學者去古日遠，不免空虚浮濫與鉤棘章句之病。我朝乾隆初，欽定禮記義疏，而古義始焕然復明。第卷帙繁鉅，寒畯或不易購，若納喇性德之集説補正、李光坡之述注、方苞之析疑，類足發鄭孔之遺義，訂陳氏之訛漏。然補正意注糾駁，述注專採注疏，析疑斷以己意，求其博能精，簡能晐，足以薈衆説而持平者，則朱郁甫先生禮記訓纂是已。

先生承其鄉王氏懋竑經法，又與劉端臨、王石臞、伯申父子切劘有年，析疑辨難，奧窔日闢，故編中旁證前朝及國初訖乾嘉之書數十種，而仍以注疏爲主，擷其精要，其附以己意者，援據精確，發前人所未發，不薄今而愛古，不別户而分門，引掖來學之功，豈淺鮮哉！先生舊有禮儀考證八卷，刊入皇清經解。茲編成於晚年，復有改定。如考證解「越國而問焉」，謂致仕之臣問於他國，茲仍從正義作「他國來問」。考證解「視瞻毋回」，謂「毋回邪」，茲仍從正義作「不得廻轉」。考證解「及葬奠而后施於殯」，駁鄭注「殯當爲賓」，茲仍從鄭注。考證解「立容辨」爲「分辨」，茲仍從注，讀爲「貶」。其他類此者尚多。蓋年益高，學益邃，心亦益虚，不專以一説矜創解，然則訓纂與考證，正如朱子集注與或問之足以參觀而互證也。抑此書皆先生手稿，年八十，猶作蠅頭細楷。昔司馬温公資治通鑑削稿盈屋，皆正書。先生亦其往與？古經師伏生、申、轅之流，率享大耄。蓋精邃專一之學，醇粹默沉之養，足以通微暢古，故神明久而不衰，觀於先生益信。某昔在詞垣，從長公文定公後。及承乏先生鄉，聞先生學行，起敬起慕。茲次公恕齋方伯出是編屬序，不敢以弇陋辭，然適以滋扣槃捫籥之愧也夫。

籌濟編序

籌濟編三十二卷，常熟楊静閑比部所輯，蓋取古今荒政之可行者，類次排纂，條分件繫之，疏通證明之。良以救荒無善策，而不可無策，與其遇荒補苴，何如未荒籌備，誠使爲民牧者，事理洞達於平時，偶值偏災，措之有本，上以紓聖天子宵旰之憂，下以托窮黎數十百萬之命。於戲，其用心可不爲至哉。

今夫牧民之官，民之身家之所寄也。年穀順成，安於無事，民與官若相遠；一旦旱乾水溢，哀號之聲、顛連之狀，不忍聞，不能不聞；不忍覩，不能不覩。彼民所冀於官之聞之、覩之者，謂必有以生活我也。夫民固力能自生活者也，至力窮而望之於官，良足悲矣。居官者知民以生活望我，我必有以生活之，則籌備之方，誠不可不圖之於早也。良醫之爲醫也，布指如脈，取古方損益之，藥性之温涼，質劑之輕重，了然胸中，施之以其宜，而後沈痾可蠲，元氣可復。若臨證取辨，其不殆也僅矣。先生是書，古方之大成也，有未病之方，有既病之方，有病後攝補之方，而醫之道盡矣。牧民者，民之醫也。庸醫悞一人，病者戒而絶之。官之所醫奚翅數十百萬輩，且皆在凋𢽕困偪，九死一生之時，得其方則生，不得則速之死，爲之官即爲之醫矣，其得謂生死無與於我乎？有是方而無待於用，不失爲良醫；有是方而適資其用，則又各視夫時與地以損益之，民之疾痛庶少瘳矣。雖然，法之所以行者，意也。必使意之及民無弗實，而法不爲虚文，且必先使意之所在已無弗實，而法不爲虚器。夫法，無弊者也，意不實則弊生。因弊廢法，是以噎廢食也。

先生是書，感癸未之災而作。是歲也，某陳臬江蘇，與賑䘏之事。邇膺簡命，來撫此邦，日懼無以樂利吾民，所望牧民之官，通民疾苦，凡所以及民者，意無弗實，則是書皆扁鵲、倉公所宜讀者也，益願與諸君共勉之矣。

先生諱景仁，嘉慶戊午科舉人，由中書歷官刑部員外郎。别著式敬編五卷，慎庶獄也。次子希銓，與某同歲舉進士，入詞舘。季子希鏞，舉辛巳科順天鄉試。留心民瘼者，其後必昌，矧有撫字之任者乎？是又可以勸矣。

婁水文徵序

太倉王君寶仁，彙其州人之文，自宋迄今，輯爲八十卷，曰婁水文徵，揭余爲序。

考漢時爲婁縣地，元初創海軍，通番舶，始名太倉。然則州之所重，莫若水利矣。夫水之行地也，涣然而成文，故水利之廢興，農田係焉，人文亦係焉。太倉在明稱極盛，弇山兄弟舉於前，天如、駿公諸君踵於後，國初已來，顯者尤衆。近十數年，劉河湮塞，農固失其利，即仕宦亦稍替矣。劉河，古婁江，蓋三江之一，而太倉一州之要津也。劉河塞，而州之賢而有文者，或終老牖下，或偃仰薄宦，今集中之文具在，其左驗也。

往在癸未，余陳臬來蘇，值水災後，有並濬三江之議。天子命總江浙水利，會以艱歸，未親其事。後十年重蒞吳，則淞已濬，而劉河之塞如故。余詣州履勘，奏借公帑濬之，旨報可。先是，議劉河者咸曰海口有攔沙，鑿去爲便。然工鉅而費鉅，屢議屢寢。余議作清水河於海口，築石壩，設涵洞，外潮至則禦之，内水盛則洩之，蓋欲爲久遠計也。歲甲午工成，州人大悦，乃並疏諸支河以暢其脈。乙未濬七浦河，丙申濬楊林河，比又遍濬錢涇、瑶塘、朱涇、南北澛漕、石漊、蕭塘、西南十八港、六窯塘、大淩門諸河，亘三萬餘丈，而太倉之水道無不貫輸以達於尾閭矣。如甲午秋之大雨，乙未夏之亢旱，皆幾幾爲害，賴水利治，歲仍報稔。數年前田價畝二三緡，至是乃倍蓰。而仕宦日顯，將蒸蒸然復見昔日之盛，不可謂水利之興，於人文無與也。

王君是編，始郟氏父子治水治田諸説，而於上下七百數十年來，凡涉農桑溝洫，尤擇精而取之備，豈不以農田爲繫在此，即人文所繫未嘗不在此，故欲有所薈萃，以於當世相發明乎？他如人物之顯晦，理學之源流，高人逸士之超誼懸解，閭閻婦子之奇志庸行，披卷可覩，兹不具書。

慕中丞疏稿序

康熙朝静甯慕中丞先後撫吳黔，而功德之及民者，在吳尤盛。條畢其要，曰治淮鹽也，疏水利也，請蠲貸也，減浮糧也，除荒坍也，寬涸田也，均田役也，停捐例也。其文具疏稿中。公在吳自開藩至去任，十有四年，吳人感公德百數十年不衰，蓋自前明來，吳賦居天下半，供輸追呼，日不暇給，有司侵移盡飾，吏緣以爲奸，而近湖濱海之豪民，私插茭蘆，壅爲田蕩，水旱叠見，辛苦仳離，民困斯極。公蒞吴久，思所以更新之，而志未竟。後數年，睢州湯文正公本公之治以爲治，卒減浮糧如君志。於是二府一州十數縣民始得休息生聚，從事東疇南畝間。原澤所自來，實公賜也。今去公稍稍遠矣，丁户日繁，民生富庶，誠女得如公才者而挽之今日耶？顧成法具在，遵而行之，亦庶鮮咎。

公曾孫鑑重訂疏稿，屬以言弁。公撫吴之先，嘗官閩爲副使。則徐閩人也，備官來吴，實公舊治。鑒又賢子孫之僑居於吴者，摭治吴之績著於篇，以示公之化吴者深，吴人感公爲不朽。官兹土者可以風矣。

張孟平駢體文序

文之有駢體，猶詩之有令體也，貌不同而源則一。周秦兩漢以來，屈平、宋玉、李斯、鄒陽、枚乘、司馬相如、王褒之屬，固已由質趨於華，嗣是體成於東京，沿流於魏晉，極盛於六朝三唐，至宋一變而格稍卑矣。偏解之士薄駢文爲應俗，不知少陵不廢江河之説，蓋指四傑文言之，而昌黎作滕王閣記，亦謂名列三王之次，有榮耀焉，此杜、韓於文章流別所得者深，故持論宏通如此。

夫駢、散者，其外焉者耳，語其精微，則必本以靈心，運以真氣，幹以風骨，脩以雅詞，用能沉博絶麗，淵懿茂美，斥遠凡近，與古文殊途同歸，而抽黄媲白，區區悦耳目者，固未足多也。永嘉張孟平同年，嗜古饕奇，出其素藴，發爲富詞，駢四儷六，窮妍極妙，乃猶然欲不自足，以所業質，且屬爲序。於戲，予何足以益孟平哉。顧聞先輩健於此事者，其持論皆與古文相表裏。孟平深造不息，底於大成，將合東京、魏晉、六朝、三唐爲一鑪之冶，淵色古音，高格宏詣，上以潤色鴻業，銘介邱而勒燕然，下亦吐納英華，發揮性情，如詩之有古今體，舉出於心，要爲可傳而已。此非即大輅之椎輪，曾冰之積水乎？

啓賢録序

今將遐宣彝訓，敷闡聖文，使人端其行習，恐莊論、法言束縛煩苦，有思引去如不終日者，誠莫若怵以殃祥之説，有所顧畏欣戀，爲足導其趨而堅其信也，而特未有專泐一書以訓世者。考漢書藝文志、隋書經籍志均不著録。唐之寧穆家訓、宋之吕氏童蒙訓，昔人稱其規法謹嚴，動引繩墨，衢巷庸愚未易徧觀而盡識也。其小説家言，如洞冥記、幽異録、冥報記、現果録、靈感記、警心編，牛毛繭絲，難更僕數，類多張皇幽渺，托於神鬼，惝怳離奇，不可究詰之説，世咸以謬悠相詆諆，有道之士無取焉。是録以「啟賢」顔其編，其稱名尊，比事覈，立例嚴，無繁苛之節，無要渺幽遠之論，平易質直，淺近易曉，爲愚鈍者言之可也，爲高明者言之亦無不可。果取是録循誦習傳，濯磨思奮，以清其心，植其品，其於希賢希聖之旨，庶不至擿埴而索塗也夫！

重刻慶芝堂詩集序

遂堂先生由廣文爲令，以詩傳。原刻漫漶，其外孫荆君道復來蘇，購初本重付剞劂，去先生之卒數十年矣。古來文家傳之久且遠者，每在後人珍重愛惜。後人非賢有文，視先人手澤所留，曾不如田宅財貨之可貴。子孫且然，矧在他姓？乾隆間，餘姚盧紹弓學士傳其外祖馮山公解春集，播稱藝林，今復見荆君矣。荆君言乃其母太夫人志，記云：「善則歸親。」荆君有焉。至氣格高邁，神味淵永，體託於明道，語發乎性情，先生論詩之旨，世必無以易之也。荆君請序於余，爲言其略如此。

繪水集序

震澤王硯農徵君，一鄉之善士也。癸未水裁，其母夫人命輸白金千餘兩，䘏死者，振生者，大吏聞於朝，得邀旌門之桀。徵君作憫裁諸詩，繪圖徵詠，東南士大夫凡目覩顛連之狀，耳聞呼號之聲者，莫不形諸篇章，題曰繪水集。適余撫吴，辱來請序。

嗟乎，余何以序是編哉。方水裁時，余陳臬兹土，顛連之狀，呼號之聲，不忍覩，而所覩皆是也；不忍聞，而所聞皆是也。幸天子仁聖，大吏賢明，都人士好義者衆，補苴罅漏，稍事安輯。至今呼號之聲，顛連之狀，猶無時不在耳目。諸詩多歸美余者，是殆滋余之咎矣。夫救荒無善策，爲民牧者不能備之於先，而徒恃臨事補救，即云有濟，亦千百之什一耳。且自癸未以來，民氣未復，辛卯、壬辰霪潦爲患，今春苦雨，麥僅半稔，秋來風如晦，秀而不實者比比矣。吴中士女業紡績者什九，吉貝之植多於蓺禾，頻歲木棉又不登，價數倍於昔，而布縷之值反賤。蓋人情先食後衣，歲儉苦饑，衣雖敝而憚改，爲其勢然耳。然而貿布者爲之裹足矣，業績者爲之輟機矣，小民生計之蹙，未有甚於今日者也。

國家歲轉南漕四百萬石，江以南四郡一州居其半，地方五百餘里，而天庾之供及京師官俸兵餉，咸於是出。年穀順成，猶可挹注，乃屢歉之餘，國計民生兩無兼濟。嚮所不忍聽覩者，過此殆將滋甚。嗟乎，是固司牧者返人牛羊之日，而余獨苟禄竊位於此，其尚可以終日乎哉。展君斯圖，掩卷三嘆。君一鄉之善士也，其亟爲桑梓策之。

梁茝鄰觀察滄浪亭圖詩册序

滄浪亭去蘇公七百餘年，國朝宋中丞重葺以來，復瀕圮矣。其東偏今爲候舘，輿騎雜集，山林爲之不韻。癸未，僕陳臬，下車止其中，句云：「魚鳥親官舫，林巒送使軒。劇憐風月地，頻换雪泥痕。」蓋嘆之也。無何，僕去，梁茝鄰前輩權臬事，公暇命儔嘯侶，劈牋徵咏，圖以紀之，一時風雅之士爲山林幸。夫韻事視乎其人，必其才與福兼，而後地以人重。僕之時，淫霖爲灾，君至西成屢豐，民氣暇懌，福爲之也；

僕日釐積四牘，恒若有遺，君至庶獄咸理，秩然肅然，才爲之也。宋中丞作亭記用香山語，謂看山游寺正所以了公事。僕自分無了公事之才，與看山游寺之福。覩斯圖也，振觸心情，追尋昨夢，且喜且妒。觀察行將再涖吳閶，褰帷行部，爲政之暇，葺而新之，近追商邱，遠媲參政，而歐、梅篇咏與山林並垂無窮，此册固其嚆矢也夫。

曹太傅制義序

文章經國大業，世盛操之自上，而教化行。經義造士以來，公輔宰執出其中。明三百年，推王文恪，而李文正、邱文莊、王文成諸公輔之。迨其季世，社稿盛行，文柄移於下，則氣運繫之也。我朝推李文貞，而張文貞、韓文懿、方侍郎諸公輔之。今讀其制義，莫不約六經之旨以成文，洋洋乎盛世之音也，郅治日隆，制作大備。吾師歙縣太傅曹公，歷相兩朝，以經術爲治術，其文以理爲主，而氣輔之。選言宏富，蓋其閎鑒博識，於全經背誦不遺一字，故爲文援筆立就，羣書奔赴腕下，用語恒若己出，人巧備而天工錯，有出乎諸大家之右者。要亦德性滓於内，事功炳於外，明良遇合，上孚而下浹，惟其有之，是以似之。然則斯文之傳，亦豈盡人力所能致哉！

制義平秩集序

舉之治文，猶農夫治田，勤其力者豐其獲。雖然，有次第焉，不可紊也。今夫農，嘉種以播之，耕以耕之，耨以耨之，糞之壅之，薅之溉之，而後秧之苗之，穎之實之，鎌以刈之，場圃登之，如是爲有秋。文猶是也，功用有淺深，程途有遠近，一蹴幾之，是宋人助長也。修田先生精於文，門下士成就最衆，其教壹以循序漸進爲法。所選名家制義，曰平秩集，取義虞書，蓋以農事喻文也。凡言禮言事之體，莊言或不能暢，罕譬之而大旨了然。學者玩其命名，亦可以得文法矣。

劉聞石制義序

始余未識聞石，弟雨人與君爲文會，號曰協社，里中高才生多與焉。乙酉，余里居，讀社中文，於君尤心切。後二年，館余家，每一篇出示，輒擊節稱快。嘗謂今之習制義者，幾於人虵珠而家荆璞矣，然脩襮而不治裏，臘言梔貌〔一〕，鞭賈之技耳。

其矯而過者，厭芻豢，思蠃蛤，徒以文固陋。或乃矜駛奥博，罔適於用，抑亦明鏡之不足函食，干將之不可補履歟？君不名一家，奄有衆妙，大致以魄力興會勝，上下古今，崇論閎議，閒有樸實説理、沖淡取韻者，雲卷霞舒，水流花開，又極文境之變焉。君誠可謂神於文者已。

校記：

〔一〕「桅貌」雲左山房文鈔原稿作「枙貌」。

三吳同官録序

吳爲東南大邦，山水秀良，風俗和美，士民多文少質，類能讀詩書，識俎豆，服田力穡，束身聽長吏之教。官是土者，苟政無闕失，事事體民情出之，則民之愛之也如父兄。雖江南北地氣别强弱，而固結不可自解之情，實有以窺長吏隱微而成其嚮背，蓋善感者莫吳民若也。郡縣以下尤無日不與民見，誠知民情嚮背，而順導之於所安，則平其陰陽之毗，而爲化民成俗之由。唐宋以來類多以名宦稱者，職是故耳。是録也，猶是姓氏也，階秩也，各宜勉勉焉，知所當務矣。蓋某所以自責，與厚望於同寮者，意有深焉，非特考一時聚散之迹，判異日升沈之分爲也。凡著於斯録者，其互爲勸也哉。

楚南同官録序

余歷仕吳、越、秦、豫，皆有同官録之刻。自開府至牧令，家世踐履無不悉載，所以紀譜牒、志人物也。丁酉春，奉命督楚，同省諸君子踵故事輯刊，屬余爲序。藩伯若士龔君，余同年生也，嘗闡同字之義，以示僚屬曰：「易同人之卦曰：『同人於野，亨。』其初九曰：『同人於門，无咎。』六二曰：『同人於宗，吝。』則公私廣狹異也。書曰：『同寅協恭，和衷哉。』又曰：『爲善不同，同歸於治。』惟於不同中見同，而後寅恭之義重焉。傳曰：『同官爲寮。』晏子侍遄臺，則有『和同』之辯。竊謂士之出處不必同，而淑身之道同；位之大小不必同，而靖共之義同；職之繁簡不必同，而敬事之心同。人之智慮材力尤不能盡同，而効忠之情無不同。上焉集思廣益，下焉宣猷考績，慎同心德，是乃所以爲同也。官箴有常，其無斁思矣。」即以藩伯之言爲之序。

己卯科雲南鄉試録序

嘉慶二十有四年己卯科鄉試，禮臣以雲南考官請，上命臣林則徐偕臣吳慈鶴往典厥事。伏念臣閩陬下士，由辛未庶常習國書，甲戌散館授編脩，丙子科充江西鄉試副考官，本年會試充同考官，兹復仰荷恩綸，掄才滇省。自維尠學寡識，四載之内，三握文衡，感激悚惶，惟弗克報稱是懼。謹偕臣吳慈鶴星馳抵境，屆期入闈。維時監臨則兵部侍郎兼都察院右副都御史、雲南巡撫臣史致光，提調則糧儲道臣誠端，監試則鹽法道臣潘恭辰，内監試則准補東川府巧家同知臣葉申鄉。敬慎將事，内外肅清。爰進雲南學政臣牛坤所録士，扃闈三試之。臣則徐偕臣慈鶴率同考官署富民縣事候補知縣臣許應元、署會澤縣事准補羅次縣知縣臣仇琨、署安甯州事候補知縣臣劉銘勳、署羅次縣事題補富民縣知縣臣朱久括、宜良縣知縣臣江景陽、署甯州事候補知縣臣秦鳳梁、署元謀縣事候補知縣臣青文典、雲南縣知縣臣蔡世瑛，悉心校閲，計已薦、未薦之卷共四千有奇。臣則徐與臣慈鶴皆逐加評點，取士如額。擇其文藝詩策尤雅者十四篇，恭呈乙覽。臣謹拜手稽首颺言簡端。

竊維滇去京師八千餘里，其被聲教較後於他省，然國家於滇士，正以其僻處遐服，而優之者彌至。往既給驛赴禮部試，比科會闈雋額倍蓰於昔，又多膺簪筆侍從之選。蓋聖教覃洽，靡遠弗届，滇之人士感悦奮興，自莊蹻啟城、漢武置郡以來，未有如今日之盛也。夫大雅棫樸之詩，美文王能官人也，而傳則訓「遐不作人」之遐爲遠，謂文王壽考，化及遠方，皆興起也。其時廣輪地域，不越中原，德化所暨，詩人已歎其遠。矧我朝襲熙治濡洽，皇上仁壽之化，鴹溢總宙，金碧蒼洱閒，有不喁喁然迪德而嚮風、涵今而茹古者乎！臣於闈中合三場校之，期於覘見底藴，拔擢真才，俶詭浮薄之詞，概斥勿録。撤棘後復與人士接見，審其趣向，大抵皆有志於學，求副實用，不以小成自甘，而浸淫風雅、擅精書學者，亦復所至林立。以鄙所聞，滇士質魯少文；繇今視之，誠挺華擢秀，蒸蒸日上。益以仰壽考之作人，浹荒陬而軼前古也。自時厥後，多士争相砥礪，經明行脩，或勉爲有體有用之學。他日矢謨於廷，倘足備華國之選，俾臣亦竊附於以人事君之義。是則區區愚忱所願，與滇士共爲敦勗者爾。

道光丙午科陝西武鄉試録序

道光二十六年，歲在丙午冬十月，武舉鄉試屆期，臣巡撫陝西，例典試事。爰進將軍臣布彦圖咨送前鋒馬甲武生共一百五十九名，學政臣金國均取録七府五州學武生一千三百四十八名，率同布政使臣裕康、按察使臣唐樹義、提調官督糧道臣張集馨、監試官鹽法道臣崇綸、監射官署西安城守協副將臣保恒，公同校閲，擇其騎射技勇兼優，列爲雙单好字號，復入闈默寫武經，詳加甄别，取中滿洲額勒精額等十名、武生柳林桂等五十名，刊次試録，進呈御覽。臣例得颺言簡端。

臣惟古人選士於學，必先射於澤宮，周禮三年大比，以五物詢衆庶，主皮、和容、興舞，以興賢能，即騎射技勇之所由昉也。秦爲古岐豐地，自兔罝得閎夭，而干城之選重，自謂濱載尚父，而韜鈐之畧傳。蓋由雍州土厚水深，於山則有太華、終南，於水則有黄河、涇、渭，扶輿磅礴，吐氣含和，士生其間，莫不重節概，尚義烈，有同袍同澤之風焉，夫非山川靈傑之助歟？漢時以六郡良家子選給羽林期門，又令郡國選才力武猛爲材官騎士，而公孫賀、李廣、趙充國、傅介子、甘延壽諸人，皆立功異域，彪炳史册。唐則設立武科，若張仁愿之控制邊陲，郭子儀之撫綏河朔，並以武舉起家，懋昭顯烈。所謂關西出將者，得自科目爲多。由宋迄明，雖亦武科並重，而得人則遠不逮古。我朝修明武備，簡練精良，是以翹秀蔚興，習龍韜而奮鷹揚者踵相接。臣蒙恩分陝，忝任司衡，於騎射則觀其弓調馬服之能，於技勇則試其負重翹關之力。迨内場扃試，仍於默寫武經之後，復使一一挽强，以期悉拔真才，宏收實用。尤願登期選者，咸具有勇知方之畧，益昭克敵致果之能，各矢忠勤，務兼謀勇，以副我聖主育才興賢之至意。此則臣與多士所兢兢然共相勵翼者爾。維時官斯土者，西安將軍臣布彦圖、左翼副都統兼署右翼副都統臣西興阿、陝西提督臣石生玉、漢中鎮總兵臣春福、署甘陝鎮總兵臣祥瑞、延綏鎮總兵臣趙龍田、潼商道臣常績、陝甘道臣兆那蘇圖、延榆綏道臣萬保，例得備書。

重脩于忠肅公祠墓記

忠肅于公之祠於杭也，其一在清河坊，曰憐忠，爲公故居；其一在西湖三台山麓，曰旌功，則公丘墓在焉。維公純忠偉伐，與岳忠武同昭天壤，千古以兩少保稱。拜公祠者，士夫以興其感憤，又從而嘆歎永言之。雖婦孺無知，亦不自解而生祇肅。

或齋宿其中以祈夢，應如嚮，故奔走於祠無虚日。然之天竺、之浄慈、之他佛寺者，膜拜已，輒委金錢以去，命曰香資，而於公祠獨否。公裔孫依丙舍，亦世守清白罔替，恂恂然，落落然。

前年奉祠生於潢〔一〕，以旌功祠之宜脩請。大府命錢塘令宣君周視之，入門則前庭圮，升階則殿宇之右二楹又圮，降而適門左爲夢神祠，亦半圮。又左數十武爲文丞相祠，雖未圮，亦岌岌矣。蓋是祠既瀕湖，其地卑溼，山嵐之所蒸鬱，林木之所翳蔚，易蠹而腐，故垣墉楝宇之繕完，自乾隆乙卯迄今不三十年，而頓失舊觀。於是大府斥白金八百餘兩，屬後錢塘令方公終始其事，又得紳士陳君桐生、許君乃穀集資成之。凡五閲月而訖工，是爲道光壬午春二月。

余以夏六月再至杭，聞之竊喜。頃之，或語余以公墓猶弸割，祠後三楹亦半朽苦漏，其前之階礎堂坳坼且如龜。余曰是可未已也？爰進數同志復醵四百金，畀錢塘令吕君，俾悉甃治之。及是而剨者、朽者、坼者，與向所爲圮者、半圮者、雖未圮而岌岌者，乃咸堅好如初。墓頂累新甎，凡三成，加灰。庭五楹皆羃以石，則昔所無也。

自福田利益之説中於人心，綱常之有待於扶樹，匪細故矣。如公浩氣不磨於宇宙，祠墓之有無初不足爲加損，然守土者顧聽其隤剥而莫之省，尚奚以言治哉！余拜公墓，纍纍然凡七，蓋公祔於先塋，而子弟孫曾以次祔焉。惟祠文信國於墓左，其義無考，豈以公生平嚮墓信國，嘗懸畫像拜之，故爲是以成公志耶？九原而有知也，公方尚友信國，進而尚友岳忠武，相與徜徉於湖光山色間，感余志事，撫膺言懷，亦庶乎其不孤已。

校記：

〔一〕雲左山房文鈔原稿作「于潢」。

秦一誠先生遺像記

錫山之秦世爲東南望族。一誠先生者，前明成化間廩貢生，隱德不仕，以孝行有稱於時者也。今去先生之没三百幾十年矣，裔孫鶴出先生圖像並手書詩文及二泉邵公所書壽藏銘，合裝成卷，乞言於並世立言之君子。嗚呼！其可爲不忘先澤者矣。

謹按：圖凡四幅，第一幅道路平直，坊其地爲泮宫，一人方巾闊服，飄然有髭，一童負書隨之，應是年四十貢入太學時也。其第四幅山嶺複沓，有雜樹楓檜之屬，一童捧爐，先生持白羽扇，老矣，所謂年七十五結廬先塋之下，焚香拜泣者是也。惟中間二圖，一幅畫馬二、紅衣官人一，若爲導者，童子二，肩紅氍毹、油傘各一，先生冠弁於馬上拱揖。一畫大槐樹下黄門官二人、馬一、御馬者一，先生下馬，冠儒冠、革帶，手奉書如欲奉事者狀，豈所謂奉命告授州判職名，冠帶閒住時邪？凡此具見先生所自爲一誠始末中。

秦氏向無祭義田，先生始積生徒贄銀置三十畝。縣令以鄉飲招，不赴。六十後建覺非亭於宅南，爲瀞脩養素之地。若此皆其大者，固宜各宜一圖，豈其佚歟？又按志乘，先生之事母也，母病暑思酌，時旱甚，無所得水，先生袒卧烝日中，地忽自穴，泉涌上。又其廬墓，致靈芝白兔之瑞。而先生自志，僅有吴廉憲書孝子泉事，不及所以名泉之由，豈以迹近靈怪，爲儒者所不道歟？先生詩文有自述始末一首、一誠贊一首、自述詩二、先君七十上壽詩序一、覺非亭吟、思親望壠慕古知足等詩，凡八首，文理蒼質，殆皆發之於誠而無忝者歟？

前明講學之盛，莫如東林顧端文、高忠憲兩公，建立書院，在隆慶、天啟之際，而首衍慈湖之傳，爲西神諸君子先導者，二泉其識志也。今先生雖未嘗以講學名，而觀於二泉所稱曰有德，曰邵公俟命，則先生之學與其所以爲人，夫亦可識其大凡也已。明宏治中，長洲有王仁孝先生者，時皆稱其行誼，名其所居之里曰「大儒」。所有詩文詞，其弟子陳文莊公爲之版，今所傳俟後編是也。迹其生平出處，及門庭鄉里之行，有與先生若出一途者，則先生詩文雖存者不多，而足以廣其傳於世，必有讀書而興慕焉者，是又賢子孫之責也。

閩縣義塾記

治莫重於教，教莫先於養蒙。古者庠序而外，家必有塾，時術之義備焉。晚近難言之矣，小民困於饑寒，不能贍身家，奚暇課子弟。於是總丱之徒，目不識詩書禮樂之文，口不道孝悌忠信之言。里黨徵逐，習於匪僻，比長而不知悔。豈無穎悟之質？而終於不可教悔者，非一朝一夕之故也。

夫三代以前，吏即爲師。周禮黨正、州長之職，皆以教治，於政令并掌之。蓋其德行道義足爲民表，而職任又必以教化爲重，不如是則爲曠官。故吏之於民，若父兄之訓子弟，不敢任其不率也。後世吏與儒異趣，政與化殊途，牧令疲於簿書，而教士之職僅以文學博士領之。微論稱職者鮮，即其受教之人亦惟青衿子弟而已，未嘗外及也。夫童蒙不養，何以逮於成人？家塾已廢，何由登之庠序？貧民既不暇言學，牧令又不暇言教，其流必胥里鄙之子弟，盡習爲靡僻而不可挽，豈非人心風俗之大懼也哉？

萊臧明府來宰閩邑，獨以教化爲重，憫貧民之不能延師也。甫下車，即捐清俸，倡設義塾於郡學之側，聘黄茂才羹墀主其教，凡願學者咸得造焉。嚴其出入之規，密其誦習之程，復以公餘親至其地，課其勤惰而勸懲之。一時髫齔象勺之侶，雖窶人子亦訢訢然知所向學。此一舉也，有數善焉：廣教育也，恤貧窮也，植始基也，遏邪僻也。吏與儒同其趣，而政與化同其途也。由是推諸一邑之内，無不設塾之鄉，無不入塾之童，行之以實，持之以久，且使凡爲邑者咸取則焉，是誠人心風俗之大幸也。可不重歟，可不重歟？

湖濱崇善堂記

太湖爲東南巨浸，虞翻曰：「水通五道，謂之五湖。」界毗兩省，跨越蘇、常、湖三郡，商民往來，視官塘河較近，而風濤鼓盪，恒有傾覆之患。近湖居人邇有救生之舉，甚盛心也。其法略仿京口，而以屬湖中罟船。凡救一生者錢三緡，得一屍一緡，將覆而援，人船無恙者六緡。擇地烏程之喬溇吕祖廟側建崇善堂，旁及掩埋棺槥。而江、震、程、安四邑之好善者迭爲勸募，事賴以集。

曩余官浙江，分巡嘉湖者一年。洎蒞吴，先後且十年，太湖並在所轄。每聞波浪之險，惄然於懷。夫惻隱之心盡人同之。往時罟船非不知溺之當救也，而責不專屬，或以多事爲引嫌；有專責矣，而無以獎勵之，則不久而倦。是舉也，其有以充惻隱之心而持之以久者乎？吕祖廟者，素著靈應，諸君發信願於此，而四邑之人於以踴躍輸助，以底於事之成。抑余聞之，匪始之難，終之實難。太湖周行八百餘里，舟楫之患無地無之，他邑之人必有聞風興起者，而諸君敦善不怠，可質神明，在易之中孚，信及豚魚，大川利涉，所宜勉勉焉，慎恃其後也。倡其議者楊體涵、王恩溥、吴杰，捐資尤鉅，而諸善士繼之，王徵仕之佐其一也。道光丙申九月請余爲記，書其緣起如此。

杭嘉義塾添設孝廉田記

夫人好義之心不難於慮始，而難於圖終。何也？方其見義欲爲，視天下事無不可以曲赴吾志之所以獲。及乎無所獲焉，而意之倦者半矣；及乎僅有所獲焉，而意之已滿者又半矣。若此者，其始未嘗不好義，而義非本於中之所存，即所爲好者，亦祇襲於外之所附，卒不可以爲義士。

嘉興周生士漣，余向固嘗稱爲義士者也。其於杭、嘉兩郡募建平林、宗文等五義塾，備見於前所作宗文義塾記中。道光二年壬年〔一〕，塾生有舉於鄉者，始有孝廉田之議。凡舉於鄉者，貸田若干畝而入其息，有同舉者均之，後舉者代之，別議詞林田若干畝以待。嗚呼，周生好義之心可謂篤矣。今天子右文稽古，海内之士懷珍抱璞，無不欲以文章經濟自致通顯於時，而窮檐蔀屋之儒，尚有荒棄本業，或見異而思遷者。夫非國家制科一途不足爲人才鼓勵也，衣食者，生人之大要也，士可爲而不可盡可爲，〔二〕則其以高才自廢者爲可傷耳。

嗚呼，誠使一鄉一郡縣之間，盡得一二如周生其人者，獎掖寒畯，寬然予以讀書之歲月，足以推廣學校之化，而爲人才造就之階。天下不少好義之士，吾願聞周生之風而興起者衆也。周生之於義也老而彌篤，如饑渴者之需飲食，不能斯須去諸其懷。將見五塾中科名之盛，隆然日上，而好義諸君又廣爲捐助以成其義。余更樂爲之大書特書不一書也。是爲記。

校記：

〔一〕「壬年」，雲左山房文鈔原稿作「壬午」。

〔二〕雲左山房文鈔原稿此句作「士可為而不盡可為」。

南湖鄭祠祭田記

南湖鄭氏之有祭田也，自明吏部少谷公始。公捐貲倡建祠堂，又割己田爲祀典，慕義者踵之以集事，勒諸家譜，重以宗誓，用心至勤且篤。數傳以來，稍陵替矣。十世孫炳文，官江南淮安府同知，積俸所入，復而完之。則徐方里居，實與其事，脩理粗具，爲文記之曰：

自授田之法廢而兼并之術開，富者連阡陌，貧者乏升斗矣。自譜系之學微，而親親之道薄，富者私室家，貧者闕膢臘矣。夫先王之教，使民反古復始，不忘其所由生。故禮曰：「築爲宫室，設爲宗祧。」又曰：「旁治昆弟，合族以食。」比物此志也。田萊荒則粢盛缺，粢盛缺則合食廢，合食廢則宗祧紊，一本九族，渺若秦越，君子傷之。鄭氏建祠垂三百載，支度庶繁衍，以前人宗法之善，至今歲祀罔間。顧時事錯迕，經畫失人，遂有鬻祭田以資他用者。子姓利其值之微，亦競市之。輾轉就鬻，久而屢易其主，由是俎豆之供恒有不給。

炳文官於外，財固不豐，然懼先澤之淪胥也，慨然曰：「疇非宗一體之遺，祀之不供，先公是恫，吾儕其忍乎哉？且物本有而復之爲歸，春秋傳『齊人來歸鄆、讙龜陰之田』，聖經予之，嘉其義也。吾族人之得祠田者，其始爲值雖微，今屢鬻則相倍蓰矣。吾不敢没其值而强之歸，亦不敢以昔之值律今日也。捐吾俸以贖之，具劑其平焉。啬於今而倍於昔，其亦可乎？」衆咸曰：「諾。」遂區其畝而籍之，悉歸於祠以奉祠典。凡兹歸田之家，雖所償不足，而亦兢勸於義者，孝弟之心油然動於不容已，是知人情之易感，而祖若宗之靈爽於焉式憑也。繼自今享祀不忒，而合食以時，使昭穆少長有序，遠邇親疎有辨，冠婚喪葬有助，鰥寡孤獨有養，與吏部公建祠制祀之意後先繼美。詩曰：「孝子不匱，永錫爾類。」其在斯乎。是舉也，紀時道光六年十有二月，紀田四十餘畝，紀值一千七百金，著之碑陰，俾鄭氏子孫永守之也。

重脩積翠寺記

閩制府范忠貞公殉耿難，康熙二十二年建祠於烏石山之南，董其事者即祠西爲香火院，召僧居焉。寺在山半，古松夾道，石磴數十級始達於門，繚牆内望，四山環青，朝嵐夕靄，螢映萬狀，而寺乃以「積翠」名。每歲重九登高，里人讌集於此，笙管合樂，紙鳶跕跕出林外。寺有老梅，枝幹如鐵，花時吟賞者踵相接，寺遂爲會城勝地之冠。百餘年來祠宇依然，而寺之興廢不一。比歲主僧以故去，禪侶寥落，雙扉不扃，游憩者輒徘徊不忍覩。嘉慶二十五年，自慶和尚從怡山長慶禪寺方丈退院歸，構而得之，以寺久蕪且湫隘殊甚，求諸檀施，闢舊基址建準提閣，鑿放生池，治堂室三楹，爲宰官長者宴坐之所，垣墉四周，椽桷咸具，又置租田三畝爲常住計。恐事久而隳，乞余爲文以示其後人。

夫浮屠氏之教，自祇園布金後，招提蘭若遍於震旦。始則一蒲團地，七寶莊嚴，其後或法嗣不守，日即荒涼，而卒歸無有。今自慶願力堅苦，克底於成，可謂勤矣。凡佛弟子繼主卓錫者勉旃，補葺朽漏，打鐘掃地，以奉忠臣之靈，毋敢廢怠，是其所厚望也夫。因述其意，俾勒之石。

龍樹院雅集記

余之由京秩外遷也，十有一年於兹矣。其間三至轂下，無旬日留，中朝故交置酒相勞，每不獲往。惟辛未同歲生公讌必作竟日叙，驪駒在門，低佪留之不能去。惜未嘗紀其時月，爲後會所取證，猶有歉焉。今歲孟夏，余由閩釋服復詣闕。先一月，周芸皐觀察已自杭至。諸同人喜吾兩人之來，文酒款洽無虚日，然始猶未畢集。閏四月二十二日，乃徧徵同歲生集宣武坊南之龍樹院，會者三十四人。

是日也，宿雨新霽，微風未薰。其地有琳宫梵宇，林木幽翳，院中古槐蟠拏若鱗爪，俗所稱龍爪槐是也。院前三檻，僧月亭所新拓，軒欞洞開，埜色在户。左右兩小樓可瞰西山，其東與陶然亭衡宇相望。南則複城雉堞，森森然雄於郊畿。俯視菰蘆葭葦，一碧無際，雨後積潦澌澄，鳧鴨相出没，風過蕭蕭作聲，夏日有涼秋意。游讌之樂，幾忘其在輭紅塵土中也。

酒數巡，余揖諸君而言：「自吾儕釋褐至今，二十寒暑矣。向之第進士者二百四十七人，中外分職已區其半。自時厥後，人事錯迕，掎裳聯襼之侶，有日減無日增。今十干再週，而觴咏於斯者猶三十四人，雖視前數科爲盛，然追維疇曩，抑亦感慨係之矣。所恃志合道同，不爲勢交，且偕出大賢之門，師承有自，平居以文字相切劘，德性相觀摩，樹立猷守相期許。當時鼎甲三人，於未散館之先，同典秋賦，已爲百數十年僅見之盛事。而此廿年中，内外遷擢、持衡建節、鳴騶擁傳者，踵趾相接，咸以文學政事爲世推仰。即軨陋如余，亦濫叨主恩，廁秩二品，以附諸君子之末光，不其幸歟！顧攬鏡窺形，鬒鬢非昔，即向之翩翩年少者，亦皆鬑鬑然逾强而艾矣。歲月不居，搏沙聚散，可勿念乎！昔李絳對唐憲宗曰：『同年乃九州四海之人，情於何有？』此論矯枉，誠不值一噱耳。朋友爲人倫之一，況一科同舉，雖以人合，而有天焉，吾夫子論交，要之以久敬。諸君於吾及芸皐也，喜其來，惜其別，倦倦然惟恐不得晨夕聚，歷二十年猶一日，非久而敬之者歟？然則後此之會，胥於今日乎取證也，烏可以不志？」同人曰：「善。」於是劈素濡墨，圖而記之於右。

是日會者，翰林學士許莱山邦光，侍讀祝蘅畦慶蕃，中允蔣笙陔立鏞、榮及亭第，贊善全紫坦奎，給諫王柳溪雲錦、龔蓮舫綬，侍御朱小雲壬林、宋芸皐劭轂，郎中毛春門鼎亭、喻萊峯元準，員外莫豫堂焜、海雲峰濂、谷美田善禾、達粤千英、徐訪巖寶森、陳克庵焯，主事余邃巖寅元、陸少盧堯松、馮紫屏元錫、趙蘭友廷熙，内閣典籍梁徽垣慎楨，中書舍人顧秋浦濤、王義亭璟、易蓮航鏡清、劉順伯晉、衛璞庵如玉、端木佀芝坦，太守楊古生兆璜，大令黄素峯楊鑣、陳陸園柱勳、周摹園鳳喈。圖者前漢黄德道周芸皐凱，作記者前江甯布政使林少穆則徐也。道光十年歲在庚寅日躔鶉首之次。

同游龍門香山寺記

小庚郡伯守雒中，七年於兹。曩與余書，盛稱其地有龍門香山之勝，而惜未能導余一游也。道光辛丑夏，河決開封，是秋，余奉命從負薪之役。郡伯因公至河干，復爲余述前言，第慮余竣役南歸，仍無緣共登眺耳。余曰：「是有數存焉。僕今年幾出玉門矣，冰天雪海，亦一壯游。比雖不果於行，究未知數之可終免否也？」郡伯頷之。

無何，開封河而復，余仍西戍。壬寅春三月，道出雒中，郡伯撫余手曰：「有是哉，數之與時相需也。昔期於行而不果行，今不期於游而轉假此行以踐其游，是時與數適相值耳，斯游烏可已哉！」乃與郡佐羅君均亭、邑令馬君恕命駕邀余。出南門三十里，見兩山對峙，峩峩然若雙闕者，詢之，即龍門也。伊水歷其間，故號伊闕，亦曰闕塞，世傳神禹鑿水。今以形勢觀之，誠天功，非人力也。且禹鑿龍在今韓城，此山雖名同而實無與焉。

是日也，晴巒絢空，林野映碧，循西崖而行，憇虛亭，面方池，山泉泠泠，石筍矗立。拾級而上，則巖洞窅𥨊，石壁間鑿爲古佛相者，指不勝僂。前軒數楹，開窗面水，憑欄眺望，心眸爲之豁然。斯時春水方生，清漪淺流，未及没馬。復與諸君策驥涉伊，至東崖，步入香山寺，其勝槩亦與西崖埒。寺之南乃石樓故址，今爲平屋，因列坐讀屏間所刊白太傅文。竊想其暮年居雒，以七十萬緡倏刹，有終焉之志，誠達哉樂天矣。要亦遇可退之時，悟脩真之數，故得自署爲幸民耳。

僕雖不敢遠希古賢，而止足之念久已積諸懷抱，顧時事之艱，運數之奇，有不獨關乎一身休咎者。今雖萬里西行，而南望側身，歎喟欲絕，尚敢希林泉之娱哉！雖然，數與時相需，亦因時而轉，即此征途中得與佳山水遇，或亦數不終奇，時不終艱，如東坡所云人阨非天窮者耶？旦夕間瀛壖蕩平，寰宇清晏，使僕東還有期，猶將隨諸君子踵茲勝游，即以遂吾終焉之志，未嘗不可以斯言爲息壤也。同人曰：「善。」余遂援筆記之。

卷二

都城隍廟祈晴疏

年月日具官江蘇按察使某，以恒雨愆期，久恐害歲，謹齋戒沐浴致禱於全省都城隍之神曰：

聰明正直之謂神，有功德於民之謂神，禦大災捍大患之謂神。比者雨澤過盈，桑麥已壞。若滂沱不已，插秧後時，水鄉窪田，淪於巨浸，小民終歲衣食之計安所取資？具官慬焉。具官之受事茲土者四月矣，獄訟不衰，盜賊不息，訛言不寢，雨暘又不時，意者其有失德遺行歟？京房易傳曰：「誅罰絕理，厥災水。」其庶事之未治歟？刑獄之失當歟？愎理自用而民隱未通歟？庀僚屬而罔率歟？有一於此，則罰於厥身，民何罪焉！吳之小民素鮮蓋藏，手足儇利，靡習勞苦，歲一不登，莩死溝壑，甚或流而為匪，罹於法網，是可深痛。今城鄉之間，庳隘淺陋之舍，積水泥潦，具屋宇污潴，牆壁圮敗，薪溼煙漫，坐使耕織廢業，貿易不便，此亦神所宜悼者也。具官聞往在甲子，大雨七日，米價騰貴，民遂刦奪。今固連歲豐稔，度不至此。然郡中人言水減於前者尺耳。又自具官下車以來，穿窬夜行，甚滋民擾，歲若歉收，隱憂非細。況今者淮徐之區，方苦亢旱，其地宜粱粟黍稷，必待時雨乃可種藝。夫以此之盈，益彼之竭，亦云便矣。能以江南之雨移而濟諸江北，則得地；能以此月之雨徐而施諸六月七月，則得時。具官統刑此邦，凡吾赤子不忍視。神統轄大江南北，威靈赫濯，豈獨無動於心乎？抑具官聞之，雨師風伯各有所司，宜非神所能專擅。然而具官籲之於神，神籲之於天，歲計阜成，民生各遂，是即神與具官所莫辭之責也。具官秉性愚直，竭誠上言，有不由衷，壹惟降罰。至於緇流羽客之衆，結壇持呪之事，黷神甚矣，具官所不敢爲。謹疏。

糾察司廟祈晴疏

年月日具官江蘇按察使某，致禱於糾察司城隍神曰：

神與具官掌江南一省刑憲者也，則民命寄之矣。比者雨水過多，勢將禍稼，是用隱憂。京房傳曰：「誅罰絕理，厥災水。」其庶事之未治歟？刑獄之失當歟？愎理自用而民隱未通歟？庀僚屬而罔率歟？有一於此，則具官之不明也，兆示之可也；具官之不德也，咎歸之可也。今郡城之中，道路泥潦，房屋傾敗，居民怨咨，販負輟業，則鄉農之荷笠而歎者，宜何如矣！甲子大雨，城市刦奪。今水之減於者前尺耳，數月以内，民苦穿窬，歲或不登，匪流滋熾，此神與具官所宜輯之於未然者也。淮、徐之區，亢旱千里，挹此注彼，計爲兼得。具官能籲諸神，神獨不能籲諸天乎？今者盜賊不衰，訛言不息，民皆惶惶，俾夜作晝，加以淫潦瀕於荒歉，是可深懼。夫厲刑禁，嚴緝捕，申曉諭，安民心，具官責也。陰行詰暴之方，曲廣厚生之澤，使奸民無所遁其跡，而良善得以贍其身。捍災禦患之爲神，神能無動於心乎？具官與神共治一方，幽明雖殊，理無二致。毋使赤子流離，淪於無告，則具官之幸，亦神之幸也。言不由衷，壹惟降罰，神其憫而鑒之。謹疏。

祈晴祝文

維道光十三年三月壬申朔，越二日甲戌，兵部侍郎江蘇巡撫某，以久雨害農，謹齋祓沐浴致禱於明神之前曰：

三吳爲東南大邦，户口之繁，財賦之重，皆甲天下。近十年來數遘奇荒，今即歲事順成，元氣猶未可復也。乃者自冬歷春，恒雨百有餘日，下地之二麥已失望矣。若猶未已，是並上地而無遺種也。傷哉，民之窮也，饘糲不供而糜粥矣，糜粥不供而糠粃矣，今糠粃又不供，官茲土者，其能晏然乎？强有肆攫掠，弱者轉溝壑。具官之罪固不勝數，抑明神亦有所不忍者乎？吳之士女業紡織者什九，去秋颶風三日，吉貝飄然，又以歲儉之故，人情先食後衣，尺布不能易勺米，生計之蹙，未有甚於今日也。在田之麥，貸種而播，根荾荄久濡，莖葉旋萎。嗟乎，農力竭矣。今日之無麥，即他日之無禾也。况乎蠶不育而殭，菜不熟而饉，孰非陰寒苦雨之爲害乎？具官三至江南矣，癸未遇灾，辛卯以灾至，今復遘此灾象，是具官之政乖刑舛也，宜受罰殛；是具官之祐薄僭積也，宜自投劾。神若許之，願避賢路，屏息退聽。但能以一身代萬姓殃咎者，具官概勿敢辭。夫聰明正直之謂神，有功德於民之謂神，禦大灾捍大患之謂神。吾神能爲天地山川出雲降雨，即未有不能驅燭龍，升陽烏，放光明，而舒曜靈者也。嗟乎，呼吸之間，億兆之生死繫焉矣。惟神而鑒之，速賜晴霽。情急語戇，死罪，死罪。謹疏。

禱雨祝文

維道光十五年六月己丑朔，越九日戊戌，兵部侍郎江蘇巡撫某，以雨澤愆期，齋祈罔應，昧死負罪，謹爲文申告於廣大靈感大士之神前曰：

嗚呼，民非穀不生，穀非雨不植。今樹穀之時，宜雨不雨，此非天地好生之心，亦非明神輔相天地、康濟民物之心也。乃屢禱而未有應，則具官知其罪矣。具官以庸闒之姿任封疆之重，又居此户口至繁、財賦至鉅之地，歷有年所。其政事之不修，舉措之不明，徵斂之不均，刑罰之不當，殆不勝更僕數。前歲霪雨害稼，爲文以哀於神，獲蒙赦宥，去冬之禾、今春之麥幸皆報稔。而積困之民，瘡痍未復，饘粥不供，黄馘槁項者，猶相望於閭井。知神之憫吾民而欲降之福，固未嘗稍釋於衷也。徒以具官祐薄釁叢，不足以表率庶僚，綏撫黎首，而苟禄竊位，致乖天和。洪範所稱曰：「僭，恒暘若。」咎徵之見，莫顯於此。然一吏失職而使穀不得植，民不得生，具官誠知其罪，抑神明亦有所不忍者乎？吳中植禾固晚，今歲置閏，節候已遲，兹距小暑僅三日耳，若猶不雨，是穀無以播，又何以獲？嗷嗷者觖望待斃，其情有不忍言者。

伏惟明神擴天地好生之心，開萬民厚生之原，降百穀資生之澤，凡刑政之闕失，宜用罰殛者，皆加於具官之一身，即民自速辜，具官亦當以身代其殃咎，毋使羣黎觖望待斃，則所以輔相天地、康濟民物者，明神之功德誠愈大而彌遠矣。嗚呼，農望切於須臾，民命繫於呼吸，時急勢迫，惟神鑒而憫之，速惠渥澤，不勝昧死待命之至。謹疏。

二次禱雨祝文

維道光十五年歲次乙未閏六月己未朔，越十有三日辛未，江蘇巡撫林某等，以亢旱爲災，謹再率屬步禱爲文申告於大士之神曰：

日者仰蒙神惠，宥具官等之罪而允其請，小暑前後雨澤屢施，雖高原未遍，而平地之苗已蒔，凡在官民，莫不感激涕零，謂非明神之力不及此，當思修善除慝，以答慈貺，曷敢復爲再三之瀆。惟自六月二十四日至今，亢旱如故，雖朝夕步禱，而風力愈厲，雲容盡歛，人心又皇皇然。具官等自知愆眚未除，誠慤未至，方懺悔之不暇，然億萬生命所繫，不得不冒死告哀，瀆陳神聽。

夫百穀長於夏而成於秋，今立秋已屆，禾之未植者無論矣，其已植者，誰忍聽其枯槁？然腹地不可得水，則必截潢濬港，以水車數十具轆轤傳送，乃風日炎燥，不半晌而涸如故。農民窮矣，禾亦槁焉。嗚呼，其可哀一也。傍水之田，百不一二，雖目前猶可引溉，而官河日消水數寸，不數日亦立涸，何恃不恐？嗚呼，其可哀二也。高地已不能植禾，但得滋液滲漉，凡助穀之屬，猶可補藝。今土皆龜坼若石田然，耒輟於原，則磬懸於室。嗚呼，其可哀三也。昔者甲戌之旱，在禾苗遍植之後，民之用力猶輕也。今夏至即旱，植禾者半，不植者亦半。其不植者猶可責之曰惰農耳，而高阜之田，亦或胼胝樹藝，勞費倍蓰，而卒以蘊隆爲灾，棄前功而待斃，是力農者之慘甚於惰農也。嗚呼，其可哀四也。天下漕賦四百萬，吴居其半，京師官糈軍餉皆取給焉。若久旱苗槁，豈獨吴民道殣相望，天庾正供計將安出？嗚呼，其可哀五也。且吴中之灾屢矣，自癸未後，若辛卯，若癸巳，皆灾之甚者，其他亦多歉歲，無論蠲貸賑卹，國帑之耗難以爲常，即助賑勸捐，前此有力之家，今疲憊者什九矣。嗷嗷者誰其治之，但有轉溝壑耳。嗚呼，其可哀六也。淮揚下河之地，每有灾民流徙四出，雜於常、鎮、蘇、松之間。來則育之，去則資之，亦云屢矣。今其地多旱，又將相率至此。而此地不暇自謀，何以推解？恐强悍之衆，貽患未有窮也。嗚呼，其可哀七也。

自四五月來，江北之以蝗告者衆矣，近且渡江南，鎮郡之屬邑類多有之。若又旱暵，則螟蟘之害，尤必蔓延無已，民何以堪？嗚呼，其可哀八也。凡此八哀，特舉其顯而重者耳。若灾象竟成，官司之焦爛，閭閻之塗炭，更有不敢言明者。

嗚呼，官不足憫而民可憫，民即不盡可憫而農民可憫，而農民之勤者尤可憫。吾神參贊天地，力能致雨，於前日即能致雨，於今時緩之須臾，恐即無及。謹爲八哀疏合詞泥首以獻，伏乞明神大奮法力，迅迴往飈，宏沛愷澤，甦此億萬民命，不勝急切叩禱之至。謹疏。

祈雪祝文

維道光二十六年十有一月壬午朔，越二旬癸卯，兵部侍郎陝西巡撫某，謹齋祓瀝誠，遣屬禱於西嶽華山之神，而告以文曰：

惟神作鎮西土，以能佐二儀，育萬物，故秩視三公。立我烝民，貽我來牟，繫惟神力是賴。比者關中久旱，秋斂既絀，播種之麥，十無二三，而根不蟠，苗不興，以不得雪故，其槁也可立而待也。此非天地好生之心，亦非明神輔相天地之心，徒以具官奉職無狀，致乖時和。洪範曰：「僭，恒暘若。」具官以衰病之軀，德不足以表率庶僚，政不足以潤澤生民，而竊位開府，僭已極矣。宜自七月履任，即顯示旱象，以迄於今。是以上疏於朝，投劾罷職。然猶一日在位，即有一日民物之責。今農事亟矣，爲民請命，祈天降澤，不得不披肝瀝膽，流涕痛哭，以哀於神，而冀神之籲於天也。

夫天人之理一耳，具官一身之殃咎，於民何與？凡政刑闕失，宜用罰殛者，請悉加諸具官之一身，即或民自速辜，具官亦願以身代。惟祈明神憫民之命，拯民之饑，速興同雲之祥，大沛盈尺之澤，使西安、同州、鳳翔、乾州諸屬，無不優渥霑足，轉歉爲豐，億兆幸甚。不勝昧死待命之至。謹告。

新安曹太傅八十壽序

洪惟我國家誕保天命，重熙累洽，海宇綏謐，嘉祥迭臻。惟昊穹眷佑一德，必爲之孕靈川嶽，篤生魁輔，翊佐景祚，垂祉無窮。蓋有敦龐淳固之質，純錫曼延之齡，而後福被埏垓，誠孚荃緯，若我太傅中堂師真其人也。

公承奕世功仁之積，幼飫文敏公循牆之訓，辭章根乎夙慧，忠孝出乎性生。逾冠之年，蜚聲黌序；齒未及壯，兩掇巍科。受高宗純皇帝特達之知，由編脩擢侍講。方是時，公侍文敏公於京師，而大母朱太夫人壽登耄耋，絲綸疊被，優賚駢闐，黄山、白嶽間，吉雲五色，爲海内所瞻卬。嗣是鋒車載駸，於浙於豫，於楚於粤，衡校精白，巖谷獻珍。稍後督學江西，爲文敏公舊蒞之地，後先輝映，濟美稱焉。今夫建非常之績者，必其閎達沈毅，有以任天下之重，而藴涵於學問，發皇於事業，尤必自敦行門内始。公立身持己，一禀庭訓，不踰軌度。居文敏公憂，有終焉之志。洎仁宗睿皇帝特頒謚典，公乃拜賜馳驅，朝士翕然稱孝行。至於編家集，篤宗親，樹松楸，肅邊豆，又其餘也。

仁宗睿皇帝謂作忠資乎移孝，擢公侍郎，晉公尚書。一星周天，六官遍歷。棐忱篤於夙夜，勵翼先於庶明。於是有講幄之咨，有宫銜之錫，有館閣之掌，有京兆之兼，有帑藏圜府之稽，有春秋鑒衡之命。公則嚴嚴翼翼，益矢冰衷。值軍國大計，方切疇咨，公綜覈度支，區晝芻餉，其詳審也，如聚米爲山；其敬慎也，如以策數馬。上深嘉許，參知五日，遂拜宰輔，筦工部事，蓋已極際遇之隆矣。今天子御極，彌加倚任，授公軍機大臣，未幾復直南書房及上書房，領樞務如故。内庭清要，一身兼之，前此所未聞也。先後五主禮闈，得士極盛。爲翰林掌院學士垂三十年，卿尹封圻，多由薦舉，視韓、歐陽之負文望，吕文穆、司馬文正之汲揚人才，殆欲過之。

公既以文字受主知，獎錫逾於常度。及恭修仁宗睿皇帝實録告成，上錫花翎，天下謂以文事得武功之賚者自公始。繼又恭遇萬壽昌期，加雙銜翎，尤文臣所罕覯，而不知公之運籌決勝，長於韜略，聖明已心契之。乃者西陲不靖，勞我六師，公内綜戎機，上孚廟算，不動聲色，而決勝於二萬里之外，迨逆酋生擒，獻俘闕下，天子嘉悦，再圖公形。今紫光之像，視往歲玉瀾堂所繪十五老人，威儀加崇，有嚴有翼。他如賜禁城騎馬，繼以紫韁，又繼以安輿入直，凡人臣難得之遇，靡不備於一身，每進而愈隆焉。且古者傅相之職尊爲三公，所謂官不必備，惟其人也。史稱周成王時，周公、畢公並爲太傅，考其迓衡旁作，弼亮保釐，建無窮之基，亦有無窮之聞，後世莫得而彷佛也。我朝優禮大僚，以保傅爲加秩，然二百年來，當仕在職之臣而得加至太傅者不數人焉。公以帷幄之功，邀特進之典，比隆周、畢，禮絶班行，非偶然也。且夫樞機者，政事所取決也；鈞軸者，化理所肇端也。有一念之失其平，則不協於極，故古者相臣輔君以平天下，必先以平其心，不近名，不喜事，不以小智妨大體，不以一日忘百年。公表率中外二紀於兹，凛冰淵之小心，運江海之大度，四時之氣咸備，片念之誠不渝，知周天下而斠若畫一。無他，持其平而已矣。夫密勿之獻替，天下無由知，而御製詩章特揭而出之。於戲，其泰交之極盛矣乎！公六十、七十慶辰，兩邀賜壽，爲奕便蕃，已稱盛事。今歲十月爲公八十壽辰，聖天子眷佑加隆，百禮孔洽，而公神明强固，一如六七十時。㑺老在朝，四海清晏，眪丹青之偉業，延旗翼之修齡。宇内人士，皆將同聲以效康壽之祈，則又豈僅門牆之私祝乎哉。

帥仙舟中丞七十壽序

大中丞黄梅帥公，由一甲第三人入詞館，歷坊寺，躋卿貳，出爲浙江巡撫。奉太翁諱，以哀毁得目疾，釋服請於朝，回籍醫治，至是逾十年，而公年已七十矣。方公之巡撫浙江也，某備兵杭嘉湖，辱知最深，得以見公之行事而識其用心，古名臣無以加也。蓋古名臣所以兼濟天下者，有德、有才、有學。德以立其體，才以達其用，學以劑其偏。德立而才不副，無以治事理之紛；才達而學不絶，無以得措施之大。然而兼之者難矣。

初，公官六卿，於吏部摘巨奸，於刑部平大獄，於山東西，於江南讞獄，白民之冤，中外有神明頌。奉命撫浙，值鹾政更張之時，衆惴惴懼，謂必多所舉發。公至，惟懲蠹商之尤者一人，餘概勿問，而專力於裁浮費，減課則，疎滯引，釐庫欵，皆不動聲色，不立厓岸，不炫智術以爲之。無不達之情，亦無不燭之隱。如鏡鏡物，如秤秤物，既明且均，物自以不欺，會蠹商之尤者訴公於朝，上命大學士松筠公至浙鞫之，蠹伏其罪。由是令行禁止，鹾政爲之一清。往者商綱一欵以充鹾使貢獻犒勞之資，公不以羨入私橐。其去浙也，計所贏爲挑濬西湖及育嬰、普濟等善堂之用。未幾，而後政互争之，特遣星使稽核，前後十年，簿籍一塵不染者，獨公而已。蓋公有海涵萬派之量，而不煦煦以爲仁；有壁立千仞之操，而不孑孑以爲義。癸未水荒，奏請蠲恤，賑濟之外，率屬勸分，全活無算，浙人至今感之。是年某已移官江蘇，公簡札往來，勤諮疾苦，視江南之民無異浙之民，而某有所遵循，得以免於隕越。公又以霪雨害田，由於水利不治，偕江督孫公疏請開浚三江，而以某爲兩省總辦。次年九月舉行，會某以艱去，通辦之局亦變。而十數年來次第修治，江浙之人咸食其福，惟公之賜爲多也。

公之接寮屬也，開誠布信，有是非而無向背。文牘必親自批勘，或謁見稟述有遺誤者，指示了然，顧不以辭氣加人，人益敬憚公，雖被劾者，亦罔不心服，凡此皆某爲屬吏時所親見，至今心摹手追而不能逮者也。公屢掌文柄，分校者一，典試及督學皆再，得士極盛，而戊寅江南發題致嚴於君子小人和同之辨，尤足驗公得力所自，而
朝廷以科第取人才，必如公之坐言起行，乃庶幾無媿也。
公之在告，以目疾故，天子雖允其請，而畺吏入覲，必清問及公，重之以太息，蓋無日不冀公之復出。公雖目眚未愈，而含和飲粹，體氣日充，茀禄之康，正未有艾，行將大去其疾，光輔國家，以酬當宁嚮用之殷，慰薄海官吏士民之瞻仰，不獨某一人私祝已也。若其德之醇，才之鉅，學之正，竊不自揆，謂嘗測公萬一。敬畧陳之，爲生日侑觴之助云。

沈鼎甫師六十壽序

世之烜耀而震爍者，曰勳業，曰文章。之二者有本焉，則德是已。德之成兼乎人己。成己矣，而未能及人，與及人而猶未廣者，均之不足言有成。若夫卓然以聖賢爲志，以躬修實踐爲本，幸遭逢嘉會，出其所學之正，進結主知，身所陶淑者幾半天

下，則德立而功與言舉無以加焉。若此者，其惟吾夫子乎！

夫子於陸清獻公爲同里，少即慕其爲人，洎長邃於治經，文必典則。辛酉登賢書，壬戌捷南宫，簪筆承明，遍歷清要，聲華播海内，而抑然有以自下。惟於身心性命之學，晝修夕考，敦行不怠，一以清獻之言爲歸。識者咸以大儒屬之，知其廥宇凝曠，鑒局閎遠，必有發揮於事功之際者。辛未、癸酉襄校禮闈及京兆試，丙子視學楚北，壬午典試閩中，即留視學。戊子視學順天，壬辰視學皖江，任滿得旨仍留。時已超九列，官少司空矣。

天子知其清亮純粹，文行爲儒臣冠，故俾之典學最久。夫子益亹亹翼翼，夙夜匪懈，以酬倚毗。所至皆獎真才，屏浮僞，隆經術，崇實行，尤長於訓迪。每會諸生，必導以品詣趨向之塗、仁義中正之軌，反覆推析，至敷千百言，詞氣和易，誠信自然，聞者如在光風霽月中，人人有以自得。他若絶苞苴，杜請謁，未嘗以峻厲出之，人自無敢以私干者，是又素行之孚於衆心，非可襲而取也。

嘗觀古昔名賢，扶獎人倫，爲後進宗仰者，如唐之韓、宋之歐陽，出其門者，多一時英俊，然祇以文詞相切劘也。至濂洛關閩之儒出，窮理盡性，紹往開來，始一衷諸道，而遭遇少嗇，功業未彰，世之薰德而聞風者，交游之外，則群弟子已爾。若夫子之修諸己而被諸人，以正一世之學術，以淑一世之人才，使車所至，譽髦斯士，相與景行而模範之者，欣欣然如草木之遇春陽也，如百川之趍河海，衆鳥之萃平林也。自占甄陶士類，其能若斯之廣且遠哉！

今歲秋，夫子以皖江試竣，乞假歸里，改厝先塋，恐曠官久，以解識請。上嘉其仁孝，賜三月假，有「毋庸開缺」之諭。蓋嚮用之殷，側席以竚，行且人處經邦論道之地，抒其所學，上毗堯舜，下澤生民。其發揮事功，視清獻實有遇之。信乎經術飾治之效，而遭遇尤爲極盛也。

嘉平十二日，適舉六秩之觴，師母余夫人儷德同福，諸公子皆菑畬經訓，克纘家學，發祥流慶且未有涯。某爲夫子辛未分校所得士，自忝竊外秩，洊膺疊寄，馳驅四方，未獲常侍門下。甲午、乙未監臨江南鄉試，夫子以録科至金陵，得數親函丈，今又兩年矣。當茲攬揆之辰，不克鞠跽幕幬，奉觴末座。謹就鑽仰所得，舉夫子之立德者推本言之，知烜耀震爍，不僅在勳業文章之迹。至於永錫難老，以其身爲國家壽俊，則德之徵應，尤四方人士所同聲稱願者，獨某一人之私言乎哉？謹序。

王實田封翁壽序

曩余布政關中，訪耆年碩德之彥，將尊禮之，以矜式其民。都人士咸曰蒲城王實田先生者，孝廉方正人也。余欲就見之，而人事錯迕，未果也。洎南歸，而先生之嗣仲山令君適宰吾邑，衆稱賢父母，心欽遲之，顧無事不輕相覿。無何，兒子汝舟以童試受令君知，因過從數晨夕，乃益得聞先生之穆行。因以歎明德之有達人，誠非虛言也。

令君之不名一錢也，曰：「非獨吾性然也。將之官，吾父戒曰：『貽我閫中物，是不孝也。』吾聞之悚然，今勿敢忘也。」夫人子之親事也，堇荁枌榆，免薨滫瀡，詎不謂孝？而先生顧嚴以拒之者，士大夫之孝，務其遠且大，非若里巷父子沾沾口體之奉畢乃事也。且吏之偷也，相率而爲市，豈翳一身計哉。其藉口於仰事者比比矣，而其親之以封殖望子者又比比矣，是末俗之蔽也。不廉，烏乎孝乎？體父之廉以爲孝，乃孝之至者。孝且廉矣，有不爲方正之行者乎？觀先生所以訓子，而立身之無愧於孝廉方正可知也。西漢之取士也，察於州郡者曰孝廉、茂才，策於天子者曰賢良、方正。至唐宋而孝廉與方正之目皆爲制舉，何其重也。晚近之世，名與實不相覈，有賫緣以得之者矣，於物論何如耶？聞先生之被是舉也，再三辭，而同里之集學宫者四百人，何修而得斯於人耶！

陜人之稱先生者，曰狷潔其操，耿直其性，數十年無戲言惰行。十三失怙，盡禮逾成人。事妣太宜人何，先意承志。家極貧，而館穀所人〔一〕，爲叔之子一再娶婦，歲饑，周給里鄰，皆體太宜人志也。配宜人魏，又善相之，養必甘脆，而糠籺以自給。洎居憂，值甚雨，水潦入室，獨柩室無恙。比葬忽霽，階下有柏自生，人謂誠孝所感焉。余嘗舉斯語以質令君，則皆信也。先生之脩於其鄉，無間於人言，其古之陳仲弓、王彦方者流耶？使得尺寸之柄而理之，豈不大異於俗吏之所爲。顧自癸酉登賢書，辛巳應制舉之後，仍恬退不樂仕進，其諸務實不求榮者耶？而令子四人，舉於鄉者三，有聲於庠者一。長判山東糧河，次宰閩之首邑，其季新除郎官。孫又多而且賢，其諸積善而餘慶者耶？使先生而求仕也，亦何不可得者？然特一人之設施耳。乃不於其身而於其子，則以一人之設施者付之數人，是樹一而獲百，壐一而文萬也，其所濟於世豈淺也哉？

今先生與宜人登七褎矣，令君不敢以它物爲壽，而徵諸文詞，亦不欲以虚詞爲壽，而要諸紀實。以余於陜知先生，於閩知令君，又與長君同領甲子鄉薦，於誼爲年家子，余之子又令君門下士也。誼深則不誣，知深則不諛，此令君所以徵余言也，余其敢以虚詞應乎哉！抑聞南山有臺之詩曰：「樂只君子，民之父母。」又曰：「遐不眉壽。」又曰：「保艾爾後。」愛父母而樂其壽，此爲子之心也；壽其人而及其後，此又以父母之心爲心也。矧其子固爲民父母矣，由民之父母而壽其父母，是民樂父母之壽，而更以樂父母之父母之壽，而所謂爾後者，又即吾民之父母也，則所祝於眉壽之保艾者，固合吾邑之父母子弟異口而同聲，而豈余阿好之私言也乎？是爲序。

校記：

〔一〕「人」雲左山房文鈔原稿作「入」。

曾母陳太宜人九十壽序

古之善言婦德者，莫若二雅之詩，既醉之八章曰：「釐爾女士，從以孫子。」箋云：「女而有士行者，使生賢子孫以隨之也。」都人士之三章曰：「彼君子女，謂之尹吉。」箋云：「尹吉，周舊姓，言有禮法也。」夫女而士矣，而君子矣，而又從以賢子孫矣，即不必舊姓可也，然而禮法所從出，則舊姓恒多焉。則徐少時侍先妣陳太夫人至外家，見夫陳氏世爲師儒，合族而處，固吾里之舊姓也。其骨肉間多壽考，巾幗亦然。外大母黄太孺人壽將期頤，恒以禮法教女。女五人，先妣爲少，其最長者則曾母太宜人是已。己丑六月，值太宜人九十慶辰，表兄霽峯刺史偕厥弟爲霆率四代孫、曾奉觴爲壽，而徵言於則徐。

竊維壽至九袠，天下之至難也。即有之，而其子未必貴顯；子即貴顯，而未必侍養於家；子顯矣，歸善矣，未必其孫之尤顯也，且未必衆孫之並顯也。子若孫並顯矣，而能必曾孫之亦成名乎？今太宜人於人所不能得一者無不兼而有之，且連而致之，可不謂人世之至榮者乎？雖然，今日之榮，人所盡知也，由數十年之困頓勤勩以致今日之榮，此人所未必盡知，而正則徐之所難已於言者也。

太宜人之生於陳也，家貧甚。躬操作，習女紅，膚栗手皸，恬如也。迨歸於曾，曾亦舊姓，而貧與陳埒。贈奉直公少孤，無立錐地，謀所以養父母者，幾至廢學。太宜人以十指任菽水，堅贈公讀書之志，俾無内顧憂，故於黌序有聲，試輒第一。長君禹門早慧，贈公教之嚴，十二入庠，丙午舉於鄉，式穀之貽，閫訓與有力焉。憶則徐束髮受書，贈公至塾中，撫其頂，與先大夫談禹門幼時事，且述家室艱辛之况，則徐雖稚且惷，猶爲感動。蓋太宜人之忍饑餓，耐勞苦，與吾母如出一轍，故不禁聞之而心傷也。自時厥後，剥復互乘。一遭贈公之變，未幾而禹門仕於浙。再遭禹門之變，未幾而霽峯仕於朝。衆以門祚代興，爲太宜人幸，抑亦思此十年中，上解高堂暮年之悲，下勖男兒四方之志。婦道也，而子職兼焉；母教也，而孫謀裕焉。其心力之勤瘁，可殫言哉！自霽峯通籍，而太宜人乃免於持家之勞。嗣是就養西江，見霽峯一再課最，擢刺方州，而後喜可知已。然猶訓恭儉，示慈惠，鮮衣美食恒必却之，而以賙三鄙之匱乏者。迨歸里，督諸孫爲學，寬嚴適中，俾皆發名成業。如小米之連掇甲科，少城〔一〕之屢持文枋，其尤著者也。

抑則徐有感焉。夫天之降祥於人也，爲賢者勸也。然父母之賢，必賴賢子孫以振之，而後其德愈彰，其報亦愈遠。太宜人與先妣生而同懷，性情言動相髣髴；長而所適皆儒門，相夫教子，其嫻於禮法一也。獨某侍養無狀，不能跂吾中表於萬一。覩今日之洗腆稱觴，心焉慕之，而益皇然於則徐之不得爲子也。賢不肖之相去豈可以同年語也哉！夫南陔、白華詩雖無詞，後人猶援其義以補之。霽峯惟明於此義，故自歸養已來，上而慈親康强，下而子孫逢吉，舉人世可欣可羡之事而畢集於其家，所謂如川方至，以莫不增者。固太宜人充積之盛，抑亦霽峯之孝養有以致此也。讀雅詩者紬繹於既醉、都人士之篇，而復申以南陔、白華之義，孝慈之心，其亦可以油然而生矣。

校記：

〔一〕雲左山房文鈔原稿作「少坡」。

誥封中憲大夫浙江道御史松軒陳先生墓誌銘

往者先大夫與里中耆年碩德之友爲真率會，一日集吾宗希五先生齋。先生方授徒，有垂髫者翹然獨異於衆，問：「能學顏孟乎？」曰能。曰奚先？曰先志。奚所從事？曰格致爲始。衆咸器焉。希五先生遂妻以女，今侍御陳君是也。既侍御之考中憲公亦與於會，侍御通籍翰林，而希五先生歸道山矣。公每述曩昔相攸事，感舊心傷，淚涔涔下，諸老人亦莫不欷歔太息，痛逝者之不復作也。丁亥冬，則徐奉先大夫諱還里，公臨其喪，悲不自勝，謂則徐曰：「嗟乎，僕亦老且病矣。吾兒宦京師，不知歸之何時也。」未幾，侍御歸省，公顧而樂之。先是，公小極，欲召侍御歸，家人姑徐之。侍御在京師得噩夢，將請急馳歸，禱諸神，占之吉。尋得公手諭，果霍然起矣，蓋誠孝之感也。然侍御一喜一懼之情，褢裒於胸中，固不忍以三公易一日養。居諫垣未浹月，仍陳情歸。既至而二親咸健，喜動顏色。爰偕兄弟子姓奉觴爲壽，里鄙榮之。無何，公又遘疾，侍御奉湯藥，掖厠牏，數旬之間，衣不解帶。七月十有七日，公卒於里第，春秋七十有四。侍御充充瞿瞿，深以循陔未久爲感。然吾謂侍御以純孝之念思親而歸，歸而逮養，疾則侍左右，没則奉含飯，雖人子之心無窮期，抑亦不幸之幸也。如則徐以迎養陷吾親，生不能遂奉輿之心，没不及親易簀之事，雞斯徒跣，見星而馳，悠悠昊天，曷其有極！此所以臨文振觸嗚咽而不能成詞也。烏虖！賢不肖之相去，豈可以同年語也哉！

公諱櫟，字世津，號松軒，系出福州古靈陳氏。曾祖廷鳳，乾隆丙辰舉人。父孝鐈，生三子，公其季也。少失恃，資筆墨以養父。友昆弟，睦宗族，篤交游，自壯至老無以異。善守貧，且不言貧，視通塞如一，先大夫亟稱之。其教侍御也，示以立身爲己之道，集古嘉言善行爲之型，又命事希五先生，擩染其澤，以底於成。侍御蚤都文譽，居館職臺諫皆有聲，與校春、秋闈，得士甚盛，皆公之教也。娶汪恭人。子三：長朝紳，出後伯父世範，貤封浙江道御史，娶范氏。次朝綱，出後伯父世宇，娶余氏。三功，即侍御也，嘉慶丙子舉人，丁丑進士，由編修授浙江道御史，娶林氏，前甯德縣教諭雨化女，昔從學時所字者也。繼娶陽湖吳氏，江西撫巡光悦女。再娶江甯陶氏，前湖南江華縣知縣桂楨女。女一，適許廷隆。孫二：永奠、永保，皆朝紳生。女孫七。以道光九年某月某日葬西關外某山之陽，侍御以則徐爲兩世交，知先德較悉，辱來請銘。銘曰：

志之潔，行以芳。福之備，壽以臧。處貧久，與貧相忘。訓子親，見厥子昌。白華歸吟莪蔚傷，孝思不匱靈蔭長，佳域巍巍體魄藏。

大理寺卿蘭石郭先生墓誌銘

吾閩文學侍從之臣，以嘉慶朝爲盛，其聲譽烜赫、爲中外傾慕者，蘭石郭先生其尤也。然慕先生者，大抵首推書法，謂當頡頏元明兩文敏間，而生平志誼學行幾爲所掩，是僅以書得名，而先生之真不出也。則徐曩入詞垣，後先生一科，以年齒同而氣義合，相切劘者有年，故知先生較悉。於其葬也，厥孤籛齡來請銘，因著先生之真，庶不負知己於地下焉。

先生諱尚先，字元開，號蘭石，又號伯抑父。先世自固始再徙，占籍莆田，以三孝子登旌，稱雙闕郭氏。祖古選，官無錫知縣，有聲。父捷南，附貢生，以詩、古文名於時。隨父官溧陽，生先生於縣署。幼穎異，十六補弟子員，二十三舉嘉慶丁卯科本省鄉試第一，己巳成進士，改庶吉士，派習國書，散館授編修。癸酉、丙子、己卯連典貴州、雲南、廣東鄉試。道光戊子視學四川，庚寅遷贊善，辛卯自春迄冬，迭遷洗馬、侍讀、庶子學士，又尋擢光禄卿。壬辰典山東鄉試，十二月二十九日子時，以微疾終大理寺卿任，年四十有八。嗚呼，惜哉。

先生學有體用，垂髫即喜讀經世書。時萬虞臣先生主講興安書院，數年從之游，見聞益洽，自經史外，博涉諸子百家及輿地、象緯之學，尤喜鄭漁仲通志，謂其兼綜條貫，有裨實用。每與則徐並几促膝，上下今古，或感慨悲歌，嬉笑怒駡，或酒酣耳熱，泣數行下，同儕有竊笑者，先生弗顧也。京官以春秋分俸，先生每俸入，恒置案頭，相對多日，歎曰：「吾將何所設施，以無負朝糈？」其不苟禄之志，官詞林時已然矣。館相國盧文肅公家，甚見推重。文肅喜談掌故，公餘招則徐偕先生集一小窗，談至移晷，其他朝士罕與焉。戊寅大考翰詹，文肅以先生與考，奏辭閱卷。仁廟檢原卷覽之，諭文肅曰：「汝家西賓寫作俱佳，必在前列，宜汝之先。以遠嫌辭免也。」然閱卷者因是競覓先生卷，誤以書法近似者當之，而先生反乙置焉。上雖未加特擢，然實深信其絕無奔競矣。歷充國史館纂修、文穎館總纂修，與修大清一統志、治河方略等書，又充明鑑纂修、文淵閣校理，教習兩科庶吉士，文名日益盛。其督蜀學也，坐堂皇終日，得卷即親閱，先以國書識其後，乃令幕賓分閱，皆不敢苟。訪知各積弊，破獲甚衆，燬除鄙俚剽竊之文，裁入學紅案之費，士咸稱便；其公廨供億陋規，一一革免，官亦稱便。又與督部鄂公商團練鄉勇事，大著明效。鄂以實奏聞，上深嘉焉，有「操守廉潔，辦事精細」之褒，又有「學問好，人品更好」之諭。在任三年，赴試之士無不求先生書，有求則無不予者。則徐聞而規之曰：「孟子所云每人悅之，日亦不足。殆即君之謂乎？」先生雖韙吾言，而恃其運筆之速，仍樂此不疲。然精力潛瘁於是矣。年未及艾，鬚髮已盡白。自蜀還朝，上即已訝其老，勞問久之。洎典試山東，復命充武殿試讀卷官、考試恩監官，又會刑部審案，皆衝寒力疾從事，不請假，嘗語家人曰：「吾以一編修，年逾七遷至九列，不知如何始可報稱。」故病雖劇，未嘗乞假。臨没，猶繫心臺灣滋事，索觀邸報，曾無一語及家事也。

上覽遺奏，深爲悼惜，屢與廷臣言之。向使天假以年，至今尚未懸車，凡所設施，詎能測其所至，而僅止於是。嗚呼，上天既篤生是才矣，而聖主又深知是才而亟欲用其才，乃終爲大數所限，不及見其才之大展。此哲人云亡之悲所以古今同慨也。

先生配陳淑人，繼配黃淑人，簉黃孺人。子二：慰祖，殤；錢齡，郡廩生，娶陳氏。女六，李逢時、廖勉、許祖淳其壻也。孫定履。墓在□□里之□□山□向□兼□□。銘曰：

猗歟莆陽，夙鍾秀良。此才晚出，與古頡頏。淹洽宏麗，如鄭夾漈。文名書名，爲蔡端明。五握文柄，齊莊中正。衡平鑑空，庶士傾風。帝亟用賢，一歲九遷。胡未及艾，皤然華顛。殫思矢誠，乃心君國。復疲爾神，文章翰墨。命之不永，人盇傷心。迹往名留，垂芳藝林。厥子少孤，長而學成。卜云其吉，窀穸乃營。我雖不文，銘以紀實。有道之碑，庶無媿色。

兩淮都轉陶泉俞公墓誌銘

道光十有五年十二月甲戌，兩淮運司平羅俞君以疾卒。先一月，君陳牘請假，余奉天子命權兩江總督兼鹽政事，爲聞之朝。曩余陳臬兩蘇，君知長洲縣，振三年灾，竭盡心力，爲牧令最。及余撫吳，君洊至今職。整飭鹺務，凋敝漸興，方爲聖明委任，乃以勞遘疾，遂不起。維持〔一〕兩江總督安化陶公展覲入都，假歸修墓，途次聞之，飛章入告，折回江南。蓋以兩淮綱課事宜倚君爲重，而不能不重惜君之亡也。

按狀：君俞姓，諱德淵，字源培，號陶泉。先世由安徽無爲州遷甘肅之甯夏，再遷平羅，爲平羅縣人。曾祖天申，祖灝，父世隆，前母唐，母赫。自曾祖以下並以君貴，贈如其官，妣皆贈淑人。累世耕讀，潛德未顯。贈公有子五人，君其仲也。弱冠入縣學，嘉慶丁卯舉人，丁丑進士，由庶吉士散館改知縣，歷江蘇荆溪、長洲二縣，蘇州督粮同知，蘇州、常州、江甯府知府，署江南鹽巡道，授兩淮鹽運使。君幼時家貧甚，折屋材爲試資〔二〕。舉秀才，不克與省試，今侍郎錢塘王公爲平羅令，重其文，佽之入闈，一試而捷。又十年成進士，始服官，以清白要諸神，所至有廉能稱。尤著者荆溪三官堂僧被殺，隸誣繫屠者，出血衣爲證。君疑焉，引寘密室，訊得實，釋之，卒獲正凶。令長洲時，海門人王有素以鬥殺人抵死，讞定矣，至省呼枉。君請覆檢，檢無傷痕，案得平反。癸未夏吳中雨不止，曰禾蕩然〔三〕，君言備荒先聚粮，吳民素鮮蓋藏，江西、湖廣早稻以六月熟，其值方賤，莫若就糴於鄰省，乃即請大府貸帑十數萬金，糴楚歸米，以平糶。又慮勘荒之難於審户也，先期以他事親歷各鄉，申保甲之令，而出以簡約，召老成謹愿者給筆札，令各書其鄉户口與其所業。吳民不習荒政，以爲稽保甲耳，既具而藏之，洎議振，乃出之，仿宋江東提點史彌鞏釐匣户五等之法，勸各圖自振其鄰里，官爲覈其贏縮而挹注之，吏一毫不能欺。又糶倉糓，設粥廠，禁囤販，卹流亡，瘞屍棺，收棄孩，且出私錢屑麪爲餠，以濟於路。時他邑騷然，而君所治鎮静如故。民有生死月〔四〕骨之感，相與繪君像而拜。是冬水落，則修圩堰，畜耕牛。明年疫作，又設醫局，施藥物，皆君力也。事定，聞於朝，得旨加知州銜。甲申冬，高堰決口，阻粮舶不得上。陶公時爲巡撫，奏行海運。君議陳三十條，采其説試行，尅日蕆事。爲蘇州守數月，請釐積案八十餘起。江甯秦淮河淤淺，圩田失灌溉，貢院久不修，天雨泥水没脛股，君鳩工濬治之，士民以爲便。其官鹽運使也，當鹺務敗壞之後，國帑虧缺數千萬。先是，廷臣有改歸場竈之諭，上命尚書蒲城王公、侍郎滿洲寶公赴揚與督臣計事，檄君與議。君獻言曰：「利與害相因，言利之道必並其害兼籌之。議改法者有三，歸竈丁，以按鏾起課；歸場官，以給單收税；歸場商，以認鏾納課。然而約指其弊，殆有數端：逋亡短欠，鍋鑊私煎，灾祲停緩，則丁不足恃也。額數虧缺，稽察疏失，吏差侵肥，則官不足恃也。疲商鑽充，殷户規避，垣私偷漏，則商不足恃也。夫事莫難於圖始，僉商清竈，非一二年不爲功。此一二年中，額引可停售乎？正可課常懸乎？岸食可久滯乎？將何術使行之而無弊？即審能行之，而銷鹽不分地界，民憚遠涉，楚岸鹽必缺，缺必仰給川、粤之私，而川、粤之鹽病。蘇、松、嘉湖近在咫尺，逾江以南將貪食無引之鹽，而浙之鹽病。淮北毗連東省，人習負販，兖、沂諸府便於營買，勢且盡食淮鹽，而長蘆之鹽病。至淮南、北數萬捆鹽之工，一旦失業，躬急滋事，恐沿江濱海之地攘殺爭鬥，刑獄煩多，是又當深思熟慮者也。」諸公題〔五〕其言。時方奏請裁鹽政歸督臣兼轄，陶公即舉君勝運司任。君既力辭不允，則爲之減科則，平引價，禁透漏，濬場河，杜粮艘之夾裝，治梟匪之刦奪，陋規浮耗剗削殆盡。因時制宜，不避勞怨。揚郡數被水，君前後倡捐鉅萬，擔粥於市以食餓夫。其惠政與爲令時無異。當鹽務重困，商疲綱滯，庫貯僅五萬兩，君任事後，統行正運，四綱接銷，加帶二百餘萬引，撥解正、雜銀千數百萬兩，存庫銀三百五十餘萬兩。天子知君能謹度支，節靡費，淮鹺冀有起色，方嚮用君，而君已積勞成疾矣。悲夫。

君性純篤，能面諍人過，遇事明決剛斷，履艱鉅，裕如也。居赫淑人憂，自以居官闕定省，坐苫凷百日，歸而爲文告匶自責，廬墓三年。與兄弟均財用，著家言，訓子姪以敦本務實，獎勵寒畯好學之士，孜孜如不及，多有資以成名者。居官二十年，旁無媵侍，家絶纂縞之飾。禄俸所入，不私積生産，於鄉黨所乏，無不給；於寮友之急難，無不赴也。君才識精敏，治務通練。前節相濟甯孫公、襄平蔣公，今中丞善化賀公，皆倚重君。官運司五年，值枝梧轇轕之際，殫精竭智，欲爲國家程指臂之效，焦勞刻苦以殞其生，不得盡展生平之藴抱，俾大有濟於當世，是可慨已。

君生於乾隆四十三年十一月初九日，年五十有八。配安氏。子思震，先卒；葆素，平羅縣學生，仲誠，殤。女一，適同縣金汝勵。孫三：光昱、光晫、光旭。君卒之次年，其孤奉君柩歸葬於平羅縣東鄉正閘堡昌潤渠之陽，而以幽壙之文爲請。余知君最深，不能辭。銘曰：

嵲嵲穹穹，如雲濩空。溉澤下土，倏噫而風。廉平不欺，治縣第一。霜鴻嗷嗷，是安是宅。既涖於淮，振綱之頹。淄蠹爰靖，羽鴆罔甾。謂君勤能，孰知其惠。法雞之驅，除馬之□〔六〕。清不近名，敏不尚術。受知聖明，盡瘁於職。年禄不永，形神告癯。我文其窺，以爲世模。内行純白，出處靡玷。蘭山嶻嶻，蔭兹坎掩。

校記：

〔一〕雲左山房文鈔原稿作「時」。

〔二〕雲左山房文鈔原稿作「拆屋材」。

〔三〕雲左山房文鈔原稿作「田」。

〔四〕雲左山房文鈔原稿作「肉」。

〔五〕雲左山房文鈔原稿作「違」。

〔六〕原缺文，雲左山房文鈔原稿作「害」。

梁芷林方伯室鄭夫人墓表

夫人姓鄭氏，吾師閩縣進士諱光策公女，江蘇布政使梁公章鉅配也。昔吾師以碩學名德舉進士，不仕，里居授徒〔一〕，游其門者無慮數百輩。布政君甫十齡，一見決爲大器，遂許字焉。君二十舉於鄉，再逾年而夫人來歸，年十八。姑王太夫人前卒，佐君侍舅贈通奉公，以孝聞。嘉慶壬戌君入翰林，改禮部。還山十年，再起補官，直軍機，出知荊州府，遷淮海道、山東按察使、江蘇布政使。引疾得請歸閩，一寒暑而夫人卒。自食貧以至通顯，三十八年中，夫人庀家政如一日，内事咸理，未嘗以瑣屑累君。方君之上公車也，留京師補教習，通奉公官甯化教諭，不能盡室以行，夫人攜一媪居黃巷舊宅者四年，易衣而食，數米以炊，泊如也。通奉公嘗寄齋俸數十金，分畀弟、姪暨諸孫，畫以定數，君之家嗣與焉。主其事者偶舛之，數遂絀，夫人陰以所畀家嗣者補之，衆乃釋然。其不惜損己以全人率類此。居常勤苦自勵，口不言貧，尤耻丐貸於戚鄙，戚鄙亦用是相歎異。既君在翰林，聞通奉公訃，星奔至甯化，扶匱旋里，繭足荒山，閲數載始安窀穸。其間竭蹷將事，惟夫人實左右之。既窆，勸君挈家北上，居京邸，米鹽井臼，黽勉有無，一如在家時。洎隨外任，禄入漸豐，夫人自奉約而好施予。義所當爲，與力所能勝者，行之惟恐不及。於山左恤獄囚，於吳門瘞胔骼，重興葆元堂，施醫藥棺櫬。辛卯秋江北大水，淮揚流民就食於蘇者以累萬計，君方與屬吏議資送、留養二政，夫人命舉室節衣食費，損〔二〕制棉衣袴各五千散之，流民無凍死者，吳人以是頌君惠政，而不知成之者夫人也。歸里後，自冬徂夏，所施棺已百數十具。歿前數日，猶料理花鈿，命家人斥賣以續其事，又增給敬節堂恤嫠經費。其倦倦於濟人利物者，非有要譽求福之念，殆天性然耳。若親族之喪葬婚嫁賴其佽助，則猶任卹之常，不足爲夫人多也。抑其深識遠見有進於此者。先是甲申冬，君以惟海道〔三〕權江蘇臬事，夫人挈子女仍居淮浦。會高家堰決，羣情惶惑，訛言煩興，有以登舟避水請者。夫人斥之曰：「淮浦民廛數萬，無舟者什九，吾安能獨以舟免？脱有他故，徒貽口實。水至門，登樓守之未晚也。」或曰：「樓材不可恃，請早爲計。」夫人曉以大數，持前説益堅。臧獲輩肅然不敢動。時官河上者，每陰遣其家人登舟，聞夫人言，咸止不發，人心以定。嗚呼，此豈尋常巾幗中之能事也哉。

夫人生於乾隆己亥年三月初四日，率〔四〕於道光癸巳年五月二十六日，年五十有五。以覃恩誥封夫人。子五人：長逢辰，道光乙酉舉人，内閣中書。次丁辰，次恭辰，並國子監生。次映辰，次敬辰。女四人，浙江温州府同知祝普慶、國學生邱藜輝、林慶祐、陳延詵其壻也。孫男三人：佺、僑、佳。某年月日祔葬於姚岐山之先塋，即曩所治生壙也。布政君以狀來屬爲表墓之文，某未冠受業於鄭進士師，即與君習，繼與君居同巷，又同館於人，數晨夕者有年。通籍以來，中外官跡時復合，并夫人之孅行淑德，聞之久且詳者，莫某若也，奚敢以不文辭？遂摭其大略，書之於墓云。

校記：

〔一〕雲左山房文鈔原稿作「徒」。

〔二〕雲左山房文鈔原稿作「捐」。

〔三〕雲左山房文鈔原稿作「淮海道」。

〔四〕雲左山房文鈔原稿作「卒」。

沈母楊太君傳贊

山陰沈桐生七歲而孤，母楊太君撫之成立。安化宫保陶公督兩江，延桐爲記室。

道光乙未冬，陶公入覲，余來代篆，甫識桐。無何，桐居太君喪，詮次事略，乞爲之傳。余舊史官也，不獲辭。

按狀：太君籍宛平，歸故河南滎澤知縣沈君某。滎澤君有吏治，能成其廉。滎澤君卒，縣人願貸屋居孤寡，籌日用。太君唏曰：「首邱之謂何？且吾子幼，先人以清白貽之，而累縣人乎？」亟歸葬。既葬，訓桐讀書，桐亦自力於學，遂以博士弟子食廩餼，爲諸侯上客。最後來游金陵，僦舍奉母，故太君卒於金陵也。初，沈自高、曾以來，必年四十一而生子，子生七年而孤。太君用形家言，徙先世兆穴，桐年逾冠生子矣，此皆事之可述者。太君之生乾隆某年某甲子，卒以道光十五年乙未某月日，年若干歲。十六而嫁，若干而寡，守節若干年。子一人，孫一人。

贊曰：無非無儀，斯爲婦職。有罹其凶，乃見才識。弱綫單門，似續之急。著策何告，理感在默。匪兆之吉，惟母之德。苦節必甘，鬼神所翊。敬勗賢嗣，厥修罔忒。慰於幽宮，彤史是述。

先考行狀

府君諱賓日，字孟養，號暘谷，系出九牧林氏。先世由莆田徙居福清縣之杞店鄉，國初再徙省治，累傳皆儒業。先大夫贈通奉大夫、閩縣學生諱萬選，生四子，府君其季也。先大父隨曾叔祖宦中州，伯父亦遠館於外。府君幼事先大母，躬習勞苦，以孝聞。顧貧甚，無與爲延師者。比長，乃拊膺曰：「男兒當自奮發，豈甘以貧廢學耶？」年十三始就外傅。未曉文義，同塾生或笑之，愈自激厲，不期月而所爲文出同塾生上，塾師奇之。外大父陳時庵先生，閩之名宿也，激賞府君文，許以女字，先妣陳太夫人是也。既冠，與里中諸傑士游，所業益閎。有敦社、誠交社、縣充山堂者，皆府君與友朋講學譚藝之所，通儒咸集焉。應府、縣試，皆前列。以遭先大母喪，不克終試。先大父晚自中州歸，府君授徒以養，脯贄所入，甘旨必豐。洎先大父見背，喪葬皆盡禮。數年之中，心力交瘁，猶苦志讀書，終夜不寢，以是得目疾。乾隆丁酉，先妣陳太夫人來歸。逾年，府君縣試冠軍，受知於學使沈雲椒先生，補弟子員。庚子，竇東皋先生典閩試，得府君卷，評曰：「理境澂澈。」已擬元矣，而第三場以病目未與，闈中覓卷不得，歎惜久之。既而朱笥河先生督學閩中，府君試第一，食廩饁。先生刊閩士之文曰勸學編，選府君文獨多，有嗣響龍門之目。戊申、己酉文並入彀，而皆病目不能終試事。府君以科名有命，恬然處之，而孜孜於教誨子弟，成就後學之事。不孝則徐以乙巳生，於時四齡矣。府君館於羅氏，懷之入塾，抱之膝上，自之無以至章句皆口授之。七歲教之屬文，或疑太早，府君曰：「非欲速也，此兒性靈，時有發現處，不引之則其機反窒，此教術之因材而施者耳。」其論誨人曰：「易以養蒙爲聖功，養之時義大矣哉。養其廉恥，使遠於奇衺；養其天真，庶免於澆薄。夏楚收威，特其偶耳。若習焉，有不生玩者乎？孟子曰：『中也養不中，才也養不才。』正與易義相表裏。余以孟養爲字，即此義耳。」故府君之教，諄諄然、循循然，不激不厲，而使人自樂於嚮學。前後門弟子發名成業，登甲乙科者凡數十輩，類能束身修行如古學者，胥是道也。嘉慶丙辰，不孝霈霖生，以三伯父孟典君無後，命爲之嗣。丁巳，府君貢成均，時不孝則徐年十三，應府試第一，旋入黌序。學使陳春溆先生試貢士日，於府君文稱獎至再，且備詢所以教子者。府君遜謝不敏，而感其意，終身不忘也。

不孝等兄弟三人，姊妹八人，皆同母生。食指既繁，宿逋又積，府君館穀而外別無所資。當時貧屢之狀，有非恒情所能堪者。或勸令不孝則徐改業，府君惟笑不應。

先妣陳太夫人工鍼黹，又善翦綵爲草木之花，歲可易錢數十緡，稍佐家計。每際天寒夜永，破屋三椽，朔風怒號，一燈在壁，長幼以次列坐，誦讀於斯，女紅於斯，膚粟手皸，恒至漏盡。嗚呼，此情此景宛如昨日，而孰知其不可再得耶？府君在庠序二十年，不妄與一事，不妄取一錢。文武童試，例由廩生保送，有文童某身家不清，以重貲請。府君曰：「盍他往乎。」某曰：「所以匄先生者，爲信人有素耳，苟具結，則人不吾疑也。」再三云，卒婉辭之，然亦不究其所往也。里中有豪猾者，欲延府君課子，不惜厚聘。府君疾其衺行，堅却之，衆以爲訝。未幾，其人以事敗，人始服府君之先見。不孝則徐自四齡入塾，至二十舉於鄉，無一日離膝下。府君講授書史，必示以身體力行、近理著己之道，罕譬曲喻，務使領悟而後已，然未嘗加之笞撻，即呵斥亦絕少，其慈愛和平率類此。乙丑以後，不孝則徐以家食難給，不得已假館於外，府君亦赴將樂，主正學書院講席者十年。將樂人文素盛，中稍不逮，書院雖設，幾爲具文。府君每歲春往冬歸，以朱子分年讀書之法，與諸生相切劘，其貧不能赴省試者，解囊爲助，由是士氣奮興，科目復盛。士皆感服，相率爲府君立像，府君以其近名力止之。維時不孝霈霖隨侍左右，府君一以教則徐者教之，出入顧復未嘗離也。辛未，不孝則徐通籍翰林，請假歸省，逾年還朝奉職，府君以不習北方水土仍里居，諭之曰：「詞臣當敦品力學，求稱侍從之職，勿以我爲念。」丙子春，不孝霈霖入庠。是秋，不孝則徐典試江西。府君自以躓於場屋，倍知科名之難，屢諭：「衡文當慎之又慎。已薦之卷，首場三藝當通閱到底，逐篇分評；未薦之卷，亦必逐卷有硃筆批點。」不孝謹如命行之。戊寅，府君七十壽辰，不孝則徐在都稱觴遥祝，一時公卿名流、同年生、門弟子多製錦爲壽者。己卯，不孝則徐分校禮闈，尋復典試雲南。是年恭遇仁宗睿皇帝六旬萬壽，府君得蒙覃恩誥封奉直大夫、翰林院編修加三級，先妣誥封宜人。庚辰二月，不孝則徐補江南道監察御史，四月間，放浙江杭嘉湖道。竊念閩浙連疆，仰荷主恩，得以迎養二親，幸莫大焉，亟遣人至閩請行期，府君憚於水陸之艱，不欲成行，姑徐之。不孝則徐請益切，府君手諭之曰：「汝勿强余，余行不能至，恐汝轉以憂去職也。」不孝捧讀涕泣，欲辭官歸。先妣陳太夫人俯體其志，先以板輿就養，此辛巳二月事也。由今思之，府君之言果豫兆耶？抑先知之耶？何其驗也！而要皆不孝孺慕之誠未至，不能於鄰壤咫尺之地，奉府君一至官署，此即反身不誠，不順乎親之明徵也。嗚呼，尚何以爲子乎，尚何以爲人乎！

是歲爲上初元，府君得蒙覃恩誥封中憲大夫、浙江杭嘉湖道，先妣誥封恭人。秋七月，府君在籍卧病，馳書至浙。不孝則徐倉皇驚悸，恨不能奮翼至閩，亟以歸計請於先妣，先妣韙之。大府憐其情，而恐難於上達也。不孝方寸已亂，俄而疾作，遂以疾解職，即日奉先妣兼程馳歸。既至，而府君之疾漸愈，家人交相慶幸。蓋自曠養十年，至是始復聚首門内，晨昏定省，燕笑言語，不異為童子時，不孝則徐固不願作出山計矣。居逾年，府君諭之曰：「余與汝母精神尚健，汝年未四十，荷蒙國恩，任以監司，正當力圖報效，不宜早退，且家無儋石儲，安能長此閒居，以增我憂也。」復遣之出。舊例，起疾之員當坐補原缺，皇上恩逾常格，命仍發浙江以道員用。至浙未兩月，蒙恩簡授江南淮海道。蒞任一月，又蒙恩擢江蘇按察使。府君寄諭曰：「汝叠被聖明恩遇，益宜矢誠竭力，以圖報稱。余與汝母俱無恙，不必顧慮。余在里中有友朋之樂，不欲舍以他適，汝勿固請迎養，以順余心也。」紙尾系以一詩，有「江湖遠涉煩舟楫，菽水長留勝鼎鍾」之句，觀者以爲達識之言。蓋府君與里中之耆年碩德者爲真率會，如香山洛社故事，月必數集，集必竟日，討論文字，上下今古，有以樂其樂，垂二十年於兹矣。不孝則徐奉諭之後，雖不敢瀆請，然一喜一懼之心，固無日不怦怦於胸中也。

癸未，江蘇大水，田禾蕩然，松江饑民聚衆生事，府君寄諭曰：「今之捄荒第一策，在招致客米，米多則價自平，不可强抑也。次則勸平糶，禁囤積；次則清查貧户，按圖貼榜，使不得隱匿更改；次則官賑之外，分勸各圖賑其鄰里；次則漂流屍棺、暴露餓殍速宜殮埋；次則收畜牛隻，以備來歲春耕；次則捐設醫局，以防灾後大疫。」又曰：「饑民生事，非平時之比，固不可廢法，尤不可窮治。」凡府君之所言，皆與大府所行者相脗合。不孝則徐率循之，罔敢忽。甲申，江浙大府議濬兩省水利，奏請以則徐總司厥事，奉硃批：「即朕特派，非伊而誰？所奏甚是。」欽此。府君諭以兹事體大，且知遇之隆若此，宜辭臬司職任，專辦水利，以期垂利久遠。詎不孝則徐甫卸臬事，將往履勘，忽聞先妣陳太夫人閏七月十七日在籍棄養之訃，痛不欲生。以府君在堂，亟奔歸里，治喪之後，旋遘大疾，反貽府君憂，不孝之罪滋重。乙酉春，疾漸愈，而江南高堰自去冬決口，湖水盡洩，至是興舉鉅工。得旨以不孝則徐督其役。是時不孝則徐旁皇躑躅，有不即於心之疑，府君曰：「三年之喪，定制不得服官者，謂夫章服之榮，俸養之厚，皆人子之心所不安，而情所不順，故曰奪情。若國家有急切勞苦之事，責以致力，非若任官授職有利禄之可圖，此而不往，則是畏難詭避，不得爲忠，即安得爲孝？但以素服往，自合於古人墨絰從事之義，心跡不已皎然矣乎？」不孝則徐以是年四月至高家堰素服催工，凛君父之命也。是秋，江南大府議行次年海運，疏稱則徐細密精詳，堪任其事。奉硃批：「所見不差。」欽此。是時，不孝則徐在工痁作，不克任事，呈大府轉奏。尋蒙恩允，回籍調理。是歲乙酉科鄉試，不孝霈霖雖已期年服闋，而心喪未忘，府君望其成名，諭以例許入闈，不必矯異。不孝霈霖即以是科領鄉薦。嗚呼，先妣已不得親見之矣，痛何如哉！丙戌，不孝則徐在籍病尚未愈，四月，有旨以三品卿銜署兩淮鹽政。府君曰：「主恩高厚，非夢想所及，宜如何感激。然此乃任官授職，非前此催工比也。上以恩被，下以禮守，斯其宜耳。且汝病未愈，亦安能就道？當據實呈大府代奏。」不孝則徐遵命而行，上允之。府君仰見聖慈寬大，感刻愈深。迨先妣葬事畢，不孝則徐於十一月服闋，而疾亦痊，府君命詣闕謝恩。不孝以府君老，欲陳情。府君曰：「汝在服中，蒙恩除官未出，今既服闋，豈可不自效？若欲盡爲子之心，余筋力尚健，亦不憚於就養也。」不孝則徐輾轉躊躇，至丁亥二月，見府君精神氣色俱尚可恃，而後北行。五月朔得旨，授陝西按察使，署布政使事。關中距閩較遠，難以迎養，請訓之日，竊擬瀝陳下情，而聖慈已俯鑒其微，諭曰：「朕知汝於江浙熟悉，但此時西方有事，且先去。」仰繹聖訓，似不久可量移近省，謹免冠謝，遂西行。甫至陝，則已續奉恩旨，擢授江甯布政使。不孝則徐望闕叩頭，感激涕零。幸迎養之私由是得遂。府君在籍聞之，則亦歡忻頂感，決意就養。嘗貽手諭示以秋末必行。不孝則徐在陝權理藩條，因代者未至，不能遽去。中間有略陽勘灾及改建城垣之役，八月末返省，即遣僕從兼程南下，迎奉安輿。十月初得家書，知府君於八月二十八日挈眷屬由福州就道，不孝霈霖隨侍；又得浦城書云途中眠食安健。方謂臘酒香時，定可於白下瞻園洗腆稱觴以承色笑，詎料十月十九日得浙省公牘，府君於九月二十七日卯時在衢州府城行館棄養。嗚呼痛哉。距浦城書來才數日耳。不孝則徐五中崩裂，辟踴哀號，伏念生不能盡孝養，疾不能侍湯藥，没不能親含斂，罪孽深重，雖死不足以贖。惟府君體魄尚在異鄉，敢不匍匐扶歸，經營窀穸，遂星夜自陜南奔。二十三日不孝霈霖書來，泣述府君致疾顛末，乃知九月十八日過大竿嶺，頗發寒熱，其狀似瘧，胸前覺有冷氣，心煩作嘔，亟服温湯，即次安臥。翌日稍愈，衆請暫息，不可。十九日次峽口，尚令不孝霈霖録途中所作詩，有望江郎山歌一首，末云：「霓旆兮雲車，仙之人兮招予。攀木樨分〔一〕佩茱萸，風飄飄兮吹我裾。予將逍遥兮天之衢。」維時但以江郎山上舊有仙蹟，歌辭惝怳，聊以寄興，孰知以此絶筆，竟爲歸真之讖。而衢字韻並爲衢州之驗。嗚呼痛哉。二十日至江山縣之清湖鎮，復發潮熱。楊明府紹廷延醫來，府君素不喜服藥，不令珍視，而促行愈急。不孝霈霖以輿夫未備爲言，固請少待。逾三日覺漸愈，諭令必行。不孝霈霖恐肩輿難以偃臥，乃覓舟而下。舟過江山縣，猶與孫汝舟談及浙東景物。至夜又發熱，腹微痛，仍不服藥。二十六日昧爽，猶起坐食粥，惟熱未解。晚至衢州城内行館，發熱尤甚，加以喘逆。不孝霈霖惶懼無措，延醫珍視，力求稍進湯藥。詎知氣血已竭，藥力罔效，延至次日卯刻，竟以不起。嗚呼痛哉。身後之事賴西安縣載〔二〕明府葆瑩爲經紀之，衢州材木難覓，而戴君代購者質甚堅美。戴君與不孝則徐爲同年友，雲天之誼，使人感泣。至於附身附棺之具，府君家居時已命製備，是行也庋之篋中，故不待猝辦。府君易簀之後，戴君以聞於浙江撫部劉筠圃先生，即日由驛馳奏。不孝則徐在陝聞訃，護撫部徐晴圃先生亦爲奏聞，且移咨至閩，給以文照，俾循例扶櫬入城治喪，皆不孝等所哀感不忘者也。

府君篤於天倫，事諸兄惟謹。伯父芝巖君，諱文藻，侯官學生，先未有子，府君初舉一子曰鳴鶴，實先則徐生，芝巖君欲之，即嗣焉，不數月殤。芝巖君之卒也，自斂至葬，皆府君任之。撫從子逢吉若己子，攜往將樂書院，教之讀書，月贍其家，既又爲之謀衣食之地，至今如一日。不孝則徐官淮海道時，恭遇覃恩，府君命以應得封典請於朝，貤贈芝巖君為中憲大夫、江南淮海河務兵備道。次伯父孟昂君，性伉直，頗使酒，賴府君巽言以解。中年貧不聊生，府君時時典敝衣，鬻文字給之。不孝兒時親見吾父懷米與兄，歸而與吾母同忍朝饑，且戒不孝曰：「汝伯父來，不得言未舉火。」蓋恐以爲有德色也。近年不孝則徐侍府君食，府君每述當時骨肉難言之事，輒欷歔不能下咽。嗚呼，可傷也已。孟昂君之子春三，稍自成立，不幸不永其年，先府君數月卒。府君資其身後，無所不至。三伯父孟典君，目疾甚於府君，府君常扶掖之，衣食之，且爲似續之，没則喪之葬之。其友于之篤如此。生平尚風氣，重然諾，視人之急猶己。家雖至貧，而三鄙疾病死㚇，靡不竭力解推，忘乎其爲屢空也。初往將樂，值建溪大水，舟側有浮屍具，府君見之惻然，檢行貲才十金，悉傾之以資埋掩，不足則典衣繼之。有沈舟者，亟拯之，招與同舟。遇旅人窮困，每竭貲濟之，而已轉匱乏，略不介意。居平藜藿自甘，緼袍不恥。六十以外，家計粗給，歲時必賙及戚友。洎不孝則徐濫叨朝禄，府君猶食不兼味，衣不華飾，而以所積濟窮乏者。吾宗自遷省治以來，未立支祠，府君捨己宅爲祠，買田數畝以供時祭，下及子孫讀書膏油之助，章程悉具。不孝等當守而行之。故閩浙總督趙文恪公倡舉恤嫠，府君欣然竭貲，命不孝則徐與諸同志踵其事，集貲生息，以垂永久。里社歲時之事，至老猶扶杖親之。鄉黨有鬩爭者，得府君數言立解，人謂有陳仲弓、王彦方之風。所著小鳴集詩八卷，古文、時文各二卷，不務炫異，惟以達理適情爲主。涉樂必笑，言哀已歎，蓋藴於中者，真實無僞，故發於言者稱是焉。諸經中尤邃於易，漢宋之學皆深究之。

與生徒講易輒至移晷，間或發前人所未發，而終以義藴深微，不以一己所見遽矜述作。又嘗采四部中兩字相連可以反覆互用者，如天地、地天之類，名曰倒顛集，約數卷，不孝等皆當梓以行世。府君讀書之外，無他嗜好。善飲酒，不踰常度。頗喜奕棋，以目力不及漸置之。晚年於書不能自觀，每令不孝等誦讀，憑几聽之，鎮日忘卷。獨坐則背誦經書及詩文，恒不遺忘。邇來猶欲親教諸孫，不孝等恐府君勞神，婉請延師訓課，然間一二日仍必稽核課程，與之講貫，不肯自暇用逸。嘗曰：「安得吾目復明，日手一卷，雖寒饑無慰也。」嗚呼，以府君之學行，而天顧限之於科名，且限之於目力，俾沉鬱抑塞之氣蓄積已久，而不孝之檮昧庸鈍，轉得藉蔭徼福，濫竊名位，以食府君陰德之報。自問何所樹立，安能無忝所生，祇此區區禄養之心，遲之於今，方幸吾父欣然肯出，而天忽又奪之於中道，不惟不得遂其捧輿撰杖之願，且不若安居牖下者之或可尚延其餘年。烏乎！是直不孝以迎養之舉陷吾父也。前遭吾母之喪，創鉅痛深，尚不知永守庭闈，弗離跬步，而乃苟禄希榮，存此幸僥萬一之念，而今而後，長爲孤露，雖誓墓攀樹，悔何及耶。而其罪尚堪擢髮數耶，而尚何心於人世也哉？

府君生於乾隆十四年己巳六月十三日午時，終於道光七年丁亥九月二十六日卯時，享壽七十有九歲，例誥封通奉大夫、江甯布政使司布政使。配陳夫人，道光四年先卒。子二：長不孝則徐，嘉慶甲子舉人，辛未進士，江甯布政使，現署陝西布政使，前江蘇、陝西按察使，江南淮海、浙江杭嘉湖海防河務兵備道，江南道監察御史，翰林院編修，娶鄭氏，乾隆庚戌進士、前河南永城縣知縣諱大謨女。次不孝霈霖，出嗣三房孟典君後，道光乙酉舉人，娶李氏，乾隆丙午舉人諱鴻詩女。女八：長適故太學生鄧學汶，次適故處士翁崇起，三適庚午舉人李銘經，四適故職員陳穎釗，早卒，五適故太學生程立愛，六適福州府學生沈廷楓，七適漳平縣學生陳嘉勳，八適閩縣學生葉預昌。孫四：不孝則徐生汝舟、聰彝、拱樞，不孝霈霖生龍言。女孫四。

不孝等苦凷昏迷，語無論次，伏乞當代立言君子賜之銘誄傳誌，不孝等世世子孫感且不朽。

門人王家璧注

文從至性中流出，愈碎愈真，字字沈痛。敘棣荒策，凡府君之所言，與大府所行相脗合云云，此公歸美於親於上之詞，其實棣荒諸政，皆公所當時設施也。而公之所以順親獲止正可於此想見，不但立言有體。

校記：

〔一〕原文如此，疑「兮」誤。

〔二〕據後文，應作「戴」。

先妣事略

先妣姓陳氏，閩縣故歲貢士時庵先生之第五女，乾隆己亥舉人武平縣教諭諱文華、今孝廉方正名蘭泰之胞妹也。幼讀書，通曉大義，勤於女紅。時庵先生以宿儒講學於鄉，爲都人士所宗仰，嘗見家君文，異之，遂許婚焉。年十八來歸，時先大父母已棄養，家無立錐，而宿逋山積。家君館穀所入盡取償焉，於是饔飧恒不繼，先妣每忍飢餓，不使家君知之。逾年，家君入學，旋食廩餼，此後館穀雖稍充，而食指漸繁，貧如故。先妣工針黹，又善翦綵爲草木之花，大者成樹，其小至於一莖一葉，皆濯濯有生意，歲可易錢數十緡，遂資其直以佐家計。不孝姊妹八人，皆以先慈之教，備傳其妙。不孝幼隨家君之塾，每夕歸，則敝廬四壁，短几一檠，讀書於斯，女紅亦於斯。不孝夜分就寢，而先妣率諸姊妹勤於所事，往往漏盡雞號，尚未假寐。其他困苦之狀，類非恒情所能堪者。不孝見而愀然，請代執勞苦，或推讓飲食，輒正色曰：「男兒務爲大者遠者，豈以是瑣瑣爲孝耶？讀書顯揚，始不負吾苦心矣。」嘉慶二年，家君貢成均。次年不孝入學，九年甲子，不孝舉於鄉，十六年辛未，不孝叨館選，嗣是屢忝文炳，轉階御史，而先妣於女工之事未嘗一日輟也。家君掌教將樂書院垂十年，每以春往冬歸，其間經營家事，黽勉有無，先妣獨任其勞，心力交瘁。

庚辰夏不孝承乏杭嘉湖道，遣人迎奉二親。家君憚於水陸之險，未肯就養，先妣至署居將一年，雖不必躬操作，而珍食必却，美衣弗御，常曰：「一身之福有幾，奈何遽欲盡之？但以分賙三鄙之貧乏者，不尤愈乎。」是以親族鄉黨緩急，無不周卹，非廉俸有餘，實先妣減衣惜膳之所分及也。平日濟困扶危，在人若己，必曲盡其心而後即安。雖臧獲輩，體卹備至，未嘗有所淩誶。辛巳秋，在署聞家君病，欲歸視，適不孝疾作，遂辭官捧輿馳歸，而家君以愈。次年，命不孝復出供職，蒙恩授淮海道，旋擢江蘇臬使。自是先妣以家君不欲相離，遂亦不復就養。不孝回望白雲，中心搖搖，無非喜少懼多之日矣。今秋家書來，云偶感寒疾，服藥已愈，命勿爲念。不孝方切疑懼，謀所以歸省者，迺不旋踵而訃至。嗚呼痛哉。〔一〕

不孝在杭嘉湖道任内恭遇覃恩，先慈誥封恭人，今例晉淑人。子二，長不孝則徐；次霈霖，出繼先伯。女八，俱適人。孫四：汝舟、秋柏、聰彝，不孝則徐出；龍言，霈霖出。女孫三，不孝則徐出者二，霈霖出者一。〔二〕

校記：

〔一〕先妣事略手稿今存，此段後原有：「不孝既未親尝湯藥，又未親視含斂，愆罪叢積，擢髮難徵，雖余死，奚以贖？惟以老父在堂，不敢不偷生視息。茲匍匐星奔之際，承命叙且略節，謹陳梗槩如右，語無倫次，且多遺漏，伏惟□鑒是幸。」

〔二〕手稿較此段省略。

卷三

嘉慶十三年皇上五旬萬壽經壇疏文

伏以皇風普鬯，三靈延曼羨之期；佛日長輝，六幕被龐洪之化。席羅圖而益算，總宙翔機；㫬芝籙以綿齡，環瀛普慶。辰居所而衆星共，聖旨出而萬國甯。溯繞樞貫昴之祥，珍符闡握；萃梯嶂航瀛之盛，鼓舞軒鼚。所宜頂禮梵輪，證旃檀之遠蔭；駢羅道果，申葵藿之微忱也。伏維皇帝陛下、體元則大，濡洽襲熙。膺泰荻以凝庥，懋乾行而出治。仰堯釀舜薰之化，久奉三無；際軒圖昊牒之延，式孚九有。秉璿衡而齊政，景慶呈禧；調玉燭以授時，囷廛告稔。搴芝剡秀，舞干羽於兩階；翕鏡恬鱗，執玉帛者萬國。契高深於燾載，天難名，聖亦難名；欽福祉於升恒，德無量，壽亦無量。兹者月書吉亥，瑞應熙辰。福宇祥和，甫布小陽之令；遐齡昌熾，方符大衍之祥。五緯汁而圭璧聯，三能齊而斗樞朗。禮重名山之祀，喬嶽貢靈；詔蠲瘠土之租，畬田告慶。官增新秩，封章下逮於依閭；士廣常科，恩榜盡叨夫錫宴。溥仁慈而肆赦，胥被生生；頒饗賜於耆氓，咸知老老。凡此湛恩之汪濊，益昭景貺之休嘉。卿月民星，總一氣陶鎔之内；皇春帝夏，皆億齡綿衍之中。斯非金鑑絲囊，所獲揄揚鼎竿，豈藉丹砂玉醴，始堪永駐長年。

臣等生際覃熙，恭膺曠典。久荷盛朝愷澤，樂溟恬嶽固之休；欣逢壽寓昌期，先巷舞衢歌之祝。切就瞻於日月，未遂鳬趨；頌糺縵之星雲，彌殷鼇忭。伏維亶聰明於作聖，福本如天；修慈惠而無爲，心原即佛。澤普大千之界，生現如來；信乎不二之門，默參上乘。用是經繙貝葉，轉法輪於四十二章；偈諷蓮花，證寶笈於百千億呪。耀常明之火，虔課摩尼；登大願之船，誠通兜率。望九重而膜拜，恒河之沙數奚窮；頌萬歲以歡呼，大海之潮音不息。伏祝福星慧日，常昭北極光輝。法雨慈雲，永比西天覆庇。游極樂而同深歡喜，覯自在而共切皈依。益徵暢浹垓埏，允矣四三皇之功德；從此循環甲子，備哉九五福之嘉祥。謹疏。

予告大學士董誥碑文

秉均贊化，兩朝資碩輔之猷；表行易名，百世式元耆之範。備飾終之恩禮，温綍優頒；綜往績以褒揚，貞珉永泐。擬予告大學士董誥，天姿醇粹，世業清芬。繼乃父之藎勤，荷先皇之眷注。早窺中秘，文章推華國之資；久直南齋，書畫記傳家之譜。歷芝坊而晉秩，洊陟貳卿；襄樞幄以論思，旋躋六太。兩度戎韜之蕆，紫閣圖形；千秋華袞之榮，丹毫賜贊。朕承大統，圖任舊人，俾晉掌夫絲綸，仍參司夫密勿。總宏綱於部務，庶政惟和；侍典學於經帷，嘉謨屢告。五科校士，春秋之藻鑒彌精；三館成書，史乘之洪裁悉訂。賞延世秩，任子則勖其象賢；榮晉宮銜，賜壽復隆於鮐耋。一二日肫誠啟沃，汝才爲作礪之金；四十年風度端凝，此品是無瑕之玉。而況履平泉之邸第，祇有賜書；詢富渚之田廬，曾無負郭。益信靖共爾位，知温樹而不言；耿介爲懷，的廉泉而愈潔也已。往者乞休屢請，已逾七十致仕之期；祇以屬倚方殷，不憚再四慰留之諭。比歲而宿疴增劇，甫允懸車；餘年之全俸優支，仍俾就第。值巡方於遼瀋，猶送蹕於郊圻。正期旋旆來迎，重加存問；詎料遺章入告，忽悵淪徂。經被寵頒，帑金渥賚。褒贈則銜加太傅，賢良則祀列崇祠。先遺奠以親藩，並推恩於後嗣。親臨賜醱，撫棺而感悼彌增；回溯成勞，製什而睠懷未已。綜生平之懿行，錫美謚爲文公。於戲，進退雍容，晚節有光於台鼎；始終勤勚，令名不朽於泉壚。表以豐碑，昭兹茂典。

奏謝賞全史詩摺代

奏爲恭謝天恩事。竊臣奉到恩賞御製全史詩，當即恭設香案，望闕叩頭祗領。敬謹跪讀，尋繹再三，仰見我皇上道契執中，學精監古。尚論綜治平之要，即史即經；賡吟彰得失之林，是彝是訓。溯自洞濛啟宇，肇皇煌帝諦之稱；洎乎渾灝成書，括内聖外王之藴。表獲麟之載筆，素臣獨演其真傳；繼司馬以名編，青史别分爲紀事。雖復體殊經緯，辭異見聞，而燦若列眉，陳迹咸資考鏡；瞭同眡掌，折衷宜有定衡。洪惟闡繹斟元，首出邁隆於往古；右文典學，面稽備溯夫前聞。因乙夜之澄觀，抒辰題而宣詠。上規泰始，剖三名五氣之精；繼述中天，闡六體七觀之奥。世概遷周以後，衮鉞同嚴；事標分晉而還，珠繩遞貫。體雖關乎韻語，非矜五字之城；義必揭其宏經，卓立千秋之鑑。臣榮叨錫賚，敬仰琅函，敷言允奉為訏謨，精斷更超於詩史。振綱飭紀，聖之情見乎辭；提要鉤元，帝之學垂爲範。書萬紙而誦萬遍，悉惟建極之原；由百世而等百王，倍仰大成之集。

所有微臣欽服下忱，謹繕摺恭謝天恩，伏乞皇上睿鑒。謹奏。

恭進御製全史詩註疏奉到恩賞謝摺代

奏爲恭謝天恩並欽遵諭旨將發回恭註恭疏御集，敬謹繕校刊刻事。

嘉慶十六年十二月初六日，臣賫摺差回，欽奉上諭：「張師誠奏註疏御製全史詩告竣進呈，請俟欽定後發交刊刻，並請御製序文一摺。所進全史詩註疏四函，朕祥加披覽，體例美備，援據詳明，實能代朕立言，抒朕未發之義，甚屬可嘉。著賞給緯絲蟒袍料一件、大卷五絲緞二疋、大卷甯綢二疋、大荷包一對、小荷包四個，以示獎勵。其所請御製序文，著即將前所製讀通鑑紀事本末詩序移冠簡端，作爲全史詩序。所進詩函，著仍發交張師誠繕校完善，即付開雕。刊成，預備錦套絹面陳設本三十分，藍杭細絹套面一百分備賞。明歲裝成後，遇有貢便，附賫進呈可也。」欽此。臣跪讀之下，感激惶悚，莫可名言，並經摺差回捧到欽頒緯絲蟒袍料一件、大卷五絲緞二疋、大卷甯綢二疋、大荷包一對、小荷包四個，臣當即跪迎至署，恭設香案，望闕叩頭祇領。

竊維龍文啓曜，管窺莫測夫苞符；鳳律宣龢，曚誦詎通夫奥窔。秉蓍觴而酌雅，達詁殊慚；瞻道笼以探微，咫聞已陋。臣曩蒙恩諭，恭註宸章。欣叨寵命之榮，益切謭才之懼。伏以奎文巍焕，綜經史而集厥大成；睿思淵深，貫天人而摛爲鉅製。汪汪乎丕天之律，豈扣槃門籥之能窮；洋洋者定命之謨，亦撮壤導涓之奚補。旁搜遠籍，勉効摭遺；參互群言，謹期識小。仰惟襲六爲七，早涵眾説於經郛；因而文萬旨千，悉滙支流於筆海。正虞舛漏，無當真詮；縱費鑽研，詎通妙諦。乃蒙我皇上温綸俯獎，寵賚優頒。衣叨三綀之華，成章閃耀；絲結五紋之吉，錯采斑斕。鄴綺連端，出上方而增重；宫囊簇錦，膺德佩以彌珍。渥沾鸞紵之榮，滋負鵜梁之媿。較唐室賈韋註範，三錫尤隆；視孔門游夏傳經，一辭未贊。淪髓愈深其感刻，服膺彌切於編摩。

臣現在謹將發回原函再行悉心檢校，謹付開雕，除俟刊竣裝成進呈御覽外，所有微臣感激下忱，理合繕摺恭謝天恩，伏乞皇上睿鑒。謹奏。

恭刊御製全史詩註疏裝成進呈摺代

奏為恭註恭疏御製全史詩，敬謹刊竣裝成，進呈睿覽，以光寶帙、以惠藝林事。竊臣仰蒙恩諭，恭註御製全史詩，當經黽勉尋繹，敬成註疏六十四卷，恭繕進呈，旋蒙欽定發回，交臣刊刻，寵榮欣躍，莫可名言。欽惟我皇上典學淵聞，垂章漢倬。丹毫抒咏，宣懿律於心聲；青簡鐫華，仰大成於聖集。粤以千秋之史乘，特標五字之詩城。鳳律宣龢，考事則珠繩以貫；麟經接響，敷言而衮鉞俱昭。溯苞絡以規遡，綆修汲古；揭貞元於宙合，鏡朗澄心。然道筦研微，詎仰鑽之獲逮；而温綸俯賁，猥詮釋之榮司。蓋立德立功，監往蹟而成帝範；斯識大識小，滙眾說以作經郛。敬竭斑窺，深慙卦漏，渥叨恩允，虔効雕鐫。濃薰斑馬之香，頻覘握槧；細校魯魚之誤，慎付操觚。剞向麥芒，瓊笈現龍盤之字；鋟餘梨本，金模呈鳳紀之編。欣竇籍之觀成，捧珍函而拜獻。臣謹遵前奉諭旨，製辦錦套絹面本三十分，以備陳設。藍杭細絹套面本一百分，以備頒賞。敬謹分貯十箱，恭呈御覽。芝函映日，仰祥輝於羲詠虞歌；竹素連雲，聆清韻於周情孔思。義取四時之柄，緗帙分排；象昭八卦之重，瑤編遞擘。括三百篇之微旨，服膺益切於興觀；振廿二史之宏綱，示掌彌昭夫法戒。上陳朵殿，欽乙夜之親披；廣布藝林，勝酉山之秘寶。從此星暎雲爛，書巖無待傳鈔；口沫手指，海宇同欣跽誦。所愧一辭莫贊，竊附於賡颺喜起之誠；遥知萬襆咸珍，遠越乎邱索典墳之舊。

臣無任欣幸踴躍之至，謹繕摺具奏，伏乞皇上睿鑒。謹奏。

奏謝優叙賞賚摺

奏爲恭謝天恩事。

竊臣前奏殲除蔡逆之摺，欽奉上諭：「張師誠著交部從優議敍，著加賞給大荷包一對、小荷包兩對、金纍絲鼻烟盒一個、白玉鑲嵌帶版三塊，以示嘉奬。」等因，欽此。臣聞命之下，感激悚悚，莫可名言，當即恭設香案，望闕叩頭祇領。所有分賞閩浙兩省員弁物件，由督臣方維甸欽遵分别給發，另行覆奏外，伏念臣賦質庸愚，未諳軍旅，仰蒙聖主畀任海疆，亟思杜絶盗源，肅清洋面，惟恐稽察未能盡周，時深惴懼。幸賴聖明節次指授緝捕機宜，俾閩浙舟師咸知感奮，遂使積年巨憝得就殲除。乃蒙優渥鴻施，遍加鼓勵，而臣微勞未效，亦叨格外殊恩，仰邀優敘之榮，復被嘉珍之錫。縹囊簇綵，揚德佩以生輝；金縷成紋，捧珍函而增重。挹清光於鞶鑑，銘切書紳；紉雅飾於瓊瑩，守懷執玉。凡此鴻慈之逾格，實非夢想所敢期，循省五中，莫名感悚。臣惟有督率地方，將沿海接濟倍加嚴緝，以冀盜源斷絕，餘匪全除，仰副聖主綏靖海疆至意。

所有微臣感激下忱，謹繕摺恭謝天恩，伏乞皇上睿鑒。謹奏。

奏五世同堂摺

奏爲壽民五世同堂，恭摺奏聞以彰盛瑞事。

恭照本年欽奉恩詔，内開：「軍民年至百歲者，題明旌表。」欽此。又：「向例直省有親見七代五世同堂者，查明具奏。」兹據布政使景敏詳，據永春縣知縣賀祥詳報：「壽民張振柳生於康熙四十九年，屆今嘉慶十四年，現年一百歲，生子四人，孫九人，曾孫五人，玄孫一人，五代同堂。」又據龍巖縣知縣郭正誼詳報：「職監謝明達現年八十五歲，上侍伊祖三年，隨侍伊父四十三年，有子三人，孫十一人，曾孫二十二人，玄孫三人，實係上見祖父，下逮曾、玄，親見七代五世同堂，取具圖結。」

詳請具奏前來。欽惟我皇上恩覃壽寓，慶洽春臺。三多呈華祝之祥，俾緝熙於純嘏；五福備箕疇之叙，用敷錫厥庶民。惟化成久洽於寰瀛，斯耆瑞頻彰於閭里。人情莫不欲壽，遂其性而胥克生生；盛時未有遺年，覯於鄉而共知老老。兹該民人張振柳等，或齡登耄耋，或壽届期頤。荷四朝涵育之庥，同臻熙皞；萃五世蕃滋之盛，各遂安懷。擊壤歌衢，耕鑿久循夫作息；含飴繞膝，室家並樂其盈寧。登籍於黄圖，堪書百忍；算亥文於絳縣，奚止六身。良由化寓龎洪，人瑞應承平之運；益慶太和翔洽，嘉徵符景鑠之期。爲聖人氓，饗燕欣躋於上齒；惟仁者壽，賜鳩下逮於斑毛。宜叨盛典之褒榮，用顯昌祺之燕被。除册結咨部外，臣謹恭摺奏聞，伏祈皇上睿鑒。謹奏。

謝賞藥錠摺代

奏爲恭謝天恩事。竊臣賫摺差回，捧到恩賞藥錠一匣，當即跪迎至署，恭設香案，望闕叩頭祗領。欽惟我皇上中和育物，調燮因時。敷仁壽於八紘，痌瘝念切；荷節宣於五瓉，亭毒恩深。當兹溽暑之交，敬迓靈丹之錫。青囊紫鼎，神方早剖乎甘辛；玉液瓊膏，妙製彌精於煆煉。卻瀛壖之瘴氣，沴厲全消；祛伏日之薰蒸，心脾盡沁。臣仰依壽寓，榮捧珍頒。欽天上之丹砂，不僅爐前九轉；異壺中之靈散，豈徒肘後千金。分君賜以廣恩膏，海嶠同臻康樂；凛官箴而懷藥石，班寮共被生成。所有微臣感激下忱，理合繕摺恭謝天恩，伏乞皇上聖鑒。謹奏。

恭刻御製詩二集袖珍本進呈摺

奏爲恭刻御製詩二集袖珍本告成，敬呈御覽，仰祈聖鑒事。

竊臣前蒙恩賞御製詩二集，跪誦尋繹，悦慕難名。當經附片奏請恭刻袖珍本，以廣訓行。仰荷恩俞，莫名榮忭。隨即敬謹繕校，慎付開雕。兹已工竣，並恭撰跋語，附刊於後。欽惟我皇上睿修時敏，藻思日新。寶籍分編，緟朱繩而遞貫；奎題彌富，鏤青纂以重輝。囊頒全帙於味餘，更著初編於幾暇。固已星嗽雲爛，欽懿律之丕天；口沫手胝，遍臚唫於薄海。乃淵泉時出，羲圖成疊畫之文；復旦凝華，虞咏振載賡之什。蓋以皇風溥暢，益宣五際之雝龢；道筦研微，適協二儀之甄度。誠惟無息，歷八載而重裒鉅觀；聖不可知，誦萬遍而莫窮精藴。竊見至誠感格，郊壇敷甘露之膏；底績平成，河渚紀榮光之瑞。仰肇基於鞞琫，永圖萬禩洪規；切僾見於羹牆，虔奉千函寶籙。天臨玉署，摛章則册府騰華；露湛銀潢，錫宴則宗藩誌盛。靖鼠狐於西旅，慶洽舞干；殲鯨鱷於南瀛，歡臚澄鏡。津淀沛巡方之澤，臺懷抒祈福之城。每即事以攄吟，悉敷言而示訓。矧復挽摶造化，調氣朔於辰樞；暢浉垓埏，考廣輪於亥步。錫福普同春之慶，惠紀蠲除；求實符省歲之祥，圖題耕織。惘忠示勸，蠹在必懲；崇儉垂箴，怠尤致儆。鑒千秋之史乘，衮鉞同嚴；釐百代之皇綱，瑕瑜立判。此則訏謨定命，誦詩即聞政之原；豈徒藻繪成章，依永協和聲之雅。臣識慙檮昧，志切研鑽。欽倬漢之昭回，琅函寵賁；廣藝林之諷咏，錦字重鐫。譬諸經寫細書，共奉巾箱之寶；例以帖臨縮本，彌珍篋衍之藏。浣薇露以觀成，仰松雲而拜獻。珠聯璧合，瑤光汁五緯之躔；玉振金聲，奎藻麗十華之券。從此京垓衍算，頻遇歲琯以臚函；章蔀成書，永奉天章之覺世。臣無任榮幸忭躍之至，謹專差恭賫御製詩二集袖珍本陳設若干部、備賞若干部，隨摺敬呈御覽，伏乞皇上睿鑒。謹奏。

奏謝恩賞御製詩三集摺代

奏爲恭謝天恩事。

竊臣仰蒙恩賞仁宗睿皇帝御製詩三集，謹即恭設香案，叩頭祗領，跪誦之下，感慕難名。欽惟仁宗睿皇帝道闡苞符，訓垂謨典。播丕天之大律，榮鏡登閎；昭倬漢以成章，彌綸宙合。曩者味餘哀集，旨越數千；幾暇臚吟，編分初二。固已海涵地負，欽帝載之軒羲；口沫手胝，遍藝林之絃誦。而乃誠惟無息，猶時敏於淵修；聖不可知，更日新而富有。以八年爲一集，默運璿樞；逢萬壽於六旬，增成錦帙。芸香披櫝，彌彰寶思之經綸；竹素排函，總入化工之陶冶。仰宸章之燦著，乾畫連三；偕文集以同垂，離輝作兩。我皇上謨承丕顯，業焕重光。深僾愾於羹牆，心傳斯印；緬訓行於圜矩，手澤長貽。當寶笈之鐫成，荷珍函之嘉賚。惟和聲依咏，廿五年之陟降如臨；而依德紹聞，一二日之幾康倍勅。臣智窮檠燭，學昧鉥攠。曾涵泳夫聖涯，媿研鑽於道窔。慕堯章之巍焕，俾敷天永戴平成；欽舜孝之光昭，知復旦重賡喜起。

所有微臣感激欣幸下忱，理合繕摺叩謝天恩，伏乞皇上聖鑒。謹奏。

恭謝頒賞全唐文摺代王大臣

奏爲恭謝天恩事。

竊臣等蒙恩頒賞全唐文一部，謹叩頭祇領訖。欽惟我皇上典學日新，揆文時敘。觀天人而成化，倬彼爲章；錫彝訓以敷言，會其有極。虔萃懸照，苞符潤色夫鴻模；僞體釐裁，删述同功於麟筆。奎光寶氣，上躔東壁之垣；御藻天題，下煥西崑之軸。乃復淵衷稽古，陋七録之非賅；幾暇論文，溯三唐而極盛。始以集呈秘本，開函勤乙夜之觀；因而詔定叢編，給札紀十年之始。萃淵源於衆體，集成書本同文。準著録於全詩，數典義如繩武。惟經天緯地，與三代而同風；斯玉振金聲，採一朝之掌故。捃靈蘭之佚典，斟酌謨觴；緬仙李之蟠根，銜聯詞葉。鱗籤密字，争分青汗以編摩；鴻筆專家，總荷丹毫之點定。辨長編之流别，部次因時；系小傳而提綱，知人論世。龍文扛鼎，旁徵夫百賦千騷；驪頷探珠，慎揀夫十人九集。陳芳麟篆，參量北斗之星杓；絶代蘭芬，半改南朝之宫體。韓碑柳雅，奇篇壓卷千秋；宋錦蕭花，雅格循環其三變。鬥巧則迴官轉角，異曲同工；拾遺則石墨珠林，析疑訂誤。三百載瓊琚玉佩，幻文境以彌繁；十萬篇金薤琳琅，多人間之未見。選樓踵例，聚奇如集腋之裘；燕説刊譌，斷定是從心之矩。界朱絲之館本，業廣惟勤；稟玉尺於天裁，言衷諸聖。適際薰芸牒進，弁邀宸翰之榮；旋聞序簡籤排，特允官栞之請。雕梨彌護，尅期而迅付鋟傳；繙楮生香，間歲而已聞校上。百函分貯，冠文淵總集之編；千卷駢連，符册府成書之數。正喜詞成復旦，增黻采以重光；矧逢寵及群工，荷簽名之分錫。星辰有爛，天臨五緯於奎垣；雨露均霑，人話十年之校課。丕啓億齡之文治，惟熙朝德乃全昌；斷從百代之頹波，與多士快爲先覩。臣等籥槃守陋，咫尺依光。汲古徒殷，學終慚於修綆；賜書許讀，身同被於温綸。喜占沈露之祥，快展仙雲之帙。義經指示，道即載以俱傳；榮共心銘，行有餘而願學。因文章而垂教，治焕於虞廷敷德之先；徧臣庶以觀成，體備夫唐粹蒐奇之外。

所有臣等感激榮幸下忱，謹合詞繕摺恭謝天恩，伏乞皇上睿鑒。謹奏。

恭謝頒賞全唐文摺翰林院上

奏爲恭謝天恩事。

竊臣等仰蒙恩賞全唐文一部，當即率同在署諸臣叩頭祗領訖。欽惟皇上治焕堯章，功符孔述。闡元苞於道筦，典學緝熙；鼇寶笈於謨觴，英髦準酌。上台汁緯，三辰騰奎壁之輝；中秘臚函，二酉發琳琅之彩。惟文成而載道，修詞貴立其誠；亦經正以興民，眾言必衷諸聖。鋪觀往製，已瞻倬漢之昭回；更集大成，備採全唐之著作。權輿於百六十册，乙夜親披；甄録者萬八千篇，辰謨悉稟。體原斷代，起衰而正軌胥循；義婉興詩，數典則前謨並耀。飭編摩於館局，詔許旁搜；勤校課於丹鉛，功資慎擇。殘編墜簡，驅蟫蝨以宏收；樂石吉金，剔蘚苔而響搨。史芸披帙，大小言之瀝液咸傾；仙李蟠根，新舊書之菁英盡擷。體經三變，品題不假雕龍；窺豈一斑，藻麗皆呈全豹。賴權衡之至當，區流別以維嚴。燕說郢書，悉改傳訛之舊；璧瑕珠纇，概從僞體之删。奇競輳夫五車，仍信輻原共轂；美遍嘗夫千臠，始知腋可成裘。示掌理明，胥荷丹毫之審定；列眉文燦，俄看青簡之刊成。仰册府之駢羅，輯瑞新增夫群玉；眷藝林而加惠，排函特錫以編珠。馣馤古香，度木天而知重；紛綸綺思，盥薇露以先披。三百年妍騁祕抽，悉備笙簧於聖集；一千卷星稠雲委，尤欽弁冕以皇言。臣等才謝探微，學慚識小，幸紬書於東觀，莫極研鑽；叨賜籍於西崑，更資津逮。憶昔分篇雙校，企常、楊著述之榮；即今鉅局參稽，邁房、杜遭逢之盛。選樓虹月，振墜緒以維新；瀛海珊瑚，獲良珍而共祕。奇疑賞析，無煩懷餠以就鈔；藻采斑斕，恰喜燃藜而共讀。從識牖民覺世，作君兼仰夫作師；稽古同天，丕永益彰夫丕顯。雨露被九霄之渥，長祝羲文昊籙以延洪；江河溯萬古之流，永式柳雅韓碑而獻頌。

所有臣等感激榮幸下忱，謹合詞恭摺叩謝天恩，伏乞皇上睿鑒。謹奏。

恭謝頒賞御製嗣統述聖詩摺代

奏爲恭謝天恩事。

竊臣賫摺差回，捧到恩賞御製嗣統述聖詩全函，當即跪迎至署，恭設香案，望闕叩頭祗領。敬謹跪讀，尋繹再三，懽忭誠服，莫可言狀。欽惟我皇上寅嗣丕基，辰凝寶命。業隆纘緒，中天賡復旦之華；志篤紹衣，下武應重熙之運。治法已精於監古，全史臚吟；孝思允迪夫前光，成謨祗遹。洪惟盛朝之景祚，上承列聖之貽謀。拓土遼陽，首出肇膺圖之統；整師藩部，輸誠來獻璽之祥。旋昭底定於燕都，益慶綿延於鴻緒。歷六世纘承之業，創守兼資；溯一中授受之原，聖人同揆。上孚昊綷，精禋咸格於郊壇；遠闢輿圖，荒徼頻通夫斥堠。文治則光照倬漢，書契聿新；武功則震鑠寰區，攙槍盡掃。求賢納諫，丹章屢飭官箴；蠲賦卹刑，紫涣時咨民瘼。舉省方之實政，霈澤涵濡；勤念典之淵修，奎文炳煥。綏懷六服，遥聞梯嶂航瀛；惠養八旗，悉荷衣租食税。緬列聖大經大法，允惟世德之作求；而皇上是訓是行，悉效化成於久道。紹聞知見知之統，慕切羹牆；木〔一〕心法治法之傳，象昭圜矩。帝之訓垂爲範，光華上媲典謨；聖之情見乎詞，功德聿宣雅頌。臣渥膺寵錫，敬繹宸章，欽嗣服之彌昭，仰覲揚之極盛。惟能述者能作，光前開裕後之基；本丕顯爲丕承，篤慶永卜年之祚。所有微臣感忭欽服下忱，謹繕摺恭謝天恩，伏乞皇上睿鑒。謹奏。

校記：

〔一〕「木」疑「本」誤。

恭謝頒賞授衣廣訓摺

奏爲恭謝天恩事。

竊臣齎摺差回，捧到恩賞臣欽定授衣廣訓全函，當跪迎至署，恭設香案，望闕叩頭祇領。謹敬跪讀，尋繹再三，仰見我皇上衣被功宏，纘承業煥。播仁温於挾纊，民瘼誠求；敷彝訓以如綸，成謨祇遹。向者授時寄詠，事已賅夫耕織之全；兹知物土滋生，利更布於蠶桑而外。粤以木棉之種，允符吉貝之名。植别菅麻，乃即花而即寶；藝同菽粟，宜是播而是耘。蓋功兼乎農事女紅，而用等諸稱絲獻繭。自昔賦開羲藴，摛精義於三百言；洎夫章焕堯思，播雅歌於十六事。彩毫作繪，曾同畺吏之臚陳；珉石珍鐫，已紀奎文之顯奕。皇上謨昭嗣服，念篤紹衣。顧兹青核黄穰，不後穀人之掌；綜彼南床北架，咸資機婦之勤。因而觸類引伸，睿思俞恢而彌廣；和聲依詠，物曲肖以無遺。重裒新編，益光舊訓。備哉燦爛，咸因地而制宜；焕乎文章，與在天而同揆。臣榮承寵錫，虔捧瑯函，彌欽幬覆之宏，倍仰經綸之裕。攬含生之嘉植，綿綿之詁義堪徵；溯利用以前民，聖聖之心源相印。從此省祁寒於豳籥，萬方饒餘布之歡；益知協時燠於箕疇，億禩被垂裳之化。
所有微臣銘感下忱，理合繕摺恭謝天恩，伏乞皇上睿鑒。謹奏。

熬化鴉片烟土投入大洋先期祭海神文己亥四月

維神德秉靈長，功符翕闢，本滌瑕而盪穢，資激濁以揚清。際十洲澄鏡之時，有重譯獻琛之盛。方謂來同雁使，何妨番舶之如林；誰知毒起鴆媒，漸致蠻烟之成市。丸泥脱手，任胠篋以探囊；爝火熏心，競嗜痂而甘帶。乃者天威雷奮，臣節星馳。有慚聞明聖之驅除，先教水慄；賴聲靈之震疊，肯放波頹。爰進舌人，代宣申禁；飛蟲膚使，同矢寅恭。始猶軏彼狼奔，繼即帖然蛾伏。歸邪自耀，不煩一矢之加；全收，已倍萬箱之貯。與其畀諸炎火，或拾殘膏；何如投之深淵，長淪巨浸。以水濟水，虎形施潤下之鹹；似烟非烟，蜃氣散凌虛之幻。在谷王細流不擇，衹如浮雲之滓太空；而海畔逐臭之夫，轉惜黃金之擲虛牝。獨是歸墟雖廣，群動胥含，倘波臣之夙戒無聞，恐水族之豫防莫及。本除害馬，豈任殃魚。比諸毒矢强弓，會須暫徙；庶使玂鱗凡介，勿損滋生。尤賴明神昭示冥威，永袪妖物。馴彼犬羊之性，俾識撐梨；杜其蜂蠆之萌，專輸嫁布。於戲！有浵澮以流其惡，况茫乎碧瀣滄溟。雖蠻貊之域可行，勿汙我黃圖赤縣。幸邀肸蠁，鑒此肫誠。尚饗。

杭嘉湖三郡觀風告示庚辰

爲合課三郡藝文，藉覘一時才儁事。

照得星輝雲爛，人文乃成化之基；聖聽賢關，黌宇實程材之藪。伊昔文翁以《詩書》治蜀，而揚馬之瑋製以興；何武用儒術進賢，而龔唐之高風克劭。北海表康成之里，首重經師；洛陽舉賈生之才，亦先文學。揚芬扇馥，任屬當官；抱璞懷珍，英儲多士。矧夫吳根越角，水木清華，蘆舍菰鄉，川原暄淑。既地靈之無對，宜人傑之挺生。登崑岡而採玉，觸手琳琅；披鄧林而揮斤，盈眸杞梓。爾笙韶琯，請陳眾樂以徧觀；東箭南金，肯入寶山而空返。本道恭荷恩綸，監司浙右。豸冠犀帶，誦《詩》深凜濡鵜；螢案雞窗，昨夢難忘一鴞。一聽蓬池之鱠，再乘司隸之檇。直天禄而紬書，佐春卿而校藝。賦駪征於青原白鷺，豫章手攬夫十尋；遴髦士於金馬碧雞，英蕩身經乎萬里。聰非師曠，愧識曲於清商；明詎愧[一]離婁，屬求珠於赤水。屬當宣風露冕，問俗褰帷。深惟因文見道之言，敬思爲國得人之計。先四術以課士，乃七教以興民。

茲邦斗野分區，滄波環域。風船水枕，供養大有烟雲；山色湖光，傭販皆成冰玉。褚登善之博學，羅昭諫之詩歌，林君復之素風，張子韶之介節。前型可數，更僕難終。若夫檇李名疆，由拳沃土，胥嶺峙其左，鴛湖環其南，陸敬輿桑梓之鄉，輔漢卿釣游之地。一則忠規讜議，名顯中堂；一則經明行修，道傳南宋。至於氏别烏程，溪分苕霅，道場雲翠，顧渚茶香，沈休文、吴叔庠尚有傳書，孟東野、陸魯望多存專集。念兹三郡，秀甲一方，江海之所涵濡，膏壤之所鍾毓。爾諸生沐浴聖化，景行前修。亮嘗人握隋琛，家懷荆寶。露鈔雪纂，修業無息版之時；雹爍虹舒，伏處有干霄之氣。先器識而後文藝，既端素抱於平時；本經史而爲詞章，盍展長才於寸管。本道上體作人之化，適當視事之初。願效孫陽，相神駒於冀野；竊希雷焕，辨寶鍔於豐城。以簿領之余閒，進群倫而授簡。由制義以及弦詩對策，仿闈試而略有變通；加經解而迨論史勒銘，備衆體而學兼今古。果使技稱獨絶，無須一一而使吹；倘其材擅九能，自見多多而益辦。閉門造車，出門合轍，無風簷寸晷之勞；日計不足，月計有餘，免樺燭三條之促。俟養齊而擇其尤異，嘗扃試而覆予優甄。如賞牙琴，更親聽乎操縵；喻觀基射，再目覩乎穿楊。聽春蠶食葉之聲，足驗良工心苦；騁渴驥奔泉之勢，定知水到渠成。東郭潮頭，助詞瀾之浩瀚；南屏嵐彩，添筆陣之峥嶸。凡爾諸生，各宜踴躍。此日馳驅文囿，競吐珠零錦粲之詞；他年黼黻皇猷，竚收秋實春華之用。特示。

校記：

〔一〕「愧」疑衍字。

廣東越華粵秀羊城三書院觀風告示

爲觀風事。

照得明臺衢室，盛時隆韶鐸之懸；雅管風琴，善俗重輶軒之採。良以化民由學，載道惟文，矧當大比之年，宜有殊尤之選。烝哉髦士，逢壽考以作人；樂只嘉賓，幸周行之示我。

懿兹東粵，夙宅南交。十洲澄瀚海之瀾，五嶺萃峰巒之秀。溯自臺名朝漢，肇啓人文；浦記還珠，彌崇風節。張文獻則千秋監朗，余忠襄則四諫名高。韓公延趙德爲師，弄珠海水；坡老訪子雲之宅，載酒山堂。於是自警編成，庸言録著。甘泉則圖成心性，源實出於白沙；文莊則義衍治平，集合編於忠介。緬遺風其未遠，信曩吉之堪欽。果其薰德善良，奚愧升香之彦；所慮末流獧薄，易成逐臭之夫。本大臣嶺嶠初來，海壖親駐。幸廟謨之遠届，信格豚魚；胥番舶以輸誠，毒收蜂蠆。夫以異域殊方之衆，猶懔天威；矧此秉彝好德之倫，敢干國憲。因念士爲民首，徵器識於文章；言者心聲，著輝光於篤實。凡爾束躬於圭璧，諒無玷跡於淄磷；然飲羊之俗相仍，則害馬之除彌亟。知美疢不如惡石，戒慎毋忘；恐毒草之損靈苗，芟夷務盡。縱有嗜痂之癖，應悔昨非；試吟止酒之詩，奚難中斷？誠使邪蒿必斥，自嚴溺口之防；定知擒藻爲華，竚入點頭之選。問山中之桂子，當爲誰馨；開江上之芙蓉，先鋤別種。本大臣蚤叨科第，濫踐清華。三度文衡，每初心之恐負；廿年外秩，猶結習之難忘。值四牡之遄征，指五羊而稅駕。憶昔冬烘之誚，看花已愧目迷；覩茲夏課之勤，見獵依然心喜。

爲此，示仰越華、粵秀、羊城三書院鄉試諸生知悉：各即先期報名，定於本月某日暫借書院考棚，親臨扃試。文期入彀，藉覘一日之長；才盼出羣，豫契九秋之幹。已喜滌瑕蕩穢，知嗜好之別酸鹹；洵宜騰茂蜚英，信詩書之爲麴蘖。在多士笙簧燕樂，詩賡宵雅之三；而使臣原隰駪征，善拜皇華之五。不獨五興孝舉，書六德六行六藝以俱升；從知道一風同，與四門四目四聰而並達。特示。

方公奉命查辦鴉片，慮奸販之姓名難知，囤積之住所莫識，爰以觀風為名，召諸生扃門試之。卷内親夾片紙，令各舉所知，查訊得實有重賞。凡條陳者皆面呈，毋經僚吏手。士皆如命。事畢啓扃，召守令分道查搜，一時奸猾無得脱者，人皆詫為神明，而服其整暇。聞是事時，定甫十四，距今四十三年矣。展誦此編，渾如隔世。騎并州之竹，尚憶争迎；讀韋舟之碑，幾經流涕。正襟三復，敬系數語。

光緒辛巳小春，部民張麟定讀訖。

陳楓階大尹宸書載書歸里圖序

楓階先生道筦探微，義根領味，以文字業，現宰官身，綰綬三湘，牽絲二紀。地接西陽之勝，籍羅甲觀之藏。聽鼓放衙，一經代版；焚香退食，四部排籤。蓋以雒誦之功，成撥煩之治者焉。夫其含咀英華，殫洽聞見。朸書逾於多目，問事媲夫長頭。灑墨汁於金壺，盡成甘澤；酌蓍觴於石室，奚翅衢尊。斯宜稽古邀榮，多能應選。出入承明之職，掞張風雅之材。顧乃墨授浮沈，青箱飄泊。感風飄之退鷁，撫塵甑以生魚。豈非篋衍尠靈，儒酸徒嘅也哉？不知名者實也，學者殖也。擁書之樂，過於百城；名山之藏，高於千石。先生興懶折腰，性耽焠掌。與其棲鸞於枳棘，曷若剔蝨於羽林。與其俯仰學桔槔，曷若嘯歌出金石。是以托心豪素，遂志初衣。舉同鴻鵠之高，裝少橐駝之載。壓船石重，還浦珠明。雖臨海乾薑，晉陵牙管，不足喻其清況也。惟此縱橫尺册，馣靄古香，出諸清俸之餘，宜有長恩之守。揚舲夢澤，真同雞次浮江；擊汰洞庭，猶識龍威出穴。洎乎北牕歸卧，東冶行吟，面流數椽，容郗一榻。打頭落葉，重繙勘定之經；出手梅花，更惜圖中之易。剛日柔日，經師人師。炳燭孰與夫昧行，操觚難忘夫結習。視彼勞形簿領、等誚詅癡者，偶乎遠矣。

某咫聞已陋，寸晷徒荒，謬結古懽，獲親大疋。廣談虞筆，聞者傾心；崔博劉精，望而却步。每展丹青之卷，如覘朱墨之銘。鐵硯留耕，負郭何須二頃；青燈有味，讀書恨不十年。它日者，華贉增收，精鏐廣購。肯許一鴟之借，不停兩鳥之鳴？蘿桂堪招，菰蘆無恙，行將從君於墨莊經笥間也。

張松生大令邦棟攀轅圖序

夫望緊需才，有撥煩之吏焉；善最殊等，有量移之文焉。是以換縣而授薛恭，擇官以畀孝綽。雙鳧迅去，五馬難留。使必博繪像之榮，冒刊碑之禁，毋亦詞疑肸飾，蹟類炫張矣乎。然而芾棠几舄，致美風詩；截鐙持韡，貽芳前史。蓋惟吏與民習，政與俗宜。隨盂水爲方員，固漆膠之投分。一年可借，猶思挽乎襜帷；三宿有緣，孰能忘夫香火？此我松生明府攀轅圖之所由作與！

君之宰新昌也，單車行部，甘雨隨滋；匹絹懷清，貪泉不易。申賣刀之訓，雪覆盆之冤；嚴闤府之規，釐倚閣之稗。説士猶甘於肉，活人若瘝乃身。是故五袴歌於康衢，萬間庇於廣厦。斷斷茂宰，熙熙春臺。如是者五稔，以辛巳冬月，檄移魏塘。人謂行若登仙，民則心如望歲。難回前馬，争躡後塵。闐祖道以攀依，擘吟牋而酬唱。夾堤霜葉，淚點粘紅；下水風檣，清波刺碧。春真有脚，何時還我使君；雲即無心，奚以慰兹父老？用是釐其章帙，傳以丹青。奇句壓舟，重應過於越石；輿歌代驢，廉更軼於劉錢。民之情歟？抑君之澤也。噫嘻！神君屠伯，去住殊懷；謝令鄧侯，愛憎異趣。儻少子諒之惠，詎來庚念之誠。觀斯圖者，亦可以勃然興，憬然悟矣。某夙同蘭檝，曾耳循聲；重領竹符，欣覘盛事。兹辱弁題之諉，輒爲喤引之辭。我慙再到之緣，吹竽濫厠；君竚三遷之慶，卧轍頻聞。請珍此日之色絲，豫作它年之嚆矢云爾。

張詩舲使閩紀程詩草序

詩舲先生才兼九能，思澈五際，踔厲壇社，迴鶩掖垣。藏機速之戎經，筦度支於計籍。書無及涑之筆，畫亦無聲之詩。小重山房集出，固已揚範結繁，夸詫殊艷矣。戊子秋，銜命典閩試，出示紀程詩若干首，則又獨運湛思，不假符采，吐納騷疋，發揮性情，詩境蓋變而愈上焉。

夫其盟心鑒壺，秉節英蕩，踰燕齊，歷吴越，凡岱雲之起合，黄河之流駛，江湖之浩淼，海峰之嵯峩，靡不即目攄吟，涉筆成趣。寫真則秀奪山緑，紀遇則恩與荔青。斯詩國之瓌觀，實文臣之盛際。其可紀者一也。況夫南山有喬，已同嗣復之迎；北堂有萱，又擬崔邠之奉。七峯别野，早傳天語以承歡；三泖漁莊，近問慈娱而馨膳。絳趺爛漫，都作皇華；白雲飛揚，來看寸草。是宜書歐陽之記，何止補廣微之詩？其可紀者二也。且也堂顔世澤，業紹天瓶。踵持榕嶠之衡，重賦椶鞋之踏。著謝公之屐，本屬孫枝；接荀座之香，如傳祖硯。年華百五，驛程六千。佳話播於藝林，清芬誦於家衖。其可紀者三也。時也海波清恬，士氣騰躍，萬間新搆，百堵聿興。粉廊衛以周垣，瑣院鬱其隆棟。左鼓與右旗並建，筆陣雄開；閩洋偕粤籍兼收，文瀾廣滙。首逢盛事，足補舊聞。可其紀者四也。繄昔驂鸞著集，相鶴名篇，大都模範山川，嘯咏風物。矧兹舄奕隆遇，賡颺偉才，貢玉論珠，𠜶詩緝頌。所以鳴國家之盛，豈僅詡軺傳之榮雲爾哉！

某銜碑堊廬，攀樹邱壟，辱損左顧，汪索譾詞，時方輟吟，聊爲喤引。聞鈞韶者，慚其韎缶；見南威者，疾其寢容。雖謬系以荒言，豈有當於元賞？它日者輶軒屢出，山水方滋。採風盡譜爲歌謠，宣德悉原於忠孝。傳其衣鉢，行看門下之門生；裒此琳琅，知以一官爲一集也已。

予告太子太師戴可亭相國重赴鹿鳴賀啓代。戊子。

璣衡斡運，人游化日之長熙；奎璧昭回，瑞覩卿雲之復旦。矧夫業光相鏡，榮遂初衣。滮藻榜於大羅，剛周甲紀；奏苹笙於小雅，特沛辰綸。正優游赤舄之年，頌鴻飛而遵渚；更領袖紅綾之宴，瞻鳳翽以朝陽。佳話争傳，忭忱曷罄。恭維宮師相國，西江耆宿，南極壽躔。重五十席以説經，注三百篇而傳禮。柱峯雲鬱，豫儲霖雨之猷；梅嶺花開，早協和羹之兆。憶年踰夫弱冠，已籍列於賢書。戊爲豐茂之祥，應時挺瑞；子乃含孳之義，育物同仁。嗣是芸館蜚聲，蘭臺肅望。歷棘槐而轉秩，六職崇躋；持英蕩以籌工，兩河總制。平章晉陟，綸扉推世掌之榮；密勿勤襄，樞禁翊時幾之治。加以三天總傳，兩館宏裁。司秋賦者五科，領春官者三度。歷四邦而視學，久培黌序之英；校七德以呈材，兼值干城之選。人識儒臣之盛遇，帝知藎悃之公忠。是以疊晉宫銜，載延世賞。翠羽儷朱纓之彩，金版書庸；鸞鑣馳紫禁之聲，玉潤入畫。迨夫義殷陳力，情切乞身，屢叨温諭以諄留，始鑒籲章而俯允。庚郵緩轡，飭迎候於趨鳧；亥竿添籌，賚駢蕃而式燕。奎藻製寵行之什，曾嘉八秩之康强；丹毫邀批答之勤，豫冀九旬之覲對。長喜三休亭畔，從今皆後樂之年；回思千佛經中，自昔是初禪之地。六十載重尋昨夢，疑金粟之前身；廿九科再領仙斑，話銀袍之故事。數菁莪之舊侣，早等晨星；傳桃李於公門，幾經化雨。天書爛漫，新增四字之褒；月府清虚，合受重輪之照。敞華堂於緑野，座擁靈光；對老圃之黄花，香真晚節。某久揆杖履，遥跂門牆，欽福地之行仙，播藝林之盛事。增輯科名之記，即同宰輔之編年；試參香火之緣，竚驗孫曾之繼武。遠溯香山洛社，知更逾九老之榮；近追漳浦梁谿，應共作三朝之瑞。問後進班聯玉筍，箇中誰是傳衣？看他年宴啓瓊林，座上仍推祭酒。謹啓。

前兩廣制府吴槐江宫保重赴鹿鳴宴賀啓代。戊子。

鵬扶九萬，風雲溯初地之程；椿壽八千，柯葉護重臺之蔭。際右文之盛代，濡洽龔熙；稽掌故於巍科，先庚後甲。孰是迴翔桂籍，重題雁塔之名；矍鑠梨年，更領龍門之宴。典型在望，詠蹈難名。恭維槐江宫保尚書，元化丹青，文昌奎璧。江東獨步，早擒三管之華；冀北空群，合唱五雲之第。左太沖觀書之歲，白紵先拋；陸士衡作賦之年，青錢應選。繼而紫薇侍直，紅藥臚吟。染翰鳳池，已重絲綸之地；簪豪鵠籞，便躋機速之房。雞竿持嘉肺之平，驄轡署班心之議。荷主知而特達，管領樞機；當戎務之需賢，運籌帷幄。出持使節，剛方欽獨立之操；晉總師干，嚴憚飭庶僚之治。心殷戀闕，仍參列宿之階；齒届懸車，遂返凉風之棹。陸魯望僦居甫里，自署天隨；蘇湖州寄跡滄浪，何論錢買。回憶書燈有味，本似兒時；即今蘂榜重逢，真推人瑞。離重坎習，六十年彈指流光；戊茂子孳，八十翁到頭科第。蒲輪奉至，争看太傅於東山；桂窟香時，遥指老人於南極。某以年家之子姓，傳盛事於鄉園。憶撰杖於童年，深媿荀龍之譽；痛騎箕於親舍，難聞苹鹿之賡。數耆舊於晨星，慶靈光於今日。冀後進能傳衣鉢，宏昭壽世之文章；祝我公永享林泉，更覩環生之甲子。謹啓。

王節母林太孺人周甲徵詩啓代

蓋聞經刊石上，女訓重於閨門；曲奏房中，壽人歌於樂府。德以厚而載福，節以苦而旋亨。故懷清築巴婦之臺，行義表垣嫠之里。留徽陰教，作則中幃。而況荻筆授書，青箱業衍，萊衣舞綵，絳幔禧延。斯則珩璜之聲有光於煒管，華跗之雅宜補夫陔笙者也。懿惟王節母林太孺人，瑄朗垂儀，離褕毓粹。梅花萬樹，生長詩家；茗玉一雙，鐫摹令範。申林位業，芬淑備於華年；戊姆功年，窈窕儷夫德象。及乎髻鬟絡月，心囑占星。珍褘無篆素之華，祥女是娣黄之卜。玉簫金管，章此調龢；女布男錢，勞斯區慉。蘭荃纗結，薰嘉夜以温愉；薑蒜屏風，補閒居之著録。雖復樵蘇不爨，褊褡多貧，而宵勤顧杼之蹬，晨具屑親之饌。撫丹山之翩羽，雛鳳馨清；

味黄絹之辛韲，慈烏志苦。逮至藁砧月缺，蘿屋天寒，感五角以偏乖，虚六珈之偕老。悁勤荼况，曲瘁萱心。課丱弁之禮容，立門屏之家矩。敬姜之訓，述及先姑；陶母之賢，教成諸子。慶貽世喆，行式女宗。文采振於清門，詩禮成於慈誨。以故兒能繼志，壯即成名。管公明譽重一黌，谷那律胸羅九庫。五鳳試造樓之手，科舉孝廉；三鱣徵集院之祥，家傳清白。公卿倒屣，延王粲以升堂；幕府徵才，聘鍾鏘爲記室。此非績學不倦，獼德有年，讀晏子鑿楹之書，承偉母傳經之訓，而能若是乎？而太届兹稱觴之候，適逢周甲之期。霜後貞松，彌徵强固；風前慈竹，遠報平安。身孺人念蔗境之回甘，憶檗腸之茹苦。課機絲於五夜，篝火猶親；勗弧矢於四方，衣屢檢。訓貽子舍，待簪及第之花；書達庚郵，不寄當歸之草。斯又義方有教，德至老而彌沖；宜其祉福無垠，壽以貞而益固矣。某卜鄰同里，暇日升堂，備聽德佩之和，久景貞門之節。識聲聞之爲壽，卜福禄之攸酆。種艾納而積善根，開菖華以娱老景。乃知芝房三秀，本蔭枝柯；須女四星，即連旗翼。梨眉未艾，竚看翟茀之增榮；花眼恒揩，頻見孫枝之蔚起。寶爻逢吉，樞斗受釐，宜徵介壽之章，用侑蘄康之爵。伏冀篇家掞藻，史筆舗芬，各賁華篇，以揚穆行。述登隟掾蠡之媺，雅詠斯傳；勒康虔綰綽之文，新銘又作。笙璈競奏，即爲閟宫壽母之詩；鞶鑑留徽，永垂奕世女師之範。謹啓。

旌表節孝林母徐太孺人徵詩啓庚辰二月

夫修筠之姿，凌寒逾茂；都蔗之境，漸入彌甘。故貞性者宜永年，直節者必昌後。闞觀所繫，厥類尤彰。矧煌煌朝旌，揚熾於綽楔；粲粲門子，申養於陔華。有不耳熟徽音，願先鳴其陰律；心儀淑範，思眾著爲女箴也乎？吾宗徐太孺人者，齊瀛孝廉之嗣母也。樹蕙於背，今樂鳩扶；茹荼在心，早傷鵠寡。甫于歸之一載，矢靡慝於兩髦。時則曲佚姑恩，室鮮流黃之伴；職兼子舍，堂有垂白之翁。加以對客小郎，詢年尚稺；成行女叔，失恃誰依？爲孺人者，儻使志決磨笄，心甘化石。弗念恃門之義，惟堅同穴之盟。問大廈以何支？質重泉其猶憾。而乃停辛佇苦，强縈欲斷之魂；蓄旨謀甘，隱抑未亡之痛。紡磚宵冷，仍恤緯以鳴機；蓋篋晨空，更典釵而奉膳。猶憶升堂視疾，朝斗蘄延，虔籲神慈，默求身代。人第見靈椿日健，墜齒重堅，而不知倚竹天寒，秉心滋苦也。乃迎介婦，乃字諸姑。移玉樹於庭階，易金籯以卷軸。凡夫折葼寓惠，畫荻成書；截髢留賢，織絁示本。罔非愛逾己出，嚴並師資，賽瀛懿訓，親承香名夙飲。蚤搴芳於桂籍，竚翔步於蓬山。微母之教，無以成子名也；微子之賢，無以酬母志也。往者九天綸綍，褒苦節之貞；近而七斝笙璈，晉長生之籙。每際含飴之喜，迴思銜闕之悲，誠如轉寒谷以春姿，報晚香於秋圃者矣。某居同里閈，誼屬本支。敬竚徽言，佑班衣之式舞；具陳穆行，期煒管之摛華。傳芳氣於旃檀，清風彌永；掃虛詞於鞶帨，白雪争高。謹啓。

孫平叔宫保六十壽序

緊古濾洽襲熙之代，必有龐耇福艾之臣，是以成相衍其牧祺，保乂頒夫平格。泰上應成鳩之運，旄期綿斟雉之齡。使僅康爵蘄延，綉鞶肸飾，證三壽於聲聞之義，臚八觀爲通貴之徵，則雖葉語之鋪棻，終屬蔓辭之脩襮。蓋中和樂職者，宜覘其開濟之宏也；美意延年者，當推其甄報之本也。由斯而斷，殊難其人。惟我宫保尚書制府孫公，元化丹青，真靈位業。銘勛金版，雲靁符綰綽之蘄；汁緯珠躔，樞輔應壽昌之瑞。夫其席豐華閥，接胄勳楣。七葉揚芬，家有芙蓉之鏡；雙幢競爽，世傳棠棣之碑。幾疑紓紫懷黄，詎必陶元俗素。而乃房屏書誡，孔鼎銘恭。氣早具夫食牛，門頓忘其行馬。筑雲桂水，南橋建節之方；銅鼓金沙，東閣趨庭之地。入碧蘭之室，朱墨分銘；升蒲褐之堂，丹青受染。華腴耽其道味，先烈振其德馨。固已傳治譜於封圻，省識千秋志業；播英聲於鱅鰈，安排一品頭銜矣。既而銀牓搴芳，木天鵉步。斗下則名符第七，殿中則譽擅無雙。宣豪進奉之章，才工晝日；領事崇文之舘，集儷珊雲。上考榮書，荷丹屏之記注；專城出守，指碧澥以安恬。由都轉而涉廉車，歷維藩而開節府。天子以閩疆之重鎮，資闔制之閎猷。甫換前麾，仍還舊部。畀總師之寄，遂督八州；距領郡之年，方周一紀。此仕宦之榮也。然以之頌公則淺矣。若夫祥賚稠疊，温綸有勤職之褒，有名臣之獎，有戎功之敘，有計最之甄。宮銜則邁等榮叨，任子則懋官特晉。纓髟孔翠，承家而佛頂三花；綉簇文增，拜命則牟珠一串。奎畫賁琳瑯之彩，福壽雙題；玉音編問答之書，都俞千勑。此恩遇之隆也。然以之詡公則侈矣。蓋公之忠誠，視國事爲己事；公之仁愛，以民心爲己心；公之才學，兼衆長而不炫長；公之勤勞，倍群力而不言力。故當官無不集之事，而在下無不達之情。嘉績孔多，請言其大：

夫甌越爲瀕瀛之僻壤，而臺陽尤重海之巖疆。聚三籍之惰游，易萌瑕釁；荷九重之咨儆，未振恬嬉。乃者蠻觸興爭，貔貅失措。煽惑已滋於四邑，張皇將遣夫六師。公則飄駛戈舩，馭馳折阪。珠鈐肅律，棘門黜兒戲之軍；金矢平情，竹塹擣漢奸之社。渠擒番劄，窮羅漢脚之潛蹤；土壟沙連，共噶馬蘭而置衛。仿充國屯田之策，移駐戎行；舉仁原築城之工，慎固封守。不旋踵而丸消赤白，局定蒼黄，警息吹鞭，軍停下瀨。於以仰紆宸顧，俯活烝黔。近節軍儲，遠消番衅。蕆功之速，天語嘉之。蓋自麻達採風，漊娑紀集，形勢已詳。夫阨塞運籌，遂協夫機宜，長使海不揚波，戎無伏莽，公之賜也。曩之弭節皖江，詰戎潁上，剪楚氛之餘孽，媲淝水之軍聲者，蓋亦稱是焉。此公之忠誠，視國事爲己事也。

古者農田水利本有專官。自疆理失其常經，而溝洫難云盡力。閩地東南帶海，西北枕山。當潮汐之衝，則沮洳之患易遘；處阜邍之凸，則潴溉之力難施。興安有木蘭陂者，外捍滄溟，内環村落。廢之則比閭爲鼃沼，修之則斥鹵爲桑田。民懼非常，需爲事賊。公則帶圍先解，倡千鎰之廉泉；畚挶親巡，駐八騶之高蓋。梅椿排而鯨浪息，竹楗下而虬石沈，卒成十里之長虹，全復萬塍之沃壤。福州有小西湖者，自太康而始鑿，迨忠定而重疏。澄瀾之傑閣就湮，水晶之故宫難覓。雖廢興之感，悠悠乎千六百年；而灌溉是資，畇畇者萬五千畝。公以精心果力，庀工飭材。別籌金穀之資，不請水衡之費。葑菱刈盡，分明百尺風漪；梅柳開時，髣髴六橋烟景。遂覺畦連雲稻，浴波之鷺飛來；岸閣水車，銜尾之鴉睡熟。雖召公築埭，鄭國開渠，不是過也。況復議浚會垣之瀆，兼清附郭之濠，曲迴沙港之潮，勘築海澄之岸。凡兹貫利，皆以興甿。其或離畢偶偏，恒暘示象，則又先期轉粟，未雨徹桑，疏蠲關榷之徵，羅減斗升之值。故嗷鴻安集，小饑亦等於中穰；而肸蠁豐融，下歲每移爲上稔。此公之仁愛，以民心爲己心也。

且夫傳循吏者，不能並於儒林；奮武衛者，將恐疏於文教。古惟文翁化蜀，效著詩書；延壽治兵，樂陳笙磬。公則進諸生而談道，臨講院以横經。材搜爨下之音，笈授枕中之秘。而且表章性學，八閩遠泝薪傳；涵泳聖涯，兩廡請從蕭薦。念風簷之偪仄，恐遺門外銀袍；拓雲構以[illegible]扆，待製卷中金薤。每際槐花黄後，桂子香時，唱千朵之廊明，感萬間之廈庇。回憶初程之地，辛苦深諳；不逢大願之禪，主持誰賴？乃復倡修志乘，博採圖經，開賓館以招賢，訂史裁而述古。篇家鴻筆，胥槼括其三長；故事麟臺，仰折衷於一是。將見頡頏劉略，擩染班香，垂圭臬於政書，具鋠槻於國史。他若英詞妙墨，殫見洽聞，金石騰聲，雲烟落紙。衆所推爲能事，此第出其緒餘。分之可了十人，合之遂名一代。以此見公之才學奄有衆長焉。

惟是治南瘠土，本財賦之未饒；海上生涯，值萑苻之甫靖。竊見鹺綱之累，難扶賈舶之疲。公自監郡遷階，即掌牢盆之計，迨至連圻坐晉，總持禺筴之塲。倘使户有素封，舞皆長袖，則萬緡納匭，何勞劉晏之籌；千斛量珠，可廢桓寬之論。不謂虧同剜肉，涸等枯鱗，鞭算雖施，灌輸誰恃？惟夫智周三説，心凛四知。權折博於度支，先釐積滯，示招徠於猗頓，曲體繳微。弗苛亭户之籌，自正綱官之美。雖經綸小試，而規畫大難。人第見成效之漸臻，初不知用心之獨苦也。以公爲李普濟，入細入麗；以公爲武鄉侯，能擒能縱；以公爲陶士行，運百甓而不疲；以公爲崔平師，陳千古而不舛。往往剪殘官燭，不知漏盡之時；聽到晨鐘，又税星言之駕。於此見公之勤勞倍夫羣力焉。

綜兹盛熾，更僕難終。俾厥康强，蕃釐用介。夫福者，備也，備德則福崇；壽者，酬也，酬庸而壽晉。若我公者，朝宁倚爲柱石，吏庶戴其帡幪。利害賴以興除，措施昭爲法守。誰不祝長生而報束，頌維嶽以生申也哉！當此為皐之月，適届曰耆之年，皇覽真降於庚寅，歲陽已週乎甲子。溯生朝之益閏，天示延齡；當駐景之方長，日如小歲。梁眉案舉，欣瓊佩之雙和；萊綵衣班，已玉柯之並耀。而公猶夠夠如畏，翼翼爲懷，纔停按部之襜帷，盎謝躋堂之鞠暆。某等託保釐之册，畢陳昌熾以頌禧。謹述咫聞，爰徵耇壽。行見金甌應卜，玉鉉調元。隆相業於中書，似汾陽之二十四考；娓臣鄰於上古，即廣成之萬八千春矣。

又代福建司道

粤若赤奮紀於歲陽，蕤賓應於月律，丙星曜於南極，庚籌獻於東瀛。我宫保尚書孫公，以八州作督之年，登六斢曰耆之竿，室有笄珈之偕老，庭有簪紱之承歡。謂宜星弁於賓筵，晉霞漿於壽斝。肄雅者歌其稱兕，祝釐者頌以成鳩。而公篤棐爲懷，華闓悉擯，不希緑牒赤文之瑞，不詡油幢翠葆之榮。蓋德盛而志益恭，位高而心彌下者也。然而幸居展寀，親隸仁帡，固不敢貢媚於虚詞，而能勿仰型於實政哉。

惟公清芬接胄，奇表戴干，家風應忠孝之求，世澤著封圻之望。當開府鳴騶之日，正趨庭對鯉之年。書帷守以長恩，燈盞辨共曲柄。枚乘之筆，於以傳臯；蘇瓌之文，因而授頲。遂乃南宫通籍，東觀紬書，墨花潤灑於金壺，文穎編成於玉署。斯時也，侍從之職，著作之林，人第知稽古之有餘榮，而不知濟時之將大用也。洎夫一麾既出，五袴興謡，佳士入其彀中，奸胥立於冰上。鹿轓按部，先敷闓澤於寅湖；豸綉遷階，旋筦鹺綱於丁竈。進臯蘇而淑問，咨郇召以來宣。遂膺節鉞之崇，繼總師干之寄。斯時也，蒸蒸治術，袞袞升華。皖江暫駐夫襜帷，閩海久依夫帡幬。使第觀其北門坐鎮，南國巡行，雖已歌樂職於中和，猶未及閎功於綏靖也。今夫無幾先之智者，不足以樹應變之猷；無遠馭之長者，不足以定安邊之計。惟臺洋之偏郡，與番部而連畺，羣奸妄逞其鴟〔一〕，列隊俄傳夫蟻門。戴牛佩犢，難窮伏莽之戎；社鼠稷蜂，謬恃負嵎之固。倘使吹鞭屢警，免胄猶遲。彼方赤白之探丸，誰料蒼黄之變局。公則牙璋迅起，樓櫓先飛。驚横海之將軍，兵從天下；黜執冰之冗士，令乃風行。魁倏縶夫白波，妖終推夫黄斗。溯梧州之練卒，先烈能承；記穎上之籌戎，軍聲素振。宜蕆功之神速，邀温諭之褒嘉。崇晉宫銜，載延世賞。翠羽著爲儀之美，彩儷冠纓；龍光臚以譽之歌，珍頒黼黻。敘勳庸而課最，錫福壽以延洪。恩之隆也，功之也。〔二〕

然或擅運籌之略，而亭育猶疎；馳破柱之能，而鞠謀未遂。雖則銘勛於竹帛，詎能繫愛於臺萊。而公勤恤民天，力興水利。障鯨潮於左海，陂亘木蘭；疏鴉插於西湖，橋横梅柳。富民之渠悉復，召公之埭重聞。已足使地列上腴，澤覃下尺矣。而乃曰陽曰雨，彌切誠祈；己溺己飢，猶深軫念。轉鄰疆之窖粟，通海舶之困禾。丁戊之糴如流，庚癸之呼盡息。此則公之劭農也。表章正學，扶獎單門。宏厦庇於風檐，袍如立鵠；收笛材於爨室，珠亦探驪。相人不以其皮，説士真甘於肉。且復博稽文獻，補輯圖經，萃大小之疋材，訂古今之治譜。敷衽而商前藻，則四部淹賅；吐哺而欵嘉賓，則八牕洞達。此公之重士也。至若禹夾總司，牢盆未裕，則又策轉輸之術，持酌劑之平。金心在中，銀手如斷。志操潔於飛雪，規畫速於量珠。汪汪乎挹叔度之波，井井乎讀桓寬之論。此又公之恤商也。

維盛熾之難窮，合洪纖而具舉。則知上德致福，豈矜鼎鍾之華；美意延年，奚假金石之養。與其評松頌柏，鏤月琱霞，衹以誇骨相於佺喬，孰若證膚公於周召哉。所祝舟霖宏濟，傳不朽之業者三；台鼎延禧，符咸有之德者一。賡嘉起於軒羲之舞，長占洪範之八徽；銘吉祥以綰綽之蘄，不羡華陽之十賚。謹序。

校記：〔一〕〔二〕疑有脱字。

張蘭渚中丞六十壽序辛巳

壽佛三十二相，聿開麗象之圖；太古萬八千齡，旁逮成鳩之佐。良以內訓穆行，外炳偉猷。甄蕃社於候鼇，應真靈於位業。故能媲延旗翼，舒曜緯以精瑩；益竿佺僑，陋烟霞之導引。如我大中丞老夫子大人者，其諸含茹太和，丹青元化，際濾洽襄熙之代，獲曼齡絣福之符者歟？

夫其霅水鍾英，清河著系。芬沿鼎族，睦親書公藝之堂；澤衍籝經，勵志劭茂先之學。圭璋藴質，金璧禔躬，丰采著於九齡，豪翰高乎八詠。輪袍北去，蚤邀銀管之題；翠罕南臨，爰第金根之頌。舉齊賢於蹕路，豫寄腹心；拔燕國以魁曹，無慚手筆。鹿苹奏雅，鶉薇省以承華；鳳藻騰章，直樞廷而聽政。洎乎金門射策，瓊苑宣毫。大經中經，談奪漢渠之室；無極太極，賦採姬易之原。綜秘殿之紬書，佐禮闈而校士。輯御試四元之帙，模楷藝林；注幾餘全史之吟，闡宣聖藴。此問學之閎也。

方仁宗睿皇帝之在藩邸也，賞凌雲之製，嘉晝日之才，中禁嚴徐，久隆特達。外廷韓富，洊倚綏猷，屬以虎竹分符，豸衣監郡。值重華之親政，畀臬事以時陳。嗣乃紅籥開藩，碧幢擁節。文露武露，集印綬於一身；德星福星，兼旗常於兩府。羽儀寵飾，佛光開聚頂之花；手詔榮褒，親壽錫介眉之爵。王忠嗣佩四大印，轄到家山；田宏進揮五諸候〔一〕，令行海甸。河汾嵩華，記襜帷按部之中；閩越江淮，是草木知名之地。雖復人間小謫，曾聞鴻渚之思公；仍欣天上大羅，不使鳳池之奪我。芝防進陟，補佳話於三清；薇署重臨，荷恩綸而再起。暫假旬宣之寄，正復頭銜；

遂還節越之崇，倍膺心簡。此恩遇之隆也。

若夫剔弊安良，懲貪戢屬，吏無曠職，倉無積儲。清夜焚香，惟凛四知之素；虛堂懸鏡，悉袪三惑之縈。當夫閩澥瀾狂，臺洋浪撼。褚燕號黑山賊，梟焰方張；郭太作白波魁，蜮沙正射。一自牙璋肅令，羽檄籌戎。要衝次衝，杜内奸之藉寇；水擊火擊，分勁旅以成圍。俄而巨艦雲屯，剸截鯨鯢之骨；降旗風緊，趍投蟻螻之魂。并用恩威，全除妖孽。奏捷書而詣闕，蕃遮之祥賚優頒；鐫大字以摩崖，謳頌之輿情奮躍。每聞移節，争切攀轅。撫甘棠而盡護春風，瞻大樾而重思夏庇。此勳業之崇也。

且夫朱紱希榮，非藎臣之念；白華養潔，本至性所存。心繫廟廊，而庭闈之思同切也；惠孚編蔀，而晨昏之戀尤深也。郭代國八座起居，安臚越水；陳唐夫三貂侍奉，養舍吳興。矧其視疾心殷，陳情疏上，知恩深似海，定許遄歸。而目極望雲，未遑久待。星馳里第，幸猶湯藥之親承；風動林柯，已覺鼎鍾之鮮憾。要以天懷之摯，終邀聖鑒之原。睿訓煌煌，信作忠於移孝；臣心翼翼，惟觀過以知仁。即今堂背萱榮，鄉園竹茂。每憶循陔之什，遙奉慈娛；恰當覲闕之期，豫謀歸省。此内行之篤也。

至於伯歌季舞，並樹公才；三筆六詩，咸承家學。碑已鐫夫棠棣，蔭更護夫菌芝。蕊榜搴英，載美絲綸之掌；芹池擷秀，各儲瑜珥之珍。半千以負椒爲孫，通德則小同有字。我師母徐夫人，壺〔二〕儀克相，坤德彌修。金書綵綬增其華，翟茀魚軒忘其顯。慈能召福，徽儀一於鳩桑；貴且習勞，誌繅三於蠶繭。備六珈之禮，齒髮未彫；啓萬石之風，組圭增萃。此天倫之樂也。

盛德大業，猶衆人所與習聞；而知己感恩，惟身被爲能縷述。我夫子愛才如性命，染人如丹青，扶寒畯如濟舟航，引後進如培子弟。某以蓬衡蕞品，蓮脆陋資，遠公卿干謁之嫌，少鄉曲謏聞之譽。而迺下車伊始，側席爲招。月旦評文，謬許彫蟲之技；露章封事，慙非倚馬之才。每憶卧閣挑燈，擔豪削牘，鄭亞改義山之序，昌黎定皇甫之詞。經匠石之磨礱，斧如修月；奉篇家之衣鉢，斤亦成風。况義漿仁粟之施，皆讓水廉泉之溉。雖猪肝勿累，下士前而致辭；而牛炙先嘗，上客無茲加禮。十年軍府，優容長揖之人；九陌康衢，攜挈後塵之步。幸追隨於京國，乃踵廟夫蓬瀛。同居尺五之天，時親丈席；縱隔方千之地，無間音書。此又香火深緣，難窮思議；門牆厚誼，倍切鐫銘者也。

今者宦轍甫經，恰是鳴珂之里；經帷近接，時攄負笈之情。咏蹈仁峅，簪裾福地。值生申之令日，紀算亥於修齡。與其肸飾虚詞，徒侈蜺犖之頌；曷若臚陳實績，即爲綰綽之徵。九華之佳氣遥來，三錫之恩光竚畀。此日金莖浥露，聊佐華筵介壽之觴；他年瑶管書雲，更紀紫閣調元之頌。

校記：

〔一〕「諸候」應作「諸侯」。

〔二〕「壺」應是「壼」。

韓三橋撫部六十壽序癸未

粤乃歲旅昭陽，律中夷則，星躔翼次，日紀畢墟。爲我中丞韓公六十覽揆之辰，實奉命撫吳之次歲也。嘗論怡神淵默者，不矜鼎鐘之華；遂志安懷者，不尚金石之養。然而宣猷之本，裕之以崇高；錫蝦之常，決之以忠信。滋涌泉於華脈，茂膏葉於修根。而后福被羣生，功彌宙合。降崧降嶽，悉徵鍾毓之奇；爲熊爲彲，益顯敷施之大。

維公三台朗曜，兩浙名門，當終賈之妙年，掇揚劉之上第。譬齊廷之言，大鳥鳴必驚人；如僧繇之畫，真龍飛能破壁。蓋鴻才第一，早書澹墨之名；而駿譽無雙，旋捷泥金之報。斯時也，日華五色，賦辭遍誦遐陬；雲闕九重，人望咸推清禁。屬以天子慎明刑之選，需折獄之良，遂乃宿應郎官，秩分司隸。十年讀律，夙諧報稱之資；五聽衡情，懋著平反之績。鈐韜屆路，散緩帶於清風；棘木懸街，消戴盆於烈日。歷華資而洊陟，占陰德之必興。果迺虎竹初持，獬章遞服。桃花山竣，爭傳列戟之鄉；蘆草灣深，競識埋輪之館。已而霜臺驟擢，星節頻移。郭細候之去帷，吏民望切；暴直指之衣繡，州郡威行。蠻風蜑雨之區，邛竹蒟醬之地，莫不弭私爭於鼠雀，感盛德於騶麐。民瘼勤求，皇風速迺。宜乎六條敷政，襛歌召伯來旬；三宥持平，仍命庭堅作士。鳩民再領，鳳紀方新。修象典而肅彝章，植雞竿而宣慶惠。于定國之在位，人自無冤；劉祥道之審刑，世皆蒙祐。且也晉朝羊杜，不膺校士之司；宋代歐蘇，未付連圻之掌。而公則綱曹舊直，桃李曾栽，節府將開，梗楠又植。春官秋賦，駢聯藻鑑之輝；武露文星，稠疊芝綸之賁。此又翊丹青於元化，增黼黻於儒型者也。時則依光北斗，方瞻韓子昌言；出鎮南邦，即拜顔卿謝表。今夫奏鳴桴之效者，不足以語慈和也。馳破柱之能者，不足以覲撫馭也。居賦財之重地，控河淮之上游。易潤脂膏，難平金矢。而公澄懷夏庇，亮節秋清。挹聖湖十頃之波，近依仁里；飲滄浪一杯之水，不易廉泉。循循乎明慎以治刑，恪勤以出政，公恕以率屬，慈惠以誡民。所謂不徼不隨、有猷有守者，公之謂矣。

爾乃王家群季，玉軑金羈；謝氏諸郎，瑶環瑜珥。值家門之全盛，欣歲紀之方周。露靄流空，儷錦霞而採絢；星期逾夕，倬銀漢而光垂。則徐閩嶠腐儒，吴趨末吏。往識鯉庭之對，詩禮遥聞；近親豸帳之儀，帡幪幸託。用比祝多之義，爲陳介壽之辭。惟淑問以如皐，遂長生而報束。應昌期於化日，定符洪範八微；頌真誥於洞天，敢獻華陽十賚。

延尚衣隆六十壽序

原夫淵渟嶽峙，英符發神寓之華；璧合珠聯，寶宿列太微之次。附質者厚，雲霓之麗彌光；得氣者全，松柏之貞愈固。則雖謙謙以表讓，穆穆以明冲。謝華陽十賚之文，避麥丘三多之祝。而修道養壽，述史遷以舊聞；美意延年，繹孫卿之前説。奉爵噉頌，吉羊進銘。雍雍乎，翯翯乎，盛世之楨材，華門之瑞應也。

維公緑江著族，青岳降精。五采瞻彪，系入世家之莢；九苞儀鳳，望重人倫之規。諭其碩德敷猷，瑰才肆雅，良足驅馳皇路，黼黻藝林。琳琅倒薤之書，燃藜夜校；璀璨照蓉之鏡，煨芋朝談。而乃鶚薦屢邀，食野之笙未奏；鵬程遠奮，負風之翮先摶。賦黄華則美其駪駪，詠棠棣則稱其韡韡。龍江柳碧，初迎畫幰之輝；虎嘐花紅，重絢油幢之色。當夫關梁日麗，津閣霞明，德意闓綏，仁聲旁溢。譏而不禁，四方欣吹萬之和；來且如歸，百貨裕倍三之利。宮庭取給，劉宴之筦度支也；府庫充盈，李迪之司轉運也。體大者用博，慮善者法良。豈徒七襄成文，辨周禮緅纁之貢；五色作會，明虞廷絺繡之章。謂可炳焕鴻謨，焜煌豸釆已哉。

今夫立德者，用才之基也；作忠者，移孝之驗也。方霧豹姿韜之日，值荓蜂患起之年，車敝陳旄，星熸貫索。而公則上書請代，薄淳于之非男；就繫爭先，作孔家之二子。遂使天威頓霽，家難終消。巢欲破而仍完，盆難戴而未覆。至誠所感，金石莫能喻其堅；真性所存，彝鼎猶將昭其隱。宜乎蕤華永茂，綰綽長禧，一門揚鄂不之庥，累葉衍繩其之澤。允足比齡旗翼，誇懿臺萊者矣。且夫慶雲舒霄，則埏垓仰其異彩；甘霖被物，則蕃彙飫其渥膏。邇惟關榷之膺，適有榖荒之告。星非好雨，魚圉圉而浮原；屋盡沈波，雁嗷嗷而散野。王吹頻斷，藻佩徒嗟。迺以裒多益寡之精心，行卹患救灾之美政，免楚船之輸納，蘇吴郡之瘝瘵。中丞商榷而飛章，天子褒市難湧價，真陋汎舟之役。倉廩蜂屯，真陋汎舟之役。

市難湧價，戶鮮調饑。敲臘鼓以迎年，盤辛仍薦；吹社簫而祈歲，山癸無呼。惠莫崇焉，功斯溥矣。

爾乃萬家佛號，誦滿花闉；一品仙衣，披來蓬島。謝安石圍棋之興，殊自通神；周公瑾聽曲之場，兼能顧誤。每遇滄浪波盡，閶闔雲開，屏騶從之喧闐，泛鷁文而容與。筆床茶竈，人忘行部之尊；畫舫詩燈，句有童孫之和。亮懷霞潔，峻操風清，洵乎列位業之真圖，游鬱單之樂國者也。

茲以生申之令月，爲周甲之良辰。芝三秀而夷榮，醞九真而設醴。半月後彌陀之誕頌，岡阜者同聲；四禪住歡喜之天歌，笄珈者偕老。時則趨庭聞學，孟君翔華省之資；侍寢問安，仲氏獻萊衣之舞。加以鳳雛挺秀，雀對韮英，欣拔擢於孫枝，卜駢臻乎家慶。雉膏斠鼎，鶴采翀霄，敢陳捫籥之辭，用介稱觥之祝。是知頤神敦素，原不資鉛永之調；而紀實陳詞，又豈等繡鞶之飾也哉。

元臺兄五十壽序代

壽星見丙，歲開柔兆之祥；佳月建辰，算啓伸舒之慶。則有真靈位業，福地行仙。授太紫之珍文，闕中黄之秘術。元機導引，上清佩含景之圖；初度康强，大衍協圓神之數。如我元臺林君者，誠入世之佺喬，而度人之安羨也。

惟君西河望族，東魯禮宗，十德以表其門，九牧以垂其緒。幼稱岐嶷，豐玉含輝；長更温醇，慧珠朗照。觔書焠掌，已盡下乎十行；味道翹心，更旁通乎百代。然而抱九仙之骨，志樂餐霞；探五炁之精，業勤朝斗。適以方干未第，聊從度牒之招；還同賀監辭榮，獲遂乞湖之請。於是金繩玉版，精思遠徹夫清微；瓊室琳堂，妙蘊上窺夫真誥。談玄揮麈，露凝碧柰之花；引羽吹簫，風度青藤之樹。蓋以儒門之軌範，參元始之浮黎；以學海之清源，導洞神之別派。性之所近，業亦存焉。要其濟物爲心，匪高言夫渺寂；懷才輶試，乃允洽夫幽明。爰効職於仙官，亦策明於神士。尊彝典祀，昭肸蠁於靈承；牲璧將誠，領和平之神聽。每届躔占箕畢，曜蝕羲娥。指揮壇墠之儀，驅使機符之訣。馭迴泰丙，如周步亥之規；車叱阿香，倏致占壬之澤。嘉歎每聞於大府，禄糈遥隸夫容臺。斯則齋遨維虔，識至誠之上格；馨香用薦，宜靈貺之畢臻也。

况夫内行敦渻，彝常雍穆。樹松詞闕，於以敬宗；采菽中原，如其爲善。感生孝筍，恒深攀樹之號；教篤折葼，頻示覲橋之肅。鸞膠曾續，琴静中闈；雁序相親，塤調伯氏。加以誼周三畝，交洽四流，蔡約稱禮度之門，范晏創陰德之傳。義漿仁粟，解推非以市名；霽月光風，淵懿本乎至性。以秦樓之快聟，爲馬帳之經師。所以不詡披青，倍殷推赤。每逢佳士，便同説肉之甘；共賞奇文，猶見羅胸之富。所以祥凝閥閲，連枝開薇柏之榮；庭衍庭階，嘉樹擢芝蘭之秀。此固卜考祥於視履，莫罄鋪芬；推美意以延年，皆非諛訟者矣。

繼配劉孺人，度表莊姝，儀嫺綢直。梅蘇韭毛，手調無缺於供；女布男錢，家事常資其庀。淑範倍恭於鴻案，惠心均詠夫鳩桑，則又和以召祥，慈能輯吉者也。

兹者候逢蘭禊，慶紀艾年。弧帨雙懸，景駐重三之序；觥壽疊進，丹成六一之珍。嘉耦直擬夫登仙，望上界而圖呈金碧；勝會將連夫浴佛，傍祇園而樹種菩提。遥知芊永期頤，僂指先躋夫半百；還憶經傳道德，齋心曾誦夫五千。此時開益壽之筵，共鶴曲鸞笙而舞蹈；他日拓承恩之第，荷龍章鳳綍以駢蕃。

林母劉太夫人五十壽序己卯二月

昔者桓綮行義，彭城振其家聲；宣文授經，韋氏世其師學。是以父書祖硯，多緣壺〔一〕訓以流傳；毛檄崔輿，亦爲春暉而報答。吾宗梅甫明府以白華之節，尹赤邑之符，封鮓無勞，占烏有喜。蓋今歲仲春，爲繼慈劉太安人五十壽，璇宮月朗，宿應弧中；壽寓天開，人逢家慶。於是瑶函十賚，將以鏤德之詞；彤管一枝，煒以永年之典。某素欽母範，兼附宗親，不辭毛舉之言，用效眉梨之祝。

安人越石名宗，卯金世胄。傳家列女之傳，習禮内則之篇。時贈翁蘭亭公待續鸞膠，重諧鳳卜。安人施衿甫詠，操畚維勤。奉堂上之君姑，已隣嵫景；撫床前之遺穉，僅及觽辰。而乃中饋咸修，内言不出。升堂哺乳，則崔婦承歡；入室和丸，則柳兒佐讀。梅甫遂以終軍請纓之歲，登匡衡射策之科。信康公積善有徵，亦仉母儀方所致。固宜誦笄珈而偕老，御琴瑟以長和者矣。

無何，鏡掩離鸞，弦悲獨鶴。邪衾改殯，誄夫子以令名；褚幕結隅，督諸孤而盡禮。以故會白馬以葬，觀者千人；矢黄鵠之歌，感者九族。且夫恩慈存於顧復，而親愛貴乎平均。古有截髮留賓，停梭勗學，斷葱示教，畫荻傳書，要皆念篤於所生，情隆於自出耳。安人則鳲鳩其性，醇酪其心。咽苦吐甘，長幼何曾別寢；推肥代瘦，親繼悉繫余懷。室中之火同功，竈外之烟一色。婦有郝鍾之行，子修韓穆之風。此尤女史所僅聞，而母儀之特絕者。然使鴒原無恙，雁序常聯。晨餐同楊氏之盤，夜月共姜肱之被。亦可藉茲競爽，慰彼慈娛。豈期門内德星，不無聚散；堂前荆樹，互有榮枯。長兄既璧毀於前，仲弟復柯摧於後。本擅六龍之號，已空三鳳之名。安人乃於魯哭之餘，更存周嫠之恤。或石將填海而挽彼冤禽，或笄欲磨山而予之完卵。冰雪交輝而愈潔，松筠得蔭以俱榮。蓋三十載之恩斯勤斯，哀孤因而並撫；而十三年之天只人只，婦姑直列三貞。此雖臺築懷清，未足盡其苦節；亦門旌高行，莫能喻此劬心也。

然而不齊者遇也，必酬者德也。植三珠之樹，即以載萬花之輿；掩一船之錢，即以積盈榻之笏。今梅甫明府，威鳳一羽，弦縣布其直郵；喬舄雙飛，京師聞共葉鼓。次公則賦鹿鳴之什，慶榜蜚英；季子亦標羯末之名，文壇都譽。而況玉芽珠顆，正長桐枝；瑜珥瑶環，咸推蘭茁。蔚爲德門之盛事，悉楊賢母之芳徽矣。茲者寶帨凝祥，金萱啓瑞。數符大衍，麟洲之仙姥籌添；節屆中和，燕社之女夷鼓報。後花朝兮，五日河陽之縣皆春；傳竹報者，八行孝廉之船恰到。尋砂句漏，便合延齡；

曲譜霓裳，先看舞綵。此日堂開鳳味，珠幃輝百福之奩；他年闕表烏頭，花誥豔七張之錦。

校記：

〔一〕「壺」應作「壼」。

鄭岳母齊太恭人七秩壽序癸未

自昔凝凌官貴，盛傳賢母之聲；尹吉淵聯，用識婦家之範。良以教先德象，在福則冲；誼屬委禽，相觀益善。奏壽人於樂府，曲記房中；式女訓於閨幃，經刊石上。而況施衿共閈，丱總升堂。廿年依薑蒜之屏，五世結蘭荃之佩。則知位符泰媪，庶草孕而蕃釐；體敵丈人，諸峯環而羅列。如我鄭岳母齊太恭人者，能勿揚熾於珥彤，蘄延於康爵也乎？

懿其營邱舊望，東冶名宗。知書兼饋酒漿，學綉先絺黼黻。魚扃夜下，誦張司空之箴；鳳卜春諧，範鍾夫人之禮。時我岳父睢州公，家徒四壁，聲雋一黌。伯霜仲雪，素闕連枝；我佩子紱，載締嘉耦。當機雲爛，並德言容爲一成；問佩星言，進畫詩書爲三絕。

在昔某與岳家，夙敦世好。顧忠陸厚，擬吳下之通門；周北張南，仿漳濱之共宅。兩家耆舊，入門莫辨主賓；一巠比鄰，造廬不避風雨。每際水沉虯箭，霜閣梟鍾，錚錚聞投鑷之聲，閃閃覯挑燈之影。固已不因人熱，羣欽德曜之能貧；姑忍此寒，預卜巨源之必貴矣。蕊榜一捷，花縣四開。豫州當天地之中，襄邑阻江淮之蔽。坐棠敷惠，形婉娫而戢鞭蒲；剖竹分猷，邁操作而勸製錦。鷄人佇唱，先警鳩居；雁户亭嗷，爭謡燕喜。維時某嬉䠶竹馬，門隔銅駝，承愛日之余暉，示慈雲之在望。謂銘椒一闋，匆匆河洛之行；挽鹿何年，欵欵魚蝦之會。迨九髫初通孔李，冰語乍締潘楊。缸許紅纏，領山谷題詩之意；衿邀青染，賞蘭成射策之年。漫許神清，自衿叔寶；祇因地切，徧接封胡。爾時錦褶偕趨，絳紗並侍。荀龍溢目，揖讓通德之門；庾玉差肩，進退宣文之宅。子孫法其雝肅，宗黨佩其莊姝，荇藻差馨，醍醐味儁。良由太恭人儉而有制，彫鎪墨綬循聲；慈極翻嚴，袚飾青箱世業也。

今夫篆珉作頌，沐澤者辭真；綉錦肖形，信心者誠格。未有慶雲垂蔭，頓忘光覆之功；法雨濃霑，不誌天喬之感者。猶記秋風一第，露夕雙清。阮修醵娶婦之錢，李易讀登科之記。毛黄訓早，諸嫺誇兒拜能虔；結帨情勞，阿姥謂婿鄉匪遠。從此朔風燕市，曉月蘆溝。迢迢跋浪之程，方期萬里；密密縫衣之意，如煦三春。女布男錢，幾抛乎行役；慳風吝雨，一洗夫恒蹊。是則櫻桃宴罷，神馳孝竹之業；鵷鵲朝迴，願托慈烏之列。荔枝小啖，前年亦叨捧潘輿；龕赭重經，一官又促隨毛檄。菡萏正嘉其識面，桄榔俄別有關心。迴憶下九期前，重三節近。奉匜暫退，時瞻詠雪之門庭；撰杖偕行，互舉嬰春之杯斝。情隨雲往，望逐江流。願祝萱草以恒春，恰先荷花而生日。香羅細葛，襯象服之中單；修竹高梧，映鸞書之綸綍。長公佐郡，績奏宣防；叔子分符，心勞撫字。書種共貽夫帶草，吏聲或試夫哦松。采耀六珠，女宿亦分其炯耀；榮垂四葉，孫枝已慶夫蜚騰。想見瑜珥瑤環，盈床積笏，金紅璚樹，舞綵連行。繞十種堅固之仙，拜七寶莊嚴之佛。人倫集慶，天道延庥有如此者。

某難希楊玠，叨承半子之名；幸儷左芬，得展後堂之步。届古稀之節令，居遠道以攄忱。一序鐫恩，千言紀實。瓦奏匏宣之響，誠知莫副閶娵；藼榮柏帨之年，竊願長伸鞠𦠆云爾。

張師母徐夫人七秩壽序乙未

懿夫元日開祥，玉綰轉東皇之律；春暉駐景，琅璈傳西母之觴。宜煒管之鋪棻，佑班衣之祝笇。然或掞張福應，僅證聲聞；推本義方，祇由私淑。則莫若源承沆瀣，親游通德之門；度式珩璜，曾侍宣文之幔。奏樂府壽人之曲，即是徽音；述女師象德之篇，能徵實行。如我師母徐夫人七䄵之壽，則頌而不爲諛焉。

溯夫越水名門，燕雲華邸。家有玉臺之詠，秀秉坤靈；生居珠樹之先，爻占兑悦。而乃緑窗黹綉，不矜賦茗之才；翠釜湘烹，早肄采蘩之薦。洎乎雀屏擇耦，燕譽相攸。將開甥館於蓬池，遥指壻鄉於苕里。維我中丞夫子，珠澄丹瀨，璧粹藍田。當蘭成射策之年，有耿弇上都之志。遠游日下，東牀移郗鑒之廳；近侍雪門，西廨設盧綸之座。遂乃含香鶴籞，珥筆螭坳。朝吟紅藥之詩，夕賦夭桃之什。夫人蛩𧀯儷影，鶼翼齊心。譜瑶瑟而常諧，簇錦機而不斷。勤劬井臼，聿成司隸之風清；料理米鹽，不苦長安之價貴。迨夫子鳳池重入，雁塔榮題。趨玉署以宣毫，花磚視日；綰銅符而出守，堂舍班春。則又鹿駕隨征，魚軒蒞治。沈香弗御，佐吳隱之廉聲；丹籍同披，識崇公之苦志。姑臧孔奮，雖茹菜而同恬；吳郡孝衡，還得柑而弗植。

神明之望，壼助爲多。今夫陟峻坂而長驅者，藎臣之義也；望白雲而結戀者，純孝之心也。我夫子洊擢屏藩，久膺麾鉞。歷綏徠者七鎮，受恩眷於三朝。每當開府吳中，迎親霅上，未嘗不躬倍鳩杖，心慰烏私。而旌節頻移，庭幃易隔。畫舫難迎於波路，安輿輒阻於山郵。夫人於是侍養鼎門，承顔珂第。珩温横潤，娣姒同諧；藻潔蘩馨，尊章亦喜。聽一枰之膈膊，曲唱姑恩；浣萬石之廁牏，孝兼子職。蘭陔代詠，俾無分就日之誠；黍雨宏敷，乃益懋作霖之績。宜其花鈿九樹，銀泥宣鳳詔之褒；副笄六珈，珠闔荷鸞章之賁也。在昔衛歌檜楫，宋賦葦杭，每因道路之阻修，時缺閨門之定省。而夫人則山中饋藥，猶是北宫撤瑱之心；陌上花開，常吟南國澣衣之句。兩家密邇，一水相望。白傅中閨，還念沙哥崔嫂；謝家淑媛，最憐羯末封胡。蒼頭頻問夫起居，黄耳屢傳其音耗。是則情殷同産，視班妹而彌惓；誼篤所生，較穆姬而尤摯者已。又况儉勤律己，仁厚宅忠。居八座而忘尊，老去猶親刀尺；屏三鏌之耀首，貴來不炫珠璣。臧獲知慈，婢媵謝泥中之辱；庖厨申禁，婆心憐刀下之屠。時復饋餐賚自僖妻，贍族符乎鄭母。敦仁樂義，匡困資無。賙桑梓以行糜，諸憑呼癸；軫葭莩而問佩，澤逮零丁。用是福不唐捐，善多餘慶。謝芝一室，煜煜香生；寶桂五枝，森森玉立。或舉明經，而聲騰璧沼；或選門胄，而禄贍圭田。或脱屣芹宫，佩朝紳於蘭省；或吹笙平野，橐仙管於薇垣。而且橘墮懷中，堇生澤畔。青箱世業，鑿楹咸能讀父書；黄散門風，捧硯更善陳祖德。譬鳳毛而競爽，詒燕翼以彌長。斯皆種自福田，允宜宏夫壽寓者矣。兹者歲逢協洽，月紀孟陬。帨説春幡，蓂序剛榮一莢；筵開晝錦，椒花共酌千觴。於是佩解迎年，齋名益壽；牙牀擁笏，綵服聯裾。綿老福於鳩扶，迓新韶而燕喜。瞻蠟鳳絲雞之瑞，春生西子湖頭；聽靈簧湘磬之音，壽介東風座上。

某依同庚杲，拜許彭宣。每因立雪之虔，藉托慈雲之蔭。自慚傳鉢，門生亦鎮江東；莫遂摳衣，壽母遥瞻堂北。獻辛盤而忭蹈，銘乙鼎而蘄延。誥錫鸞迴，迓湛恩之稠疊；榮宜象服，綏景祜以駢蕃。雖知介兕無文，竊爲令子補朱笙之詠；長見占烏有喜，敬代老人徵絳縣之書。

山西徐溝縣知縣象峯鄭君誄

維道光三年六月既望，象峰鄭君以疾去官，道出吳門，時余方陳臬事，延之廨舍，越旬日而逝。烏虖哀哉！潘安解組，正切板輿之思；滕公驅車，欻來石槨之識。况復蕭晨葉隕，歧路蓬飄，追維觿韘之交，滋抱人琴之戚。

維君幼秉家學，壯懷儒珍。負劍趨庭，嵩雒資其逸氣；觀碑入監，燕薊馳其英聲。應嘉慶丁卯科鄉試，以挑選謄録得官，非其志也。貞不絶俗，仕不違親。緣米折腰，捧檄動色。需次得山西嵐縣令，量移徐溝，權岢嵐州事。仇季智才非百里，植枳棲鸞；趙閱道美媲三岑，依花飼鶴。斯時也，米妖吹霧，方探赤白之丸；汾水回瀾，即號萑符之藪。君乃燭奸智外，慮患幾先。芟惡莠以衛嘉禾，祭破獍而殲祆鳥。花門革面，草澤潛蹤。宜乎朱邑桐鄉，競上神君之頌；王喬葉縣，無慚仙尹之稱矣。

今夫慈祥者，棲榮之宅也；廉静者，徵壽之基也。以君飲水居官，戴星問俗。庭有春蘇之草，室無夜餽之金。固宜騁轡夷逵，馳輪華路。即謂高才蠖屈，返初服於菰蘆；必將逸思鴻拳，等喬齡於松柏。何知天不佑善，命竟難諶。當乎鄉報最之期，遘中散幽憂之疾。陳情投版，養志歸田。流水涂川，猶灑部民之涕；停舟吴苑，暫留仙吏之蹤。時也炎熾方張，勞薪已瘁。十一年之别緒，鬢訝飄霜；三千里之遥程，身驚墜葉。謂健鵬其偶息，猶待搏扶；詎集鵬之旋來，頓成永訣。遂以辰加亥日，溘然告徂，春秋四十有八。嗚呼哀哉。

牀前侍藥，惟有孤兒；含後施帷，猶餘寡妾。而慈烏堂上，頻瞻榕嶺之雲；别鵠閩中，蚤返桃湖之櫂。乍沈冥而魂斷，將綿惙而神流。口不成言，目難遽瞑。此則死生之際，憶門户而逾悲；來去之因，卜筵篿而罔告者也。

僕契孚蘭茝，誼託葭莩。甫當毁齡之辰，賞楊脩之捷對；俄及成童之歲，許劉穆之佳姻。每記荔圃樽攜，蕉窗燭剪，就沙哥而問字，聯鮑妹以哦詩。君則橘裏一枰，棋心自逸；梅邊三弄，琴趣能工。褰蘿薜而紉裳，擘雲霞而結佩。無何，北轅初屆，西旆旋行。盼翼峰遥，望鱗波瀾。豈意張堪握手，徒殷知己之言；范式拊膺，竟下平生之淚。居異鄉而屬纊，對虚位以題旌。易簀一朝，望鄉千里。嗚呼哀哉！製楊仲武之誄，能不傷懷？銘郭有道之碑，當無愧色。辭曰：

停雲倏歘，靈車在門。尺波電謝，惻愴奚言。廉吏裝輕，才人祚薄。馬蹶星銜，鵑淒霧閣。君之行誼，懋美曾萊。萱樹北堂，蘭護南陔。君之辭華，咀英任沈。雷動春鯨，山盤秋隼。牽絲一試，頌洽河汾。桑依馴雉，波瀲躁鱗。孰意斯人，乃嬰斯疾。窮鵬聲寒，飛龍骨出。夏雨滂沱，吴閶掉遇。相逢一哭，命也如何。小住經旬，奄然長逝。眷戀親闈，彌留之際。嗟余薄閽，夙忝知心。諒兹冥契，猶視啓衾。弱妹含啼，稚甥掩泣。隕鐔鏘階，縣燈曖室。顧瞻閩嶠，訃問先馳。人天終古，此痛難知。日月易邁，歸播在途。巫陽不下，冥漠何呼？楚些空招，虞歌載起。念舊情傷，拊孤淚此。前思未戢，後感仍催。吉阡早樹，悠悠我懷。嗚呼哀哉。

公祭吴和衷太翁文吴方伯榮光之太翁

烏虖！歲旅困敦，律隃蕤賓。星弧霣曜，電謝歸真。懿矣名父，慟兹喆人。蔭傾五嶺，碑銜八閩。緊公之生，佛山證佛。十德同懷，季尤挺出。道心醇醇，理窟勃窣。齒及齔齠，譽馳甌粵。公之行誼，樹表立坊。黍華徵潔，棣韡聯芳。澹泊明志，以顔其堂。恭儉明禮，以式其鄉。公之文章，含咀華英。詞囿鳴鳳，筆海掣鯨。茂才異等，籍籍一黌。長轡未騁，衆為拊膺。乃坐臯比，匪以禄仕。儒林丈人，文學士博。説經為郛，守道若凷。不於其身，必於其子。公之教子，式穀是貽。禮耕學耨，孝矩忠規。藍田元圃，六出瓊芝。偉哉家督，揚公帝墀。終賈華年，杜房清職。賦擲金聲，書鐫石墨。藻鑑司衡，班心轉秩。驄馬森嚴，神羊正直。法曹讀律，樞省籌幾。遂持英蕩，出駕騑騑。洊開藩翰，攝領封圻。禀承庭誥，報答春暉。眷戀親闈，晨昏恐違。上章請急，嚙指歸思。恩許趨庭，鑒臣隱微。獨邀曠典，大吏所稀。石建滫瀡，元方撰杖。萊舞娱親，樂逾孩襁。願言介眉，請辭鞅掌。翹翹弓車，匪所欲往。公曰兒前，義宜致身。黼黻主爵，推恩逮親。仕教之忠，乃全乎臣。鮐背方健，烏私勿陳。重綰藩條，孝能養志。上荷皇慈，俾移近地。閩粵連疆，襜帷再至。高堂心怡，平安屢寄。堂堂藩伯，吾閩福星。爲民儲粟，使士横經。廣學增餼，尚德緩刑。仁以行恕，清不染腥。凡兹偉猷，悉秉嚴訓。懿惟義方，宣此令聞。祝公康强，起居時問。百齡是期，八旬斯近。云胡不弔，風樹傳哀。浮邱雲黯，越秀林摧。雞斯欻痛，鶴訃遄來。曾不憖遺，以慰循陔。忠孝既兼，榮哀既備。迹往名留，死歸生寄。壽則耄耋，貴亦卿貳。振振寶爻，環瑶瑜珥。垂裕滋永，食報無垠。花鶴何憾？驂鸞有神。典型夙仰，牲醴敬陳。靈其來格，鑒此明禋。尚饗。

祭葉芷汀太母文

烏虖，南海雲迷丹旐，悵崔輿之返；北堂電謝絳紗，遺宋幔之型。惟太夫人範表禮宗，福隆禄養。七襄紡組，早推象服之宜；八座起居，久遂魚軒之奉。正平反之加膳，胡委化以歸真。然已壽越杖鳩，慶延燕詒。紫泥疊錫，留畫象於甘泉；彤管揚芳，媲真靈於天姥。既備膺夫五福，復奚憾夫九京。某幸附嘉姻，習聞穆行，薦生芻兮一束，同深孤露之悲；頌副笄兮六珈，遥仰慈雲之蔭。尚饗。

葉母黄太宜人祭文

榆星復次，天文韜須女之輝；華雨流馨，佛國證維摩之果。惟夫母儀婦式，壽車福衢。不僭德象之傳，久衍黎麋之笁。斯則受宣文之封號；生不虚榮，媲甘泉之寫真，没宜無憾已。

恭維葉太姻母黄太宜人，秀毓永興，系延江夏。善心爲窈，綢直允表其躬；在福則冲，徽柔夙嫻其度。其歸於宫詹公也，和盎春庭，歡諧夕室。心三噣五，猶脩避席之嫌；屨兩蕤雙，早協宜家之吉。既容既德，無非無儀。誠祥女之在門，相小君而尸壺矣。况值尊章偕老，奉鳩杖以雙扶；娣姒同心，凛雞鳴於再盥。上堂進饁，詩補馨蘭；洗手作羹，祥生孝筍。雖復藁砧念遠，須捷棲貧，拔釵自矢其辛劬，佐餕必豐於甘旨。故高堂顧而色喜，中饋占厥攸宜焉。迨夫玉署偕迎，星軺出侍。護早朝之珂繖，午夜薰香；參夙駕之襜帷，庚郵舉案。花開陌上，遥隨緩緩之程；鈴墜懷中，旋失呱呱之泣。寒惟倚竹，恒茹苦而不言；瘦已支床，轉習勞而却疾。是惟持躬以約，協坤體之無成；所以積德必宏，本震來而致福也。

既而珠胎屢育，河東之鳳成三；玉樹齊榮，曹風之鳩有七。而乃愛均雉乳，和等盠繩，不遺晝荻之勤，時秉折葼之教。謂芸香繼美，宜接武於木天；棣萼交輝，貴齊聲於金篋。山谷讀潛夫之論，早啓才名；伯仁承絡秀之箴，共持門閥。於是蘂珠連掇，符玉雙分。經明行脩，夙重軼羣之彥；伯歌季舞，倍增清秩之榮。而我次幔先生，廿載牽絲，三吳懸鏡，禀慈訓以為圭臬，守孝經以代韋絃。甘澤興謠，上慰和熊之苦；清風入頌，不煩封鮓之書。勸蘭膳以加餐，則平反屢報；荷紫泥之寵錫，則敕誥重膺。

比者烏鳥陳情，牲牢歸養。絳趺朱萼，歡彌浹於萊衣；羅紙金花，慶更綿於蔗境。而況寶夊疊衍，盛開五代之庭；遐算蘄延，宜裒百齡之紀。何意薰風入律，頓撼静柯；長日如年，忽枯慈竹。鄰春輟相，仰驚天姥之傾；宵魄寢輝，俯謝媪神之載。豈獨哀銜崔帽，慟甚潘輿已哉。然而絳紗之禮法長存，彤管之徽音不朽。受持千偈，身前已證浄因；生活萬人，膝下亦稱佛子。既備膺夫五福，復奚憾於九京。

某謬托嘉姻，習聞穆行，敬述柔嘉之則，用徵盛媺之原。烏虖，壽有盡而報無窮，知奕世增祥於詒燕；子欲養而親不逮，痛微軀同憾於皐魚。憶渺渺之白雲，何從佇望；觸欒欒之素韠，但有酸辛云爾。

公祭陳太母林太恭人文

烏虖，黄堂樹背，愛深冬日之暄；彤管擒毫，愴甚春暉之逝。詹言懿媺，允備榮哀。

維我陳母林太恭人，德象表儀，義方垂訓。本西河之望族，歸東海之名門。嫻禮度於珩璜，笄年宛宛；肆詩篇於蘋藻，帨飾媞媞。維時封翁朝議公，七業傳家，一經裕後。徐孺子爲南州師表，郭林宗稱東國人倫。而太恭人朝挽桓車，宵勤樂杼，聞雞鳴而戒旦，視蠶浴以扶眠。眉喜鴻齊，肩看鳳集。遂協誕齡之瑞，早期列駟之門。於是畫荻成文，讀桃得句。晝垂紗幔，襄庭誥以熊丸；宵曳繅車，佐書聲於螢雪。

星垣太守幼推岐嶷，長更瑰奇。翦燈而識四聲，畫沙而成八卦。觿辰握槧，早譽重於一黌；蘂榜蜚英，復名高夫千佛。乃者南宮上計，已邀國士之知；而柬府掄英，方重河防之選。爰荷丹毫之記注，命籌黄運之機宜。開棠舍於淮壖，一行作吏；盼榕陰於海徼，二老偕迎。綵衣宣椪竹之勤，墨綬肆陔華之雅。固已顯揚，遂至甘旨承顔矣。無何乾蔭先傾，難慰魚軒於堂北；適以坎維偶易，許移梟鴖於江南。緑繩表其直聲，盂水喻其清德。金沙泉美，娛親陽羨之茶；玉女潭空，紀事坡公之竹。旋綰首符於茂苑，俄遷佐郡於瀕瀛。思何武者，咸冀重來；迓細侯者，竟如夙望。乃權大卩，載蒞平江。斯時懸罶看郡，涉波占月。轉粟而計資劉宴，備費紆籌；字氓而圖上監門，群懷挾纊。太恭人則板輿就養，華轂瞻榮。欣惠澤之活人，平反加膳；最儉勤而惜福，淑慎修儀。

比者獻壽筵開，捧繡屏而霞燦；宣綸寵渥，迎花誥以雲蒸。正期慈柏長森，九秩遂含飴之樂；永使甘棠勿拜，三吴欣被蔭之濃。誰知綰綽方蘄，襘褕忽杳。凋年急景，淒凉雪色之床；明鏡高堂，慘淡露歌之薤。足使啼烏聲斷，悲風雨於中宵；嗷雁魂驚，悵冰霜於晚歲者矣。然而徽音遠播，碩福長貽。門祚遐昌，待入甘泉之畫；母儀矜式，遠題行義之鄉。某等肅仰知輿，同叨錫類。生芻一束，願紓陟屺之哀；副笄六珈，追憶登堂之拜。尚饗。

卷四

上蔣礪堂制府書

某自去秋解官歸里，去德滋遠，思德滋深。所以遲遲未奉一稟者，一阻於庭闈之疾，再阻於郵遞之難。中間由浙省寄到賜函，仰蒙垂誨精詳，不啻耳提面命，服膺銘篆，感與愧俱。比起復入都，晤巢松前輩及沛畬二兄，備述宫保大人於某引疾之時，聞而歎惜，並恐其服官在浙，或不見容於人，以致抱憤憂讒，決然舍去。側聞之下，且感且驚，不禁泫然欲泣也。

從來引疾乞身，本多假託，推求其故，必有隱情。其或三徑有資，憚折腰而懷止足，此猶志趣之高焉者耳。下此則規避差使者有之，求免參劾者有之，甚至貪戀美缺，匿喪告疾，豫爲坐補之地者。人情叵測，何所不至。某齒未四十，縱有小恙，何須開缺醫調，是其以疾爲名，自無所逃於洞鑒。而大人諒於其素，不以糾參敗露爲疑，轉以忌克排擠爲慮，是所以視某者，已大異乎衆人矣，況為之再三太息，惓惓然有愛惜之心。夫以庸闇如某，其進退曷足輕重，而尚往來於大賢之胸中，則知天下之才之什百於某者，幸遇聖主知人之哲，又感荷明公愛士之誠，誰不踴躍彈冠，占連茹而不甘肥遯乎！此又某所以破泣爲笑，竊爲天下之人才幸也。夫既感且幸矣，而一身進退之實，不自白於慈惠之前可乎哉？

某自通籍十餘年來，違離怙恃，竊禄京師，老父年逾七旬，老母亦六旬以外，定省曠矣，僁尤蕺矣。自轉秩御史後，已決計歸省，美存、巢松兩前輩皆稔知之。適蒙簡放杭嘉湖道，私心竊喜，謂迎養莫便於是矣。到官之日，即遣人歸迎二親，旋奉嚴命，憚於一來。某瞻戀驚疑，為急愈急，於是慈幃先至，而老父姑示緩期。詳叩所由，則以數年前假館外郡，曾沈舟於延平之黯淡灘，危險之中，禱於神而矢之曰：「苟全性命以歸，所不杜門者，有如此水！」家書則隱其事，不以明示也。方思為説以解之，適捷足賫家言至，知老父誤食冷腥，卧病二十餘日，粒米不入，氣喘痰壅，屢形暈厥，醫者斂手，曰非藥力所及也。當此之時，寸心如灼如焚，惟求速歸，遑暇他顧，且驚愁交並，方寸已亂，疾由是作，並非託言，同城諸人咸親見之，蓋上年七月二十四日事也。是日，帥中丞以太翁誕辰，闔扉謝客，而某計無復之，極力請見，語次嗚咽，不能成辭，蓋情急之極，亦罔計忌諱也。中丞鑒其實情，許以歸省，但欲代畫他策，俾不開缺。竊念憲章誠厚，然違例之請，微諭其不行，即行矣，有不需時日者乎？且越旬即當入闈提調，迨揭曉甫可畢事，此一月内，棘垣深鏁，何以為心！惟乞病乃可離任，惟離任乃可馳歸，是以辰交篆而午登舟，固大不得已之舉也。歸途距家兩程，捷足又來，告有神醫者予鹽晶一丸，乃鹽倉中年久氣凝之物，掘地得之，擣而服焉，痰喘始定，於是父疾漸有轉機。洎某抵里，湯藥親承，多方調理，至冬月疾乃全愈。其間出入於萬危一安之中，而能遠蒙祐庇、晨昏晏如者，誠此生一大幸事也。

近晤都下友人，見某往來如故，頗有傳其不合於人以去。而其所指，又不在上司而在同官，尤不可解。微諭浙中舟誼，均見優容，毫無閡隔。即使意向枘鑿，亦非利害切身，曾何鋒之可避，而必棄官為耶？且爾時老母同歸，扶輿越嶺，日馳百有餘里，而婦孕已逾十月，分娩之期旦晚莫定，亦復兼程相隨，竟在途次生育，一時情形，實爲狼狽。某即偏衷忤世，一憤掛冠，亦何至昧良冒險，如是之不近人情乎？是又不可不於慈惠之前而一求白者也。

抑某所不堪自問者，不在去年之歸，而在今日之出也。老父雖已全愈，而春秋七十有四，精神究非昔比，家中侍奉僅一弱弟。故某之初心，不忍更言從仕。惟是父母之望子也，以顯揚為期，兼之到家數月之後，見食指之浩繁，料用度之支絀，雖復百計掩飾，而親心常為增憂，每諭以早退非宜，家食難繼。自上冬之杪，即催束裝，輾轉遲留，以逮數月。既而思之，居鄉無可為生，安坐無以為養，棄官而復覓館？究非本心所安，就館而仍離家，又與居官奚擇？不得已報痊入都，循例引見，而撫衷自揣，大非本懷。報答朝廷，則無犬馬之力；緬懷明發，又曠烏鳥之私。姑擬照例用後，再商進退。乃聖恩逾格，仍發原省補用，不惟免其在京久候，並原缺亦所不拘。聞命之餘，感悚無地。日昨具摺請訓，蒙諭：「汝在浙江官聲頗好，以後勉之。」小臣惶愧叩頭，不禁汗之竟趾也。自顧至愚極陋之身，轉蒙恩獎，雖捐縻頂踵，不足言報。

浙省為熟游之地，又近家鄉，今得如願重來，更無他冀。至候補正可學習，得缺轉不妨遲，而隨地均可粗安，諸席並無所擇。某所差堪自信者，持己兢兢，斷不敢稍渝所守。惟才識過於短淺，辜恩苟禄，深以為虞。夙蒙大人愛注逾常，更祈隨事隨時提撕警覺，則雖間關遠隔，直如親隸帡幪。耿耿此誠，想邀鑒許也。

至前次賜函所諭各事，如花賭一端，最為地方之害。某在任時，即經訪獲一起，並有道役在場包庇，某不敢護惜，當經革役懲辦有案。將來如補原缺，尤當敬循明諭，極力挽回也。射村縣丞即系歸安縣丞移駐，非有添設，其在城在鄉，均之不足以安其身，仍不免赴省别求差使。此舉究無所益，然既已定局，則亦成事不説矣。

沛畬二兄晤談兩次，其淵和宏達，足覘式穀之貽，且得官而不急為，即此一端，便是名門矩範，無任敬羡之至。某頃將出都，謹繕此稟，交沛畬二兄寄呈。所恃大人仁恕寬宏，而於某尤不以俗吏相待，故敢罄其胸臆，覼縷言之，不勝翹戀依馳之至。

答陶雲汀宮保書

雲汀宮保老前輩大人閣下：比以年終，事件諸費清釐，又值設局勸捐，稽查貧户，碌碌不遑，致疎肅啓為歉。頃奉手翰，並准大咨，知侍前奏常郡緩徵分數摺内，因請免其造册，上干天詰，致煩勘查覆奏，聞之殊切難安。其應如何勘奏之處，自荷鼎裁酌辦。惟侍此次所勘常郡災分，照依府縣稟詳，定為一律普緩者，實為杜弊起見，非敢以輕率從事，請縷陳之。

緣今歲蘇松等屬灾歉情形，與歷屆不同，常郡與蘇松又復不同。蓋歷屆灾分雖成於秋間，灾象先見於夏令，其或旱或潦，早有大概情形。旱則在高田，而低田不與焉；澇則在低田，而高田不與焉，其界限本屬井然。故通縣有全熟之田，有全荒之田，有荒熟參半之田。例應剔荒徵熟，合通境額田而計，居十分中之幾分幾釐，此歷辦之成法也。當其報荒之際，禾稻仍熟於田，故委員先後履勘，得以區別輕重，定為分數。然地方既廣，書吏往往因緣為奸，總因有熟有荒，有輕有重，則希圖高下其手，潛向業户索費，賣給荒單，謂之注荒使費。故辦一處之灾，先須防一處之弊。但情形本有輕重，理宜逐一區分，固不能因噎而廢食也。若今歲之歉象，見於秋而甚於冬。當夏令時，雨暘非不周匀，禾棉非不暢茂，孰意入秋以後，風雨陰寒，稻正揚花，秀而不實；棉苓方結，遽被飄搖，加以重霧嚴霜，雨雪交集，收獲之際，損壞愈多。揆其被歉之由，非旱非澇，大抵高低一律，本不相懸。當勘辦蘇松之時，即聞輿論紛紛，謂其普律酌緩。緣與向例頗相閡隔，且彼時田禾已刈者少，未刈者多，尚可於履勘之時酌其輕重，以定分數。至常州府屬在秋灾案内，原止勘辦沿江被水之田，其腹地雖已減收，究比蘇松爲勝，是以未準勘辦。迨十月以後，陰雨連綿，至十一月初間，又五晝夜大雨不絶。已收之稻，帶濕堆貯，蒸變發芽；其未收者，漂落雨淖之中，率多腐爛。據該府縣疊次禀報，侍飭司委勘，情形屬實。復於因公過常，親加察看，洵係一律成歉。雖彼縣與此縣畧有輕重之分，而一縣之中，實係情形如一。若必强為區別，則禾之已刈者什九，而未刈者尚不及什一，不能以腐落在田者為歉，而成堆霉爛者為非歉，轉失情事之平。且具呈報歉之民，庄庄彂集，亦必不能此准彼駮，畸重畸輕，轉於輿情不順。且通縣普律酌緩，正以杜胥吏高下之弊，譬如准緩一分，則每户額徵一斗者，今冬先徵九升，以此推之，户户皆然，村村一律，吏胥即欲軒輊，而無可握之權，給費者不能增一分，不減費者亦不致減一分，則其無從索費也必矣。在胥吏希圖藉灾斂費，正樂於辦理參差，而不樂於普緩。且樂於飭於圖册，而不樂於免造。然灾情實係一律，豈可偏枯？

侍愚鈍性成，但期據實敷陳，而未計及於例未協。以例而論，秋灾不出九月，今於十一月奏請，即已非宜。然民瘼攸關，仰維聖主軫念民依，是以不揣冒昧，破格具奏。在愚昧之見，正欲以此杜弊，且以俯順輿情也。但圖册究係照例應造之件，仰蒙諭旨駮飭，自應凛遵，仍飭造送。侍前在京口捧纛之時，雖曾將此件摺稿呈覽，而彼時僅於後尾會列崇銜，正可留為目下覆查地步。如蒙查係實情，但飭添造圖册，而不改普緩章程，則不特該屬辦理不致掣肘，而胥吏賣荒之弊，並可永杜將來，實為於公有裨。

再，常郡續報歉收，雖經藩司覈轉，而通縣普緩及請免造册一節，係侍經由該處查看情形，即據府稟入奏，並非出於司詳。原摺内前後聲敘，本不相混，將來侍有應得處分，自當獨任其咎，並祈於覆奏摺内聲明為禱。

此間十六、七兩日已晴，十八後復雨，兹廿一至廿四透晴四日，本日早辰濃陰欲雨，幸於下午起西北風，明日或可望晴。漕務惟有竭力辦理，截漕之請，各屬密稟者紛紛，然其説似是而非，最滋口實。蓋截之云者，取於民而不輸於上之謂也。有漕可徵，即不應截。若竟無漕，何截之有？但願此後暢晴，或不致悮。萬一水窮山盡，則亦非截留二字所能了此大題。侍不憚為民請命，而總不敢使人議其爲州縣取巧也。惟兵匠行日等米，又當别論，蘇屬恐亦須酌留數萬石。容即具稿，會列崇銜具奏，謹以先陳。至川米可否請飭該省通商運濟，並免税之處，務祈指示是禱。肅此，覆請勛安。恕不謹。

再答陶宫保書

宫保老前輩大人閣下：廿五夜飛達一函想邀鑒入。頃接廿六亥刻惠書，虔聆一一。常郡普緩新漕一案，前啓已將辦理緣由縷晰奏陳，未知當否？兹讀台諭，想見斟酌登答備費心神，曷勝感愧。復據方伯面言鈞意，以常屬各縣既係通境普緩，何以闔府又有二分四、五、六釐之異？又蘇、松二屬何未續奏等因。仰見籌慮周詳，彌深佩服。侍請亦再申其説。

查向來辦灾成法，奏案内惟將成灾之區應行蠲免者，敘明成灾幾分字樣，其勘不成灾，祇係緩徵者，歷屆奏内並不敘及應緩分數，俟飭屬查明，方於題本内聲敘。其區圖斗，則又於題後造送，尚有四十五日限期。此次因常郡歉收，最後準辦，而彼處兑漕較蘇松爲早，若不將分數即定，如何收漕？且彼時州縣之心，尚在希圖多緩，如蘇、松、太三屬分數，皆經幾次加增，遂至三分以上。侍見常屬各縣亦極觀望，與其未奏而疊稟請增，不如奏定而無可更改。彼時命意如是，致奏内轉欠空洞。又欲杜絶書吏使費，故準辦普緩並准免造圖册。凡此皆吃力不討好，鈍滯之人所屬也。吏胥之於辦灾，未有不願高低而願畫一者，有册斯有費，故樂於造册而不樂於免造。侍以今年冬辦秋灾，原係破例之舉，若繩之以例，則處處可挑，不獨一處，故冀得以邀恩耳。至此縣與彼縣之分數所以未能畫一者，非特旱澇之年，有地勢高低之異，即今歲雨雪風雷霜霧，一縣之内大致相同，而隔縣則此陰彼晴，此晴彼雨，及同一雨雪，而分寸不等，皆事所常有，所謂百里不同天也。且刈獲之遲早，但隔一兩日，即不相同。譬如此縣甲日刈禾，天尚未雨，彼縣乙日始刈，雨已滂沱，則此縣之分數即輕於彼縣，然參差亦甚有限，故所異者在釐而不在分。且各縣各報情形，彼此本不宜約會，該府亦不便意爲增減，使歸畫一，非若一縣之内，出於一令所報，自有酌劑之道。況以杜弊言之，通縣一律，即吏胥無可軒輊，若别縣則各不相涉矣。侍仰窺飭查之旨，未嘗指此，似可毋庸聲説，仍乞鈞裁。

再，此次常州緩征所以續奏之故，原因秋灾案内，除武進沿江外，僅緩舊欠而未緩新漕。迨後愈變愈壞，不得不續行奏緩。若蘇松新賦，則早於秋灾案内奏准緩徵，惟奏内未敘所緩分數，各縣先稟一分上下，嗣因情形加重，遂增至三分以上，統照司詳，於題本内逐一聲敘。即武進等縣普緩分數，亦在司詳之内。惟侍在鎮江發摺時，則藩司但先具稟而未上詳，倘有應得處分，侍當獨任也。

現在天晴已經八日，如能再晴半月，漕事諒無可誤。但現收米數，各縣俱尚寥寥，而米色之潮碎，尤爲歷届之所未有，可否於覆奏之便，據實聲敘？伏祈裁奪。

再，甯屬借截兵米，先於原奏指明江甯、揚州兩屬，今聞續撥如皋、泰興，可否附奏及之？統惟酌定。肅此馳覆，敬頌元禧。小除夕三鼓。謹上。

答奉化令楊丹山明府國翰書

丹山年兄明府足下：昨吳小宋茂才來署，辱承手書注問，不頌而規，辭意周詳，敷陳剴切，愛人以德，紉佩奚涯。足下深悉民情，勤求治體，風裁卓犖，操守潔清，宜乎到處攀轅。循良楙績，仁湖重莅，輿論久孚，又不僅青綬銀章，祝升華之鼎盛也。

僕吳閶四月，勞拙時形。州縣既鮮任事之員，風俗復有積重之勢。是以下車伊始，不得不大聲疾呼，而玩愒已深，清釐不易，殷憂昕夕，益懔棼絲。承示數條，事理確當。僕以為令牧之賢否，惟視公事為憑，採虛聲，聽諛言，皆無當也。才德兼備、表裏粹然者，今日誠難其人，但能守潔矢勤，不至闒冗無緒，便可量為鼓勵。至若自鄶以下，糾摘不勝其多，且受代人員未必盡皆可靠，則又徒滋紛擾，無補治功。惟有隨事隨時，留心董勸，期於賢者思奮，不肖者知戒，如是而已。

吳中有不治之證二：在官曰疲，在民曰奢。即如游手好閑之民，本業不恒，日用無節，包攬伎船，開設煙館，要結胥役，把持地方，漸漬既非一朝，翦除勢難净盡，惟有將積盇有名之棍，密訪嚴拿，期於閭閻稍靖。而此輩窺伺甚工，趨避甚巧，一人耳目斷不能周，要在州縣官實力奉行，以安良除莠為務，乃有實際耳。

此間竊匪之多，從來未有，而捕役實無得力之人。屢經限比親提，嚴查窩線，雖連獲數起，中有積匪十餘名，所破之案不少，而根株難净，憒潰殊深。此由州縣之寬，致滋保捕之玩，亦難治之一端也。兩江案牘繁多，視浙省不啻數倍，僕受事之初，京控多至三十餘起。省中承審各員，以提人為宕延之計，而各屬延不解審，委員四出，音耗杳然。因而詳定章程，嚴立限制，省中所提人證，均請由司覈定，始準札提。無甚關要者，取供録送，并令該州縣各自批解，委員全行撤回。其緊要被證，逾限不到，即予特參。並嚴督在省委員，排日提訊，可結即結。自通飭以後，批解尚能如期，數月以來，結者已什之九。無如奏交、咨交之案，又復源源而來，竟與數年前山東情形相似。現惟嚴辦誣告，力拏訟師，以冀此風稍息。至州縣解審之累，僕深知之。是以將淮、徐、海三府州屬，仿照江西之贛南，粤東之雷、潮等處，遣軍以下及秋審人犯，均由巡道勘轉，不復解司，經大府奏蒙恩允。此非存推諉之見，不過畧免拖累耳。僕於命、盜各案，必先覈其初報。如情罪未協，即於初報先駁，俾易覆訊改正，免致招解之後重行發回。若案情不錯，斷不任犯狡供，致貽州縣之累。司書膽玩已久，既往之事不可問者頗多，祇因投鼠忌器，是以未興刑獄，而隨時約束，實費心神。現在一切讞牘，皆出親裁，不肯稍有假手。所有各屬積案，通飭清釐，細故控司者，一概不準，庶訟師鬼蜮伎倆窮於所施。然而一人之身，面面受敵，勞而寡效，兢惕彌深。

今年梅雨滯淫，溝塍漫溢，久經開霽，積潦未消。加以連日東南風大，水無所歸。頃已大暑屆期，仍難補種，蘇、常等屬，均須辦災。聞杭、嘉、湖諸郡，同此瘡痍。貴治距省較遠，能無患否？風便尚祈見示，並僕有辦理未到之處，仍望切實指陳，俾資韋佩，則拜貺良多矣。耑此，覆頌時祺。不宣。

上程梓庭中丞書

敬禀者：六月二十九日奉撫憲轉准憲臺會咨，以蘇省沿江一帶被水較重，民食不敷，籌借藩庫銀兩，分赴河南等省採買米麥，行令曉諭行鋪，務照市價平賣，並代僱西河牛船隻，裝運濟食等因。仰見大人饑溺為懷，痌瘝在抱之至意。某前任蘇臬，曾因災賑而費周章，迴思集澤之鳴，敢憚汎舟之役？聞命之下，倍覺休戚關心。

當查豫省糧食馬頭，如朱仙鎮、周家口二處，行鎮固多，第俱由淮河下達洪湖，此時水勢甚大，内河則下橋土淺，有礙通船，洪湖則巨浸汪洋，又虞風暴。且由豫省淮河以達江境，聞須展轉易船盤運，殊多費事。其西河牛船隻專走黄河，與淮河係屬兩路。惟商邱縣之劉家口，糧行濱臨河側，在彼購買糧食，即以黄河船載運抵江，最為直截。特未知該處糧行，較之朱仙鎮、周家口大小何如？所購之七八萬石，果可就此一處採買否？頃已飛札歸德守令，先行密查劉家口糧食多寡及市價情形，星速稟覆。其朱仙鎮、周家口二處，亦一體訪查市糧食價及現在船隻是否可通。並飭查沿河一帶尚有何處市集可買糧食，便於河船載運之處，稟覆查辦。總擬於蘇省委員未到之先，即行定局。如果只須劉家口一處可敷採買，則委員一到商邱，即留其在彼盤收裝運，更為簡便。惟此事若即宣諸令甲，則鋪户之擡價居奇與居民之聞風閉糴，均非禁令之所能止。惟有先委幹員親赴馬頭，查明時價，立即會同地方官傳齊行户，付以定銀，便將糧食分貯，以俟部下委員到時驗明收買，如此庶不致多糜經費。

至西河牛船隻，現在訪聞極大者可裝千石，而此處恒不數見，此外自三百石至六七百石不等。今酌中以五百石為斷，則購買糧食八萬石，即須僱船一百六十號。倘於此時先行出示曉諭，不特行埠擡價，即船户亦必躲匿無蹤。迨蘇省委員到時，轉難措手。茲已密委數員，分赴沿河一帶，查明船數，立即會同地方官封僱，不使先期洩漏。惟查道光五年，委員以僱船受累，曾蒙憲察，此次各員均有懲羹之見。某告以前屆係盤運漕糧，須聽部議覈減，此次事非昔比，只須照民價僱至清江浦之彭家碼頭或鐵心壩聽候轉盤，似有向來定價，即增減亦當有限。

至大米一項，豫省僅光、固、信陽一帶出產，祇足以供本省買食，勢不能接濟鄰省，此憲臺久在豫省之所深知者。而小米、高粱，蘇省民人又不慣於煮食，恐運到仍屬無濟。且以一麥二穀計之，運費加重，似不若專買麥石之為得宜。雖本年豫麥歉收，蓋藏亦少，而目下緩急相通，自應照數儘力採買。倘劉家口既不敷買，而淮船又難運載，或另籌陸路較近之處，馱送上船，統容查明，再行酌辦。再，小米如尚可資濟食，並祈速賜示知，以便購辦，較之專買麥石者，取材又覺稍寬矣。

以上所議，或奉中丞之指授，或出守令之籌商，咸體大人保赤之誠，不敢稍分畛域。至辦法之當否，仍宜恭候憲裁。故將大概情形，特由五百里先行飛稟。

抑某更有請者：查三吳之繁庶，甲於直省，若但官為採買，仍恐不足濟荒。向來洞庭山一帶米商最多，每有殷實之户以此為業。若能借給帑銀，令其聯具保領，轆轆轉運，事竣繳還，免其關税，並嚴禁吏胥索費，伊等無不樂從。癸未年即曾辦過，惟比時川、湖大稔，頗異今歲情形。然蘇省客米，亦不盡恃川、湖，如六安、廬州一帶米船，向皆來蘇售賣。憶從前曾給綵綢紅布，以示招徠，且不抑其售價，俾源源踵至，其價自平。似楓橋、平望、長安鎮等處米行，皆可傳其頭人，假以詞色，責成招販。又蘇省城鄉大户多有蓋藏，只須州縣善爲勸諭，令各圖有穀之家，即在本圖平糶，分合多寡，不拘一格，仍官為覈數，酌予獎勵，諭以損富濟貧，可免强丐豪奪之累，似富户皆所樂從。

至撫卹賑貸，總以確查户口為第一義。從前余運司在長洲任内辦理最善〔一〕，凡其所查之户，自散給口糧後，官賑因之，鄉賑亦因之，窮民多沾實惠。無他，先自捐出雜費，然後一一可以認真也。又前金匱令齊彦槐於嘉慶十九年辦理圖賑，亦頗得法，道光三年因之。今蘇、常二郡所刊徵信録，似亦可資採擇也。

以上諒皆憲臺所早經籌畫、督飭無遺者，某遠隔鈐轅，末由分焦勞於萬一，不揣檮昧，謬陳瞽説之愚，伏惟鑒而誨之，是所至幸。

校記：

〔一〕「余運司」疑「俞運司」誤。

覆常熟楊氏兄弟論災務書

別來忽忽數載，以宦轍靡常，書問有缺，為歉歉也。頃使來，接誦芳翰，藉知三兄頻歲里居，四兄甫旋珂第，辰下重幃侍奉，備極融洩之歡，而年伯大人與二兄稠疊承恩，家慶更為無量矣。

弟謬膺廉問，四月於兹，讀律未諳，覆盆滋凛。加以邇時雨水過多，歲不一登，則諸事更見棘手。軨材當此，益兢兢耳。承示灾分情形，具佩惠教之周詳，指陳之親切。弟正恐民隱不能盡達，期於博採廣諮。此番積水不消，焦愁莫釋，屢札各守令周歷田間，逐一勘報，不可稍存諱飾之見。大抵目前情形，比之嘉慶九年被水為尤重。昨經面禀中丞，並商之方伯，須比照甲子年成案，再加分數，庶可稍免偏枯。不日可將大概情形先行出奏，仍再細查圖分，斟酌辦理。弟雖非專政之事，然民瘼攸關，惟當痌瘝以之，况已承明示，更有準度可循耶？

抑弟更有請者。國家議蠲議賑，心雖有餘而例有所格，即使傾太倉而出紅朽，不能使無饑人。且居一方，則見一方之情狀，而合數郡較之，又有次第之殊。在官不可不盡心，而在民不可不盡力。即如此時，離大暑尚有七日，有一處涸出，即須補蒔一處。本地無秧，則或購諸他邑；一田之種，則或分諸數畦。即低田至今不涸者，亦勉力救出。譬如十畝窪地，勢難盡復，或猶可於一二畝内圍築圩埝，將水戽出，以八九畝爲壑，不猶愈於全没者乎？向見江心露有洲影，居民即相率而争圍之，是水中足施人力之一証也。縣官勘灾之時，凡遇此等圍築補種之地，仍須准其報灾人緩，則民力紓矣。此時天氣大晴，似未嘗無事後補救之法。若縣令只顧錢漕，玩視民瘼，定當揭參一二示儆。而居民農佃，不可因留灾待勘，轉不自覓生路。即業主之與佃户，亦須一視同仁，不可各存私見。大紳殷庶，尤宜互相勸勵，平糶濟艱，以救桑梓之誼，是所望有心人之造福者矣。古之士君子，在鄉皆有利澤及物。兩兄處心積慮均思，方駕古人，望相度時宜，互相勸告，則鄉民陰受其福，而弟亦叨賴無量矣。

復邵蕙西中翰懿辰書

蕙西大兄大人執事：中元後三日得誦手教，纚纚數千言，於時事之得失利病，當代士夫之品誼文章，犁然抒發胸臆，不隨俗為俯仰，非具范孟博澄清天下之志、許子將月旦士林之識者，曷足語此！惟於不佞奬借逾量，殊令人面赬舌撟，不敢自信。

豈退之所謂誘之使進於是者耶？至殷殷然屬勿以年衰引身而退，則愛之愈摯，而望之亦愈深。雖然，不佞之於執事，非有握手覿面之交也，間以一書相酬答，亦未及傾吐心曲也，而執事之肫切如是者，豈有私於庸鄙哉？在執事固或誤採虛聲而獎借，不佞之衰鈍無以，深負厚望，且感且愧。

夫為國首以人才爲重，此扼要之談也。然人之才地各異，亦因用之者為轉移。有才而不用，與無才同；用之而不使之盡其才，與不用同。且當其未用之先，猶有所冀也，及用之而不能盡其才，或且以文法繩之，猜忌譖之，則其人之志困而不能自伸，而天下之有才者，聞之亦多自阻。自古勞臣志士之不能竟其用者此也。以王伯安之才，國家所禱祀以求者也，然非本兵有人，則宸濠之役，亦必為宵人所撓，而不足以有成。然則培養之，扶植之，使天下之才皆足以為我用，是所望於執事所謂虛公而好善之人矣。今日之人才誠不知其何如，而誠得虛公好善之人求之，則以彙聚，以彙征，因其所長而分任之，雖艱鉅紛投，未有不立辦者，否則內憂外患交集於一時，安能以有數之人才分給之耶？況天下事，勢合則易為功，勢分則難為力，姚、宋、韓、范皆同心合意，以措天下於泰山之安，故功成而不甚勞。若武鄉侯則三代下一人耳，而獨任之，而無為助，故終其身無一日暇，而成敗不敢逆覩，非才分之有優絀，乃時之難易，勢之分合為之也。今之時勢，觀其外猶一渾全之器也，而內之空虛無一足以自固。即得大有為者以振作之，尚恐其難以程效，况相率而入於因循粉飾之途，其何以濟耶？狂瀾東下，誠有心者所欷歔而不能已耳！執事所深嫉者，在於剜肉療饑，吮血止渴，此誠碻論。然上下皆明知之而故蹈之，亦曰計無所出云耳。夫以擔囊揭篋負匱之盜，而無如之何，且相率而諱匿之，將順之，竭江海而取償於溝瀆，其涸有不立待者耶？大疾不治而藥共輕者小者，即效亦奚以為？况藥施於此，而疾且發於彼。即如大教所論圜法，停鑄減鑄非不可行，然停減者已七八省矣，即以閩省言之，停爐已三十年，不獨銀錢皆有票，即洋銀亦用票，而銀之貴且日甚一日。執事見京局鑄出之錢，而訝為過重，要知其重者砂也，非銅也，故擲地易碎，果其純銅，則甫鑄成而燬之者衆矣，亦常不給之勢也。外省所用之錢，輕而小者十之七八，其用重錢者僅一二耳。銀之所貴者無他，歲去五千萬，有數可稽，其以洋銀入者不及一也，譬如人之精血日耗於外，而惟於五官六腑自求運氣之術，能敵其外出者乎？

至於滇南銅政，敗壞極矣，往時鄙論亦主不運銅之議，謂一年可先省百萬銅本也。及來滇而始知其不可，若銅本一歲不發，則滇必亂，亂弭而所費且浮於銅本矣，終亦不能不發也，是勢之無如何者也。

執事又謂不如將未發之倉穀變價待撥，似有激而言之。然倉穀者，緩急所資也，今虧空雖甚，要不致顆粒俱無也。許其變價，則囷鹿為之一空矣。設遇旱潦與兵革之事，雖白銀可以易米，而急切無及，將如之何！此則迂見之所不敢强同，要亦不敢自以為是也。

不佞尠學寡聞，自釋褐至今三十餘稔矣。馳驅中外，雖不敢妄自菲薄，而荷兩朝知遇，無以仰答高深，又未嘗不時縈慚恧。前者島夷弗靖，自愧以壯往招尤。及生入玉關，惟以得歸爲幸，乃荷聖慈再造，重忝封圻之任，報稱愈難。年來盜匪之恣縱，漢回之糾紛，竭其蠢愚，勉為措置，幸不至覆餗詒誚，然筋力則已頹然矣。籌邊重任，非一官一邑之比，而衰憊之軀厠其間，使擘畫未周，則貽患非細，將如國事何？將如民事何？所以反覆籌計，而不敢苟禄者此耳。新秋暑退，即譎履候勝常，無任延傃。

畣署陝安鎮祥協戎書

弁至賚到謙函，並承惠示炸彈圖説一本。再三捧誦，備見籌畫精細，演試周詳。

外模内規，較毫芒之縫隙；裝藥穿線，定分杪之短長。所論八條，悉關要藴，實賴閣下殫思萃慮，不知幾費經營，又與工匠弁兵口講指畫，始能如是洞徹。弟現令本標將弁遵照來示所開各條，細心體認，並即召匠學鑄，以期如式應用。設或未能得法，當再寄請尊處，將造熟之匠頭撥一名來省，指授方法，必無歧悮，惟此時姑先令其試造可耳。大著圖説，已令營中分杪，日後更可付梓，弟於字句間有斟酌之處，另行奉達。至彈形本係圓式，弟從前改爲長式之故，係因空心比實心斤兩輕重懸殊，火藥即須少用。改長式則比圖式加重，用藥亦可加多。今大著内將圓、長二式並舉分圖，固甚周到，但鄙意既有長式之彈，則圓者可省，似宜專鑄長式，並於説内言明將圓改長之故，未知可否？

再，炸開總以能遠有準爲要，其是否落地始炸，似尚不關緊要。譬如前面賊來，我之砲彈當胸即能碰裂，縱横轟擊，豈不比落地始炸更爲快猛？此一層亦祈酌定。如以為是，則或於説内量為增删。倘必須落地而炸，始為得用，亦希示知。弟只圖利器可資，不敢稍存成見也。再説中所稱訣曰云云，究係引用何書？並希示及為荷。

𠷣富平令李明府書

前月握晤，知治境荒歉情形，及倡捐勸濟、分局散給事宜，皆有條理。嗣接來翰，並録示禀稿及董事各單，更見調劑經營周詳妥善，深堪慰藉。當將尊稿面屬護院、署藩抄録通行，以便各處斟酌情形，仿照辦理。錢糧雖屈開徵時節，然民艱若此，必須分別徵、緩，以公恕行之，不宜稍有勉强。昨經署方伯委員分往察看商辦，想尊意自必相同也。

所有捐資各户，任卹可嘉，日後覈實禀報，當為從優奏請奬勵。弟從前在江南辦災，有將捐生請給道銜曾蒙恩准者，閣下可將此意先為傳知。凡好義急公，無不優加敘奬，庶好善者咸知興起，災黎或可生全。惟聞貴處鄉間人傳述，各局散濟貧户尚有苦樂不均。似各紳士各親其親，未必皆能平允，尚望詳細體察，務令厚薄匀停為要。

𠷣署蒲城令沈明府書

舊臘別後，常念足下蒞任，新政必有可觀，而時地均處其難，倍深懸係。茲披丹簡，已承詳述情形，且另録公牘一通，所陳更為周細。閲至除夕尚在鄉間之語，未嘗不歎良司牧之獨任賢勞，且佩且羡。上冬荒歉之象，西、同、鳳以同州為甚，而同屬又以朝、韓、蒲為甚。通邑已種之麥不過二三，即使春初得有透雨，亦不過補種雜糧，豐字早已無望，若再如此亢旱，並歉字亦不足以蔽之矣。目前滿地揚塵，無處可以揮鋤秉耒，自食其力者安得不刮及樹皮？勸濟與平糶二端，自皆不可從緩。來示所論俱中肯綮，但須喫緊行之耳。龍池泉既著靈應，務必虔誠勸禱，以盡為民請命之心。誠勤二字，下可感動民情，上即感動神聽，非虚應故事者比也。匪類一面嚴拏嚴辦，辟以止辟，在荒年尤不宜寬。至春徵更當先看情形，其有應緩之村，應緩之户，定須勘明稟報，切不可聽書差慫慂，勉强追呼。弟於民瘼攸關，不敢不極力陳奏。現擬再服十餘濟之藥，看春分節氣，如不生他症，即當回任。彼時彙核奏聞，斷不肯意存粉飾也。

畣署潼關司馬鍾明府書

頃展惠函，示及棠亶平糶情形，已將極、次貧民户口查清，並籌計倉糧，於存三糶七定例外，請再動豌豆千五百石，以資接濟，即日可以開廠設糶，仿照成法舉行，並議將糶存之價發商生息，以資買補等節，均為周妥，足慰系懷。至接濟極貧户口，先由尊處捐廉倡率，勸捐紳富，量出錢米，各保各屯。如本屯均係貧窮，即勸鄰屯兼濟。選舉紳耆紀載捐數，以備請獎，並行榜示鄉民，俾受者感惠，予者見德。此皆原議通行之法，惟祈切實為之，仍由閣下隨時留心詳察，自可風清弊絶，實惠及民也。

跋岳忠武王墨蹟

□□□□□□道，□□雙拂□歸草。油壁車輕□犢死，流蘇帳曉春雞報。籠中嬌鳥暝猶睡，簾外落花開不掃。衰桃一樹開前池，似惜容顔鏡中老。飛[一]

此蹟與湯陰石刻滿江紅詞、送張紫岩詩，通判學士等三札，筆勢俱略相類。觀其瀟灑生動，翰逸神超，想見王之英靈昭鑠寰寓，七百年來，猶凛凛有生氣，不第於點畫分布間求之也。憶徐官武林時，修王祠墓，因得觀思陵手勅。不獨書法超妙，而勅中「練兵恢復，盡孝於忠」數語，豈非大哉王言？何以墨瀋未乾，金牌踵至，撫遺蹟者莫不太息痛恨。而王之手書，獨使千百世下起敬起慕。烏虖，君臣之不可同日語也如此，豈不以其人哉！翠庭珍藏此幀，幸勿以尋常翰墨翫之也。

校記：

〔一〕此段為岳飛書温庭筠春曉曲。

跋東坡書歸去來辭前後赤壁賦小楷石刻後

此坡公四十九歲書也。公在黄已歷再閏，郡人潘邠老及弟大觀，皆以詩知名，久從公游。是年四月，公移汝州，即以所居雪堂畀之，曾不靳惜，況礱石求書，有不欣然應之者哉？楷法奄有黄庭内景筆意，終二千字無一懈處。又九宫排比匀整，而字勢乃綽然有餘，視汝州謝表。尤得靈和之趣。公自云「遲余行數日」，殆有徇知欲書之合，而無心遽體留之乖者歟？

跋趙文敏十札真蹟

民瞻石氏名巖，京口人，隸書學韓擇木，能畫山水、人物、花竹，與子昂有親，常館其家。延祐元年十一月十九日，子昂書嵇侍中廟額。是夜民瞻在館中，夢一丈夫，晉衣冠，流血被面，謂民瞻曰：「我嵇某也，今日趙公爲我書額，當謝之，煩爲致辭。」民瞻覺，猶汗流。見研北雜志。審此，則子昂書誠可通神，而民瞻與子昂若非至交，神亦不於其身示夢也。翰墨緣即香火緣，幽明之道不隔如是如是。

此札與民瞻者九，與仁卿者一。王氏謂十札皆與民瞻，誤也。仁卿乃民瞻所親，官爲學士。子昂與民瞻札，由仁卿致者一，屬邀仁卿者一，附問者二，當亦一時名流，惜未詳其氏貫，存以俟考。

前數札月日字不知被何人點筆，諦視畫中，皆有墨污。然鼠跡床塵，尚未甚礙。至第九札四行殘損處，竟將「履」字妄改爲「腹」，有鳥焉成馬之歎。昨取王氏墨刻校之，亦復如是，則知點竄在王氏前。陳拾遺云：「青蠅一相點，白璧遂成冤。」安得郢人運斤盡堊而鼻不傷耶？

王氏拓本第九札十一行訛「數」為「如」，蓋墨本損上兩點故耳，似宜訂正。

第四札「動」字、第七札「完」字，皆由它字改成，非後人點竄。又第七札封面有「七月廿七日」小字，當是民瞻記札到之日，蓋札尾題「七月六日」，是寄書之時，由杭至京口，故須兼旬始達也。

跋鮮于太常草書長卷

昔人謂元代書家趙、鄧皆不用渴筆，故當時獨推困學草書得顛、素髓。然但執一説，以爲軒輊，則如明代之龍蛇體，往往墮入惡道，若令顛、素見之，當爲噴飯。豈以能用渴筆便許入室耶？使轉從心，變化在手，雖酒酣驁放，無不可者。以此言困學書，庶幾似之。又世傳其適野，見二人輓車行泥淖中，書遂大進，此亦容或有之。今夏京師多雨，余終日驅車泥淖中，於書獨無纖毫之悟，抑又何耶？澥山前輩以書家藏名蹟，所悟爲不少矣，其許為阿蒙指迷否？

跋沈石田山水卷

評明畫者，有麄文細沈之目，蓋以後人贋托石田，每以粗枝大葉貌爲蒼老，其工細之作轉非效顰者所能。要之，石翁意趣縱横，豈可貌似？徒以麄細區之，抑末矣。覺莽太守珍藏此卷，其工細，誠堪寓賞，惟成化無辛酉年，不解何以誤題，尚須徐察耳。

跋朱竹垞先生手稿後

歐陽公云：「賢傑之士，殘篇斷稿，為世寶貴。」以竹垞先生之手筆，而勺園太史又其鄉後起之彥，曾輯曝書亭外集梓以行世。是有文字香火緣者，宜乎賸楮零墨靡不什襲珍弆之也。此卷手稿五通，曝書亭集中載其四，語句亦微有異同。長安圖志序既改爲書後，集中仍以序著録，可見別稿尚有改竄。先輩修詞不苟，雖一題目、一字句，猶不憚反覆推詳，至於數易，其矜慎如是。河上集序一首，著於外集，以其年考之，則先生七十八歲所作，此人書俱老時也。合之諸篇筆勢，似亦皆一時之書，其氣韻渾雅，出於天然，殆東坡評争坐帖所謂「瓦注果勝於金注」者耶。

跋劉文清手札後

松雪謂右軍人品甚高，故書入神品。余於此卷亦云。少甫廣文，以札中有卻金語，日庋案頭臨摹，必有得於學書之外者。味其言，亦可以覘所守矣。

跋手拓聖教序帖贈楊誠村

誠村通侯書法規撫聖教，深得三昧。其所藏聖教帖必多佳本，此拓曷足持贈？顧余昔在西安，嘗手親氊蠟之役，所用紙筆差異時拓，安知傳之數百年後，不以此為希有之佳本乎？故題以贈通侯，聊備棐几間一種賸本，且於臨池時對此狂言，或博一軒渠耳。

跋成親王畫册

古書家多善畫，蓋書不獨有筆法，且有墨法。筆法尚有口講指畫，墨法則非畫理精熟不能識此妙也。海岳、鷗波書中皆有畫，雲林、石田畫中皆有書，即文、董亦然。此非多觀墨蹟，難與推闡三昧耳。因題成邸畫册，偶論及之。

跋項孔彰畫册

世傳有餉酒於孔彰者，越數日索其罈，已為游兵所擊。孔彰隨畫一空罈償之，中作桃柳兩三枝，或斜倚，或倒垂，婉約妍秀，其風趣如此。此册山水，尤其刻意之作，固欲與宋人戰勝。要其秀骨天成，亦時露寫生之趣耳。

跋沈毅齋墨蹟

江左先輩能作歐、柳碑板書者，康熙朝推汪退谷、王竹雲二先生，乾隆時則寫十三經之拙老人與毅齋先生其最著也。或謂學唐書者，專從事於間架分布之間，魏晉風流去之彌遠，能真而不能草，宜碑板而不宜翰札，此言誠然。然初學臨摹，輒舍唐人矩範而躐等於鍾、張、羲、獻，是猶未能立而使之疾行，僵卧必矣。杖生少尹以毅齋先生石刻見贈，復出墨蹟屬跋。喜其善守家學，因與談及學書門徑，而即題之如右。先生可作，或以為知言也。道光丁亥小春二日書於西安藩廨。

又代跋沈毅齋墨蹟

關中石墨所萃，余以公暇訪碑，坐卧其下，幾於手指欲癢，蓋臨池之興，每以有觸而動耳。然山谷不云乎：「右軍帖百，不若大令蹟一。」唐人之蹟，今不見。見善學唐人者，以其蹟與唐碑相觸發，亦庶乎安絃之於操縵也。毅齊先生書深得唐法，今手蹟亦不多見。文生杕生少尹既以石刻見贈，並出手書一册屬題。賞翫累旬，恍悟唐人蹊徑。昔余嘗從先生從孫師游，雖豪翰未工，而淵源可溯，竊嚮往之。想其櫜筆詞垣，心正筆正，固未易操觚求似。要以得窺前輩風流，且因以仿佛唐人軌範，謂非余生之至幸也耶？道光辛卯清和上澣襄平後學徐錕謹跋。

跋張文敏自書山雞舞鏡詩册

公論書云：「通靈必與沈著並到，偏至之詣，古人弗貴。」蓋其生平於書，巧力兼擅，此言自道其實，正與坡公端莊流麗二語如契斯印。兹册作於縶中，詩意自有所托，而下筆精采奕奕，即其胸次可想。詩舲農部爲公從裔，能以詞翰世其業，吾師董文恭公贈以此册，其期許深矣。道園藏雍公蚊賦，世守勿失，又誰能巧偷豪奪之哉！

跋徐定齋相國元文述歸賦墨跡手卷

右崑山徐定齋相公所書述歸賦手稿，康熙間宿儒名德皆有題跋，於公之行誼志節推闡慨慕，誠足動學者之感喟矣。則徐後公百四十年，何詞費爲？然於公立朝忠讜之槩，竊有得諸國史及志乘所述者。不揆闇陋，摭而録之，使讀斯賦者，知取忌之由，以公直非以私曲，或亦九原所不唾棄乎。

公爲國子祭酒，謂養士莫大於大學，極陳納粟之弊，請仍順治間舊制，於郡邑各庠選文行兼優者及每科鄉試副榜送監肄業，下部議行。在監四年，學規肅然。直經筵，進講敷陳，獨切於時事。尋奉命監修文史，薦明給事中李清、耆儒黃宗羲二人宜延致訪問，或老疾不能就道，令有司録所著書上史館。又薦曾舉博學鴻詞未赴試之曹溶、汪懋麟、黃虞稷、姜宸英共襄編纂。迨爲左都御史，疏言閩粵兩藩雖翦除，而平時占奪民利，干紀害政，如鹽埠、牙行、市舶、漁課、渡税諸類，恐有司因襲，民困難甦，請飭嚴革。吳三桂荼毒滇民，横征苛斂，藩莊藩田，責民輸租，加舊額十餘倍，廣設礦廠，擅銅鉛之利，宜即除之。初，御史劉安國請察隱占田畝，部議凡察者者録牧令功，於是州縣捏報，大為民害。公力陳其獘，請重治欺罔者罪，其風始息。又條列督撫不職四獘，劾福建總督姚啓聖、浙江都統高國相，得旨察審。將軍馬哈達以民間多匿匪人，請自勾攝。公不可，曰必不得已，亦當會督撫。上然之。時捐納漸廣，公再疏争之。有筆帖式三千人求開例捐為州縣，公力阻而罷。又言滿漢官員丁憂者，宜無分内外，一體守制二十七月，外官不許候代治事。又請申居喪作樂、嫁娶筵宴之禁，御史蕭鴻鳳居喪挾妓，劾罷之。凡此皆載國史及方志者。而秀水朱先生跋云：「壬戌歲有事蒐，彝尊侍班乾清門，鹵簿已集闕下，公率滿漢御史三十員進諫。天子温言諭曰：『方春省耕，不旬日回，非游獵也。』公薨後，彝尊以告喆弟尚書，尚書不知。」烏虖，此事為朱先生所親見，而公並不以語其骨肉，大臣心跡如是，可不以補史乘之闕乎哉？公拜文華殿大學士甫一年，兩江總督傅臘塔劾其兄弟鄉里事。公上疏申辨，遂求罷，以原官致仕。舟過臨清，榷關者登舟而大索，惟圖書萬卷、光禄饌金三百耳。抵家猶詷察不已，兹賦所以作也。

嗟夫，立郅隆之朝，居台輔之位，而直言正色，猶不能容於同列，屢遘危機，賴至聖始終保全，得以易簀於牖下，亦可悲矣。吾友見津張君持此卷索題，遂以所見聞者綴於紙尾，蓋亦不勝盱衡之感云。

跋陳登之排次玉方師遺蹟卷後

吾師書李翁壽序時，徐與登之皆侍側。登之集為此卷，師笑而頷之。徐戲謂登之：「此後頻年掇拾，可積鉅弓累百，勿吝分惠也。」越兩年，徐備兵武林，而師易簀於西湖邸舍，自是與登之一慟而别，無幾相見矣。憶師在日，每喜與徐論書，謂其會心不遠。時都下趨鐵限者踵相接，紙絹盈數屋，而徐有求，必先予之。然轉侍請業之日長，所求者皆為人而非自為。詎知尺波電謝，已隔人天。今篋中僅藏「過眼雲烟」四字額，及便面兩幅、楹帖十六字已耳。廣陵散絶，不可再得，始悔當時過於恃愛，荏苒蹉跎，不逮登之用心之勤且篤。因悟凡事之若可恃而不可恃，以為易則難將至者，率類此也。十餘年來，與登之展此卷，輒泫然欲涕。登之囑跋其後，屢為閣筆。今適與登之同官吳中，取而覆觀，則題詠殆遍，且皆佳妙，安用徐更為詞費？然哲人梁木之感，有非他人所同者，終不可以無言也。因取登之所輯者，重次其半為贊，凡百十有二字。登之見之，得毋嗤爲效顰否？

贊曰：西江哲人，以書壽世。其文炳也，中外瞻拜。前者登龍，撰杖東第。書家堂室，洞見其大。天花三管，雲錦十賚。鷗波垂露，魚笏布地。道山何高，鸞翔天際。官維御史，年纔中歲。英英登之，世德是嗣。臚敘遺書，廣彰盛製。言周理帀，行聯部次。恩門茂葉，有子紹系。源知經曲，函啓正隸。嘉慶道光，文同政備。

跋劉葦間廉訪大懿墨跡手卷

嘉慶戊寅、己卯間，先生由外臺入為京朝官，與則徐昕夕過從，往來書問必以精楷。自言性喜作書，外任二十餘年，勘治文牘，書學日退。今無簿書之累，止以臨池爲樂也。此卷又後數年在杭城所書，時届古稀，而神聚天全，由於所藴者厚，且以名賢言行爲式穀之貽，宜纘承之，未有艾耳。則徐亦喜學書，而二十年來荒落滋甚，每憶先生前者之語，不勝憮然。

跋吴玉松書册後

玉翁前輩以甲午秋，由虎邱移居蘇城之因果巷，自是過從較密，翰牘往還，亦無虚月。翁年九十，而神明强固，為後進中年之所不逮。燈下作蠅頭書，累紙不輟，勁秀朗潤，幾莫知爲老翁筆也。尺牘多古淡之趣，時復雜以諧謔，而皆可發人感悟。詩則長篇短句，無不援筆立就，清雋超越，尋味彌永。慧業如是，老福如是，蓋天授也。兹彙年來所貽詞翰，裝成兩册，以為珍翫。此後年增一册，更二三十年裒爲鉅弖，當於耆英會上添一大觀也。道光丙申四月三日，裝於吴門節署之小滄浪館并識。

跋顧南雅手札

滇中人士於南雅先生無不尸而祝之者。今觀此册，知與梋堂學士相契尤篤，此固道誼之合，非僅以一家沆瀣為香火緣也。其論述學政事至詳，而大恉總為朝廷多儲有用之才，不徒以校文譚藝為盡職，如此乃不負國家設立學臣之意。學士屢握文柄，所造甚衆，蓋薪傳有素矣。余亦藏先生尺牘數十事，多言時務，昨甫摹泐入石，當於氊蠟後寄奉學士共賞之。

跋胡竹邨培翬之祖樸齋先生傳後

漢經師各以家法教授，故夏侯、歐陽、大小戴之學，皆代為師承。近人以經術世其家者，秦郵王氏外尠聞焉。今讀樸齋先生傳，乃知竹邨之殫經述古，波瀾莫二，覽之令人增傳薪之重，豈直抒抱研之悲云爾哉！

何書田家乘跋

記曰：「醫不三世，不服其藥。」今之求醫者，非不願擇此也，擇之則無醫。夫三世猶難擇，況數十世乎，況數十世之皆儒而醫者乎？誠有之，其必大異於今之所謂醫也諒矣。何氏自宋以來，以醫世其家，而歷世所傳之人，實皆不僅以醫著。政惟不僅以醫著，乃能世其家而慎斯術，而大濟於世，故稱世濟堂何氏。余識書田明經，且服其藥，譬之似於阿，然如斯册所録銘表傳讚之文，詎一時一人之私言乎哉？易曰：「善不積不足以成名。」又曰：「積善之家，必有餘慶。」善莫大於活人，而何氏積以二十世之久，子孫將恢厥緒，策名清時，蘇疲氓而躋仁壽，此物此志也。於戲，必如是乃可言醫，今之醫又何為而紛紛也哉？

為梁芷隣方伯跋庚午雅集圖後

圖作於嘉慶十有五年，是時芷鄰先生以儀部主事家居，既開藤花館，倡結詩榭，復與圖中十三人爲文酒之會，因仿西園雅集圖而爲之記。則徐雖不與於會，然圖中人皆吾所交，未嘗不樂與數晨夕也。其次年，則徐官翰林，又三年而先生還朝，自是內襄樞機，外陟岳牧。繇今以溯作圖之年，蓋二十寒暑矣。歲月不居，良會難再，十三人中今僅存其四。南皮昔游之感，黄公酒鑪之悲，舊雨晨星，可勝慨哉。圖舊藏葉小庚司馬篋中，己丑冬，小庚回閩，道經吳下，先生鍾情朋舊，取而重摹之。明年四月則徐過蘇，出以相示，且囑題額，因識其緣起如右。

噫，先生敭歷中外，交滿四海，而於里中觴詠之侶，雖死生契闊，猶復惓惓若此，所謂久要不忘者，先生有焉，而況於立朝事君之大者哉。

道光庚寅浴佛後一日，館後學林則徐識於毘陵舟中。

辭兩淮鹽政呈

具呈原任江蘇按察使林則徐，為恭謝天恩並瀝陳服制未滿及患病未痊實情，仰求轉奏，懇請另行簡放事。

竊則徐在籍守制，於本年五月初十日奉到閩浙總督部堂孫、福建巡撫部院韓公文，内開：「准吏部咨，道光六年四月十九日奉上諭：現屆兩淮鹽政更换之期，着林則徐以三品卿銜署理兩淮鹽政。曾爍俟林則徐到任交代後再行來京。欽此。」

伏念則徐才識闇陋，荷蒙皇上豢養生成，由編修用至臬司，未効涓埃，刻深悚懼。道光四年八月丁母憂回籍守制。五年二月，以南河高家堰要工，欽奉諭旨派令督催，遵即馳赴工次，催辦竣事。嗣因染患瘧疾，經兩江總督琦奏蒙恩准回籍調理，並即終制。兹蒙恩命，以三品卿銜署理兩淮鹽政。則徐自顧何人，得蒙格外鴻施，畀兹重任，且於未經起復之際，特沛恩綸，尤為夢想所不到，雖捐糜頂踵，無以仰答高深。惟念則徐居憂未屆再期，前此奉旨催辦河工，幸准呈明以素服從事。此次署理鹽政，係有職任，非催工可比。若不易服，則與官常儀注不符；若遽易服，更與守制定期相悖。且因病瘧日久，身體軟弱，不克支持，一時實難就道。而鹽政責任重大，現屆更換之期，若延緩誤公，益滋咎戾。再四思維，不得不據實呈明。伏乞大人據情代奏，仰懇皇上天恩，將兩淮鹽政另賜簡放，以重職守。容俟則徐服滿之後，病體見痊，即照例起復進京，泥首宮門，求賞差使，以期勉竭駑駘，仰酬高厚鴻慈於萬一。所有則徐感悚下忱，謹據實具呈，伏祈大人察核轉奏，不勝翹竚之至。切呈。

查勘回疆地畝奉旨回京以四五品京堂候補謝恩呈

為懇祈代奏恭謝天恩事。

竊蒙宮保將軍行知：「欽奉上諭：林則徐著飭令回京，加恩以四五品京堂候補。欽此。」林則徐跪聆之下，伏地碰頭，感激悚惶，莫能言狀。

伏念林則徐身獲重咎，愧懼交深，幸荷聖主鴻慈，發往伊犁，予以自新之路，雖開懇稍圖自効，而辦理猶恐未周。自去冬至今，迭蒙派赴新疆各城，勘查地畝，更恐未臻妥協，兢惕時形。茲於九、十月全局將完，特荷回京之恩諭，且以四五品京堂候補，尤叨破格之慈施。迴思在戍三年，望闕難名其依戀，何意蒙恩再造，入關仍厠夫班聯。感非止於生還，幸更逾於夢想。容將哈密地畝查勘事竣，遵旨起身回京。所有感悚下忱，謹先具呈，懇祈代奏，叩謝天恩，不勝翹佇之至。謹呈。

關防告示

為關防詐偽事。

照得本司起家儒素，通籍詞垣，由侍御而陟監司，歷廉防而開藩翰。典試於西江、南詔，又校禮闈，臨民於兩浙、三吳，旋移秦隴。茲復仰膺恩命，承乏楚邦。任恐難勝，而志惟求慊；才雖未逮，而守必不渝。是以隨事親裁，無一端之假手；奉公潔己，恒五夜以摸心。惟楚省爲水陸通衢，商民雲集，恐有招摇撞騙情事，除嚴密查拏外，合亟臚列條欵，出示曉諭。為此，示仰各屬士商軍民人等知悉：如有各種情弊，許即赴司首告，或就近稟報地方官拏究，以憑懲辦。倘知情容隱，或朋比為奸，察出一併重辦。各宜懔遵，毋貽後悔！特示。

一、本司於所屬官員升調署補差委等事，應挨次者，循照舊章；應酌揀者，秉公親決。一面詳請憲示，一面挂牌示知，斷不聽昏夜之營求，任吏胥之高下。倘有詭稱與本司親朋故舊，可代關説，以及丁胥人等向外招摇，混稱打點照應者，無論事體大小，犯必立懲。有能指首到官者，所首得實，定加重賞。

一、本司接收呈詞，俱由内署批示。即各屬詳稟，事關要件，亦不由房擬批。如有包訟之徒，串通吏胥商買批語者，旁人查得實據，許其首告到司，立即究辦，決不庇護。至上控案件，除府、州、縣批語堂斷應准抄粘外，其有抄録屬詳者，該民人何由得見？顯係奸胥賣給，本司必根究其人，照招摇騙例懲辦。各屬衙門務皆一體嚴究，不可狥縱。

一、各屬解司銀兩，先將起解欵目、銀數、日期，由馬遞具稟。其司頒連批，隨銀投繳。除收庫之後，將連批送院驗截，同照票庫收一併印發外，一面先將兑收緣由，札行該屬知照。倘有狡猾銀匠，串通奸胥舞獘，無難覺察懲辦，切勿以身試法。

一、捐監具呈上兑，均由内署按卯按名，層層稽核。除印發實收仍照例另换部照外，先於收卯之後填榜示知。如有假揑情獘，無難水落石出，切勿受人愚弄。

一、本司署内丁胥差役，概不濫予差遣。倘有為稱奉差密訪，恐嚇所在官司，並濫借驛馬需索飰食者，各屬有所見聞，立即拏究，不可容隱干咎。若嚇詐平民，藉端滋擾，一經首告，或被訪聞，尤必儘法嚴辦，決不姑貸。

一、漢口爲貿易馬頭，流寓人多，易滋詐僞。本司於鹽商鹾館，斷不薦人，更無代人托銷貨物、勸幫銀錢之事。兹已垂諸令甲，豈肯自食其言。如有僞投名帖書函者，該商立即送究。倘敢將用印官封改移影射，尤必照例嚴辦，以示懲儆。

一、本司署中食用，一切俱照時價發買，不使絲毫短欠。如有影射擾累者，許該鋪户指名稟究。

以上各條，祇舉其顯而易見者，此外詐僞之弊，悉數難終。本司深恐耳目未周，失於覺察，凡在所屬，務體本司不自欺罔之心，不肯迴護之見，隨時隨事，杜漸防微，庶幾弊絶風清，令行政肅，是所厚望焉。

密訪漢口一帶匪徒飭漢陽縣照單嚴拏札

為訪拏事。

照得漢口一帶，商賈輻輳，人烟稠密，每有匪徒開局窩賭，搭臺詐許，大為地方之害，亟令查拏懲辦，以儆匪類而靖閭閻。兹訪得各犯姓名住址，合即粘單札飭密拿。札到，該縣立即查照單開姓名住址，選派妥幹差役，同時分赴該轄各地方，協同地保，將各犯嚴拿務獲，由縣先行訊究録供，稟覆核辦。倘差保查拏不力，甚至狥私賣放，本司隨時訪察，斷無不知，定即提轅嚴究，加倍懲辦，該縣亦大干未便。凛切，速速。特札。

定期放告頒發狀式告示

為特頒狀式以杜架聳而清訟源事。

照得下車伊始，應即示期放告，現定於本月□□[一]日在二門親收呈詞。但恐健訟之徒砌詞妄告，特頒簡明狀式，以儆刁頑。

古者金矢聽辭，原許下情上達。近因訟師播弄，動輒揑架大題，告一人而羅織多人，告一事而牽連數事。非夾行密字，即累紙粘單。或加人惡名，或詆人閨閫。或避審而瞞情越訴，或畏罪而婦女出頭。田土未明，動稱糾黨搶割；山場互控，混指毀墳滅尸。甚至已駁之詞，匿批重控；審結之案，翻舊為新。種種譸張，難以枚舉。在訟棍姦唆牟[二]，只圖骫准一時，而代書兜攬得錢，遂亦混行加戳。卒之審虛反坐，拖累無辜，而唆訟之人轉得逍遥事外，實堪痛恨！本司憫愚民之被騙，期塵牘之就清，欲端風俗而正人心，先禁刁唆以全善類。經云：「易則易知，簡則易從。」本司所頒狀式，只許據事直書，每狀不得過一百數十字，凡愚民略知文義，即能照式書寫。其中縱有委瑣情節，儘可於投審時當堂供明，何得以一面之辭，嘵嘵置喙耶？如此删繁就簡，即有狡猾訟師，亦無所施其伎倆。於民既便，官又不煩，於澄清訟源之道，良有裨益。倘違式妄具白呈，不加代書戳記，於不放告日期並非迫不及待之情，攔輿混瀆，除不准外，定發首領官責戒。若代書於違式之呈，混加戳記，尤必從重責革不貸。特示。

校記：

〔一〕此處脱字。

〔二〕疑脱一字。

由襄陽赴省傳牌

爲傳知事。

照得本司自京來楚，現已行抵襄陽，由水路赴省。所僱船隻，係照民價自行給發，不許沿途支付水脚，亦無須添篙帮縴。行李僕從，俱係隨身，並無前站及後路分路行走之人。伙食一切，亦已自行買備，沿途無須致送下程酒席等物。所屬官員，祇在本境馬頭接見，毋庸遠迎。為此，牌仰沿途經過各站遵照。倘有借名影射，私索水脚站規及一切供應者，該地方官立即嚴拏懲辦，不得稍有徇縱。切切。須至傳知者。

勸諭捐賑告示

為剴切勸諭勉力捐賑以軫災黎而保富民事。

照得上年蘇屬被災之重，為歷來所未有。幸蒙皇恩浩蕩，撫卹賑濟，不惜萬萬帑金，而又免關稅而通商，發倉儲以平糶，凡爲饑民口食計者，至悉至周。故得安集災黎，以至今日。惟現距麥秋尚遠，嗷嗷待哺之衆何以自存？是以督撫憲暨司道府縣捐廉助賑，並於各屬設局勸捐，此固所以恤貧，然正所以保富也。

夫天下未有萬人忍饑，肯聽一家之獨飽者，況同居鄉井，目擊瘡痍，但有人心，何忍坐視。乃近聞江、震兩邑，業田甚多之户，相率阻勸，勸導者目以勒派之名，訐訟者酬其慳吝之計。似此不講情理，不顧利害，真所謂為富不仁者矣。試思國家遇此災荒，於賑恤窮民之外，並為爾等業户捐租除税，爾等現田雖遇歉收，而舊穀倍為得價。但使捐其什一，便已全活多人，既積陰功，復得名譽，又何憚而不為乎？且官員皆捐，而紳户不捐，試問何以對長上？各縣皆捐，而此縣不捐，試問何以對鄰封？况如嘉定、寶山二縣紳民，請將例賑亦歸義賑捐放，不敢上費帑金，何等急公！何等好義！爾等縱不能盡行仿效，亦應稍存任卹之心。乃衹此助賑一舉，尚復如是為難，彼此相形，能無增愧耶？夫樂善好施之人，朝廷有獎賞，里黨有稱頌，子孫有福報，不但不損其富，且必明去暗來；而慳吝之人，有消亡於轉瞬者，此亦天道之好還。凡在有餘之家，宜知自悟，若動輒藉口苛派，以為此言一出，便可免捐，獨不念此數十萬饑餓餘生，將何術以處之哉！夫勸捐一事，原因未勸而勸之捐，又因捐少而捐之多，醇良者固不失為樂輸，刁健者即可目為苛派，事關拯救民命，安能盡避此名？為董事者，但當秉公勸募，不狥私情，實用實銷，一錢不苟。散賑時按圖貼榜，俾口錢錢數人人共知；事竣後刊輯成書，俾捐項賑項絲絲入扣。一切飯食浮費，不使任意開銷。則此心坦然無私，便可以質災黎而對捐户。至於以勸為勒，正所謂何患無辭，不過希圖撤局停捐，擁一己之厚資，而聽萬人之餓殍已耳。

夫辦災之有勸捐，自古而然。即古時豈無一二狡猾吝嗇之徒，妄肆訾議，而前賢不廢斯舉者，誠以捐賑則災民得生，即使殷户稍損家資，究易培補，停捐則於殷户誠便，而災民望賑不遂，即殷户豈能獨全？本司統轄各屬地方，殷户與災民皆吾赤子，豈有二視之理。特以事勢宜權緩急，損益宜計重輕，欲救溺而拯饑，惟裒多而益寡。凡此千言苦口，罔非一片婆心。爾等具有性情，見此亦當感動。即或家道素不甚豐，而田産現存者，總宜各自勉力，以成善舉。如能捐輸踴躍，當按數之多寡，將捐户姓名詳請議敘。若假一二訟師之技，架詞挾制，在本司惟有不惑不懼，恐爾等亦未必得計，後悔之日正長也。已捐者速交，未捐者速捐，各宜凛遵，毋稍觀望。特示。

禁止貧民藉荒滋擾告示

為嚴禁各屬貧民藉荒滋擾事。

照得上年被災之重，民情之苦，為數十年來所未有。朝廷為爾發賑，官府為爾辦荒，紳富為爾捐資，無非憐憫爾等之饑寒，保全爾等之性命，要使爾等安静度日，以待年穀成熟，共享太平，不使流為匪類，陷於刑辟。爾等具有人心，當知感恩，當知畏法，庶不失為良民。且現在青苗在地，天氣晴和，春花已卜豐成，轉眼便將收割。而各屬加賑捐賑，陸續散放，官倉義倉，次第平糶。凡為爾等口食計者，亦可謂至詳且盡矣。乃近日聞有無賴之徒，結隊成羣，沿門索討，或名為坐販，或號曰併家。似此擾累善良，藉强滋事，豈可一日姑容？在爾等所恃以無恐者，約有數端：一則恃災，再則恃衆，三則恃老幼，四則恃婦女。以爲扶攜家口，勾結流丐，隨處可以横行。不知國有典刑，不因災荒而廢法，獄無枉縱，亦分首從以嚴懲。爾等饑寒，本屬可憐，但一犯法，則不可憐而可惡矣。爾等性命本屬可矜，但一滋事，則不可矜而可恨矣。惟其憐爾矜爾，故百計以求其生，至於惡爾恨爾，則五刑皆可致之死。夫爾等固貧民耳，不能胥匡以生，而反置之於死，本司等亦何忍言。然法之所在，不容姑恕，爾等自犯於法，即其自陷於死，言之可為痛心，聞者能無畏懼乎？

除分飭嚴拿懲辦外，合亟剴切曉禁。為此，示仰軍民人等知悉：各宜安静守分，以待春熟。不可騷擾大户，吵鬧店鋪；不可隨從流匪，輕去本鄉。本司等現已札行各州縣，見有成羣結隊匪徒，立將為首勾結之犯，先插耳箭游示通衢，再行按律懲辦，餘人分别枷責驅逐。其情形兇横者，加重究治，以靖地方。此乃執法鋤强，威克厥愛，亦與救荒勸賑同一婆心。本司言出法隨，決不寬貸。各宜凛遵，毋貽後悔。特示。

通飭交代札

為通飭遵照事。

照得各州縣錢糧交代，例應依限盤收，結報清楚。如前任官實有虧缺不清，應於限内指款揭請參追。逾限不報，即係易結不結，前後任均干參處，例議綦嚴。乃蘇省各屬交代，往往延至例限將逾，率憑監盤説合擔認，私議流攤，以墊抵交，而其所墊之款，半屬虚懸無著。積習相沿，牢不可破，實堪憤恨。試思一經結報清楚，總惟最後出結之員是問。若竟説合擔認，私議流攤，在本員扶同徇隱，已干參究，况公然詳明立案，成何政體！且現閲各屬來詳，動稱某管應否接收，某款應否准底，請示到司，尤堪詫異。查款項應抵不應抵，原憑接任之員按款酌核，而監盤委員亦當秉公核算，執中定議。即因款目糾纏，前後任各執一説，亦應就近禀請本府持平裁斷，何得以應否接收等詞，動輒請示到司，轉自置身事外。站脚取巧，莫此為甚。現當清釐倉庫，以交代爲盤查，有虧即應據實揭參，無虧即應依限結報，不得仍沿舊習，致干功令。

合亟通札飭遵。札到，該某立飭、立即遵照。嗣後凡值交代，前任如有虧款，即於限内據實揭參。如無虧款，迅速依限盤收結報，不得混請擔任，私議流攤。其有交抵款項，實在應抵不應抵，接收之員自當確核斟酌，監盤委員亦當會同秉公核算，不得稍存抑勒，尤不可取巧混詳。

自此次通飭之後，如再有抵墊款項，率以應否接收及分年流攤等詞，混請批示立案，除嚴行批駁外，定將玩違之員特揭請參。監盤委員扶同取巧，並干參究。凛遵，切切。

通飭各屬命盜各案趕緊審解札

札各府州廳縣知悉：

照得各屬審理一切題咨命盜雜案，設立限期，以示案宜速結，毋許逾違，並非未屆例限，即毋庸早辦也。及各州縣因循成習，總俟限期緊迫時方思勘辦，並以犯病一月為必應有之事，竟使無犯不病，已屬可笑。且限期既迫，非草率辦詳，情罪未協，即設法加展，拖累無辜。甚至案理辦結，而扣限乖錯，致干處分。此皆因循玩愒之為害也。獨不思各案真情總在落膝初供，如果虛衷詳鞫，不予以謀串教唆之隙，何難及早定讞。乃不圖一氣呵成，轉思枝枝節節而為之。至於犯供油猾，僞妄逾多，而真情十不得一。加以拘泥之州縣，因恐初報情節未協，有干駁飭，往往守候院司批回，始行覆訊招解。而院司之批，逐層行轉，又多稽延時日，以致審限久逾，殊為通病。

今本司於各屬初報通詳之案，無論飭訊，俱即批示。批示並於批發該管府州之外，另具印單録批，逕行該州縣遵照，以免稽延。合亟專札通飭。札到，該某即便轉飭所屬遵照。來札嗣後凡有通報一切題咨命盜雜案，接奉本司録批行知，務須作速覆訊招解，毋再久延，轉致限期迫緊，設法通融。亦勿以限例尚寬，任意延緩。要知早結一日，少拖一人，皆可省愆寡過，復何憚而不爲乎？各該州縣，應體明慎用刑而不留獄之義，上緊審辦，是所厚望焉。特札。

禁止牙行鋪户囤米擡價告示

為諄勸積米人家乘時出糶，嚴禁牙行鋪户擡價居奇事。

照得上年蘇省雖遭荒歉，而外來客米，已有一百數十萬石之多。本地災田，又經免完漕米。來多去少，應無短絀之虞。乃近日以來，米價忽又增貴。推原其故，約有二端：在奸牙市儈，以為徒、陽一帶煞壩挑河，客販米船，未能絡繹前進，遂藉口於米穀不敷，乘機漁利，其故一也。在殷富之人家，以爲二、三月間，青黄不接，米穀倍可獲利，此時暫且不糶，以待善價，甚且播散謡言，希冀市價驟長，其故二也。殊不知此等奸計，早在本司意料之中，業已密訪確查，預為籌計。即如徒陽運河，現在啓壩，查得壩外米船不下千號，本已已飛札該處府縣，先提米船進壩，不使回空糧船在前攔阻，日内客米必自源源而來。且滸關免税，直至麥收為期，外省米船，孰不踴躍争至？而各州縣上年借帑數十萬金，赴各處採買米石，均已存貯在倉，不日皆將發糶。又如常平倉、鹽義倉等項穀石已糶者，復經轆轤買運，未糶者亦著趕緊碾礱。凡此先事預防，米穀足敷接濟，自不致臨時缺乏。彼市儈欲居奇貨，而實無奇貨之可居。殷户欲待賠償，而已無賠償之可待。何如乘時出糶，使人已均得其平乎。

查往年豐熟之歲，上等杜米每石不及三千文，今既賣至四千文，獲利已屬甚厚。若再高擡價值，朘削平民，是天理之所不容，即官法之所必及矣。現如楓橋一帶大小各行，以及齊門之南北馬路橋、石獅涇浜，葑門之盛家帶，胥門外之日暉橋南首，稌米秈米各行户，均經本司等遣人密查，約計存棧米石已在百萬之外，並有存貯道光元、二年陳米，數至累萬者。此外城鄉市鎮鋪户富家，存米更復不少。似此久為囤積，其意何居？本應封貯到官，押令平糶，緣恐差役藉端搔擾，是以不為已甚。自示之後，各宜即時糶賣，以平市價。如再擡價病民，故意囤積，惟有按例嚴辦，以示懲儆。其殷紳富户存積米石，亦須乘時出糶，不容觀望遷延。本司為軫恤貧民，不憚諄諄勸諭。至於壟斷圖私，狡儈伎倆，不能稍逃洞鑒，勿謂官長之可欺也。各宜凛遵，毋貽後悔。特示。

通飭州縣解案章程札

札各府州廳縣知悉：

照得提省委審之案，非奉欽、奉部要件，即關命盜重情，例限綦嚴，不容延緩。該州縣奉到司中行提人証之文，自應趕緊提解，以免遲延。乃各屬每每抗不批解，或遲之又久，僅以一兩名搪塞，是以司中不得不委員專差前往守提。該州縣見有員役絡繹而來，舟車薪水，需費孔多，乃始上緊提人。其用札檄行提者，概若罔聞。此豈實心辦公之道？

本司深知司差到處，無不需索於州縣差房，該差不能解囊，仍然取給於原、被兩造，餽送之外，且可分潤其餘，甚至索詐無辜，賄脱要証，朋謀串擾，靡惡不為，此差提之弊也。委員往返守候，沿途水陸已有供應之煩，該州縣適館授餐，應付夫馬盤川，尤爲受累。且有不肖佐雜，詭傳上司口意，騙嚇詐財，稍不遂欲，則又回省時編造詭言，密施暗箭，不特於公無益，更易播弄是非，此委員之弊也。本司既司訪悉情形，自當力除積習，是以到任以後，除京控奏案奉院憲指名委員，及實在重大之案臨時酌量委提外，其餘一切案件，概以札檄行提，嚴諭司書不許送差提委提之稿。第恐該州縣官吏視札提為具文，出一票以了事，書差見本官不為上緊，即將緊要犯証得錢賣放，轉將無干牽涉之人提解一二聊以塞責。全不思省中羈犯以待，承審之員及各上司無不企盼要証解省，質明定讞。至於有人解到，仍非必須到案能以質辦空偽之人，以致重案久延，無辜拖累，甚至犯人瘐斃在監，餘人拖斃在寓。興思及此，忍乎否乎？夫州縣有管理刑名詞訟之責，每案到手，其中緊要犯証核卷便知。果能提解為期，原不待上司之三令五申，差催絡繹。至於在省審問之後，補提人証，自因訊出別情，不得不行提質對。如果案情已定，誰肯任意株連？惟是省中委員，亦有疲玩積習。其始未經核案，率聽書吏開單，將牽涉無辜之人全行移提，獘之一也。不就現到之人先審，概以案証未齊爲詞，短少一名，亦必守株靜待，獘之二也。限期已迫，設法補提，以避處分而展例限，其實所提之人仍非要証，獘之三也。凡此獘端，本司皆以盡悉。業經立定章程，責令承審各員，祇許摘提要証，並先就現到之人虛衷訊問，其必有須補提者，須將案中何項情節，應待此人到案方能辨别真僞之處，切實具稟到司，始准飛札行提。如提到仍非要証，案懸莫結，即將委員記過。如此嚴立限制，省中既無濫提，倘尚抗延不解，則該州縣實難辭咎矣。

合亟剴切通飭。札到某，遇有本司行提案件，即飭便查明札内指提之人，勒差按名提齊解省。除往返程途外，總不得過二十日之限。並將全案卷中情節，詳細核明，如有無關緊要，由該州縣取供送核即可辦理，毋須解質者，即由該屬就近傳案，訊取切實供詞，送省核敘，即札内有名，亦可免其解質。若札内雖無其人，而卷中有名，實系緊要証見，不到不能定案者，亦即添傳到案，一併解質。但不可悮會本司之意，將應提者率行寬免，不應提者混行提解，操縱任私，高下其手。一經察出，定干重咎。至於行提卷宗册籍，一體照此辦理。

該屬務宜痛改從前因循惡習，振刷精神，一經奉文，立即選差幹役，酌給盤費，上緊查提，依限起解。倘有仍蹈故轍，以札題為泛常，竟不寓目，以致有呼無應，要案遲延，則是不知本司格外體卹之苦心，而甘受差提委提之騷擾，惟有將任催罔應之員，詳請院憲撤回參辦，以儆玩愒。其玩悞差承，亦即鎖提來轅，枷責革究。本司為清釐案牘、節省拖累起見，不憚諄諄告誡。其各善體此意，實力奉行，慎勿陽奉陰違，自貽伊戚。切速。特札。

通飭各屬選練仵作札

札各屬知悉：

照得各州縣辦理命案，全憑相驗，而相驗得實，全靠仵作。蘇省命案繁多，且常有檢骨之案，乃訪查仵作中熟諳者甚少。現在數次開檢，爭傳仵作經啓坤前往。以江蘇若大省分，而檢驗專恃一人，已屬可詫。況經啓坤年逾八十，安能久用！亟宜廣為選募，加意講求，以免臨時缺乏。

查定例：「大縣額應仵作三名，中縣二名，小縣一名。額設之外，再募一二人，令其跟隨學習。每名給發洗冤録一部，揀選明白刑書與之講解。如能明白，則從優給賞，倘或講解悖謬，則分别責革。州縣召募非人，懈於查察，以及額缺虚懸，不行募補，俱應查參議處。若州縣不將仵作補足，因而私侵工食銀兩者，革職提問。」立法如此鄭重，可見仵作之關係非淺。何得平時聽其缺額，絶不講求，遇有蒸檢之案，官吏俱皆束手，輒思借才鄰邑，紛紛禀請飭調，殊非慎重人命之道，合行通飭。札到，該某速飭即各州縣將額設仵作募足充數，令其認真學習，挑選諳熟之人，遵照部頒洗冤録，將檢骨驗屍之法，詳細講明傳受。該某每月當堂考問數次，如果講解明白，從優獎賞，倘講解錯謬者，初次責罰，二次枷示，三次革役，另行募充。毋得缺額不補，懈於查察，侵蝕工食，致干參處。凡一府所屬有開檢之案，由府傳知鄰近屬縣，派撥仵作兩三名前往學習，庶閲歷多而見識定，不致混行填報，可免檢驗不實之咎。

再，州縣為親民之官，人命至重，凡有檢驗，必須親自動手，細辨屍傷輕重，正兇自無枉縱。若避忌臭穢，遠坐而觀，香烟薰隔，任聽唱報，不復親手捫按，設有舛悮，咎將誰歸？各宜凛遵，毋怠！仍將遵辦緣由禀覆。特札。

清釐福州小西湖界址告示代

為開濬西湖水利，特行剴切示諭清釐官界事。

照得西北諸山之水滙於西湖，灌溉農田萬數千畝，利至溥也。考之舊誌，湖周圍二十里，歲久淤塞，漸致狹窄。乾隆十四年，前巡撫部院潘修濬案内勒碑載明湖隄湖面寬長丈尺，至為詳明。統計為地七里有餘，僅及舊誌三分之一。迨乾隆五十五年，前爵閣部堂福、前巡撫部院徐復加挑濬，即以所挑之土堆岸為山，原期久障湖隄，劃清界址。詎沿湖小民，貪圖小利，仍將岸上積土推入湖中，圍作田園，佔為己業。既無報墾，並未升科，乃或土豪肆其朋謀，或頑佃巧為影射。遂致憑高而望，湖身小若溝渠。按籍而稽，水路多成平陸。若不大加挑濬，必至如東、南兩湖全行堙塞。凡西北一帶之田，旱則灌溉無資，澇則宣洩無路，豈非圖小利而忘大害乎？本部堂、本部院念切民依，不憚設法籌貲為民興利。兹乘冬令水涸之時，業已召匠疏挑，委員經理。所有沿湖界址，悉依潘前院碑内所載丈尺，逐一清釐。爾等侵佔官地，隱匿田糧，本應按例治罪，姑念非一人一時之事，從寬免其懲究，惟官湖定界，必須按段清還。試思爾等佔一丈之湖，即少一丈之水，不特高田水路被其截斷，而且彼此效尤，蔓延逾廣，即目前所佔之地，亦終成無水枯田。則利己損人，繼且同歸於盡。本部堂、本部院痌瘝在抱，一視同仁，豈忍縱豪右之並兼，而致良農之坐困？即謂窮民無業，迫於饑寒，殊不知全湖挑濬寬深，則採捕之饒，尤足以資生計。本部堂、本部院曾訪之土人，僉稱從前湖寬之時，水中所產，日可值數十金，近因被佔者多，其利始少。是爾等不知權利害之輕重，毋怪乎生計之日絀也。至水中栽種菱角、藕菜，其值猶微，而壅塞湖心，莫此爲甚。且有偷放湖水以利種菱，而不顧農田之涸者，其居心尤屬可惡！除俟挑湖工竣，另行勒碑永禁外，合先嚴切曉諭。

為此，示仰沿湖居民人等知悉：此次清釐官界，挑挖湖工，速宜將所佔之地繳出歸官，免干究治。倘敢抗違阻撓，定即執法嚴懲。須知本部堂、本部院一片婆心，興脩水利，原以為萬民之計，斷不敢顧數户之私。爾等各具天良，咸知畏法，勿謂言之不早也。特示。

重濬福州小西湖禁把持侵扣告示代

為募夫挑濬西湖，嚴禁把持侵扣事。

照得省會西北附郭民田，全賴西湖蓄水以資灌溉，歲久淤塞，亟宜疏挑。仰蒙各大憲念切民依，趁此冬令水涸之時，興工開濬。事關農田水利，即役使民力，亦屬分所當然。而大憲仰卹閭閻，不忍科派，仍照民間工作給與價值。溯查前撫憲潘挑湖案內勒碑載明，每土一方給工銀一錢，計其時易錢只在百文以内。今蒙大憲優加體卹，以此次出土比前稍遠，而物力亦視昔較昂，現在每方准給工錢二百四十文，以資力食，較之前次方價，幾及三倍。

又，自人夫三十名以上至五十名，准舉夫頭一人管束。其能管夫五十名者，每日給飯錢一百文，少者以次遞減。如夫頭亦能工作，不妨聽其兼工。至給發散夫工值，全不假手吏胥，惟憑紳董按方驗明，發交夫頭轉給。該夫頭既得飯錢，斷不許抽取散夫工值，如敢分文侵扣，許各工在工指控，立予嚴懲。在事之丁役人等，如有需索侵漁，亦許指名稟控，以憑懲辦。合先出示曉諭。

為此，示仰城鄉暨外邑民人知悉：爾等乘此農隙，正可力作謀生，其各鳩集人夫，每五十名推一夫頭，於城内覓一妥實鋪户，出具保結，赴西湖工局報名，聽候派工挑濬。如有刁玩匠頭，膽敢把持阻撓，希圖以一人包攬多工輾轉盤剥者，本府得有訪聞，定即痛加懲究，斷不姑貸。爾等務各踴躍從事，毋得觀望挨延。特示。

湖隄砌石種樹禁止掘毁告示代

為嚴切示禁事。

照得西湖兩岸，現經砌築石隄，并於隄内鋪列官道，以清界址。官道之外，栽植樹木，以護隄岸，期於利益閭閻，永垂久遠。其新種之樹，根株未固，必須力加保護，不得稍任作踐。合亟出示曉諭。為此，示仰附近居民人等知悉：所有沿湖石岸、樹木，均係官物，責成各該園頭、田頭，小心看守，務使石工永臻鞏固，樹木悉就長成。倘敢將樹株妄行刨掘，以及攀折作踐，或折動隄岸官道石塊，一經查出，除痛加懲責，罰令該園主、田主賠償外，並將不行看護之鄉長、鄰保，一併從重懲究，決不姑貸。特示。

敬節堂章程並敘

寡鵠孤鸞，茹辛含苦，仁人君子未有不惻然於心，亟謀所以周恤之也。然而有數難焉：好義者或絀於力，封殖者或悋於施，則集貲難。貲既集矣，而存之非其地，理之非其人，本息交虧，名實相舛，則經久難。擇殷商以存之，舉正人以理之，而又臨之以官長，重之以案牘，宜若可久矣，而吏胥涉手，因而為奸，政出多門，費且無度，中飽之慾未饜，下究之澤已虚，則除弊難。以此數者牽制之，而向者惻然之心，因是頹然而廢，則又君子仁人之所深慨也。前制府武陵趙公，以痌瘝之心，行慈惠之政，於恤嫠一事尤加意焉。自居鄉以逮歷仕，無不首倡重貲，成兹善舉。比由吾閩移督滇黔，瀕去猶捐白金千兩，諄屬都人士踵成之。凡我同人，皆有惻然之心者，有其舉之曷敢廢乎？兹已將趙公捐項發商生息，仍分勸諸善士集腋成裘，共襄其美。惟章程宜求周妥，庶可歷久施行。謹議十有八條，臚列如左：

一、捐項應由紳董經收，呈請縣尊發交當商承領，按月納息一分，以充經費。除趙制府倡捐庫紋一千兩，已於五年十一月間發典生息外，此外陸續勸捐，隨題隨交。無論捐銀、捐洋鏹，悉照時價作錢計算，以歸畫一。凡收集捐項數至壹千元以上，即由紳董送縣發交殷商，當官具領，並具互保甘結一紙，照前一分生息。其領狀存縣立案，另具支息簿一本，登載事由，鈐蓋縣印，給付紳董收執，以憑按月自向典鋪值年税首支取，不必時煩公牘。倘有逾期拖欠，則須呈縣差提。其經費款項仍請由兩首縣具案通詳列憲，以垂久遠。

一、事方創始，經費未充，嫠户孔多，一時難以遍卹。應遵趙制府原議，先儘城内士族人家核實散給，以一百名為率。蓋地近則耳目易周，額少則冒濫不啓。此外應俟經費饒裕，再議擴充，惟賴好義君子，廣為佈施，庶長裘廣厦，覆庇無窮，有厚望焉。

一、初次定額一百名。凡嫠婦赴局具報者，須自擇妥當親隣二人出結識認，經紳董司事查無揑冒、實係應卹之户，即於總簿内登載該氏籍貫年歲，並其故夫履歷姓名，以及有無翁姑子女，其現有翁姑子女者，亦以名氏年貌載明，以備稽核。每户給大摺一本，照總簿内式樣填寫標明每月給錢若干，何日赴局支取，蓋用本局鈐記，經事首紳董閲明畫押，隨付本户收執，以憑按期支錢。如有原摺遺失者，許原保親隣帶領本户親自赴局報明訂失，再具保結，另給支摺。

一、嫠婦青燈孤守，自難强其親身赴局支錢，惟人情叵測，恐有不肖之徒偵知本户年有月錢可領，就中漁利，百計盤剥，以致本户所得之錢盡飽若輩之壑。今議謹每月散給月錢，如本婦青年不出閨門，或素性矜嚴，或病軀委頓，皆未能親身赴局者，許其轉托妥當親隣，帶領本户所生子女，赴局呈摺支取。如無子女之户，各司事分路親至其家門首確查發給。如有錯悮，惟經查司事是問。其本局所發支摺，先於摺内刊明例禁，不准以此項支摺押借錢文。如放債之家擅收支摺，希圖射利，一經查覺，或本户自行到局出首，司事等即代爲追討，支摺給還本户收執。本户自首免究，其放債之人呈官枷責懲治，如係婦人，罪坐夫男。

一、本局所發支摺，先於摺内刊明，若嫠婦病故，其親隣持摺赴局呈報，本局給錢三千文，以助喪具，其摺注銷，以補額外頂補之户，其錢由司事親到該户查明給發。如已故不報，仍行混領，一經察出，追回支摺，不給喪費，併追其故後所領之錢。倘其家擅以該婦所遺支摺賣與别婦承領，即禀官將私賣私買之人從嚴懲治，其所有冒領錢文全數勒追。

一、嫠婦惟不出閨門，針指度日者，最爲艱苦。其有傭工覓食，奔走營生，諸凡不遵閨訓者，毋庸濫給。

一、嫠婦無論親子嗣子，總以年及廿歲臘月為止，收回支摺，注册扣名，以補額外頂補之户。如有數子，從長子科算。其無子者，給予終身。

一、嫠婦之子年已及廿歲以外，業經注册開除，不給月錢，忽而子故，應許親隣帶同本婦赴局呈明，取具甘結，另行給摺支領。如子故另嗣，現年在廿歲外無庸濫給。

一、將來報局嫠婦，須隨報隨查。合例者登時標出，挨次候補；不合例者，登時駁回，不得臨時草率了事。

一、司事應擇公正誠愨四人，由紳董公同聘請。凡章程所載事宜，一一照辦。或有呈官之事，本由司事會同紳董具呈。在司事諸友好義急公，或不屑受勞金，僕從跟隨奔走，以及按月送給各嫠錢文，自應給予飯食。兹照蘇州恒善堂之例，督送之日，各司事管家每日支錢一百四十文，以為路途供應之費。

一、局中司事諸友，既屬好義以恤貧嫠，自應急公以邀神貺。倘有辦理不善，怠惰廢事，以及侵蝕挪移等弊，衆司事秉公通知紳董公辭，其所虧之項，即著賠補歸款，不得徇庇。

一、每年正月中旬，各司事邀同紳董親身赴局，將上年一切收出賬目眼同核算，繕造清册二本，一交紳董遞閲，一交司事存據。

一、每逢季月望日巳時，各司事邀紳董到局，核對一季賬目，倘有事阻，豫先一日通知，以免各友守候，然不得連次託辭，違者公罰。

一、司事四位中，或有年老精神不及，或有事故不能辦理者，許自薦一人接辦，通知紳董具帖聘請。倘接辦之人經理不善，及侵挪等弊，即著賠補歸款，以昭慎重，仍請紳董公辭，不得徇庇。

一、每年五次核算收出實數，為時頗久，自難枵腹從事。兹議每次即於經費内酌取少許，備飯二棹，一請各司事，一自用。其跟隨人等，俱不必備，非敢鄙陋，蓋以圖久遠，且杜踵事增華之漸。

一、嫠婦之子年已及冠，例應吊回支摺，注册扣名，以補額外頂補之户，而局中失於扣除，仍行支給者，惟經手司事坐賠，以歸核實。

一、每月所入息錢，應以十之八散給月卹，仍留十之二存貯局櫃，以濟收埋及司事僕從飯食，置買紙筆簿籍京摺等費，應併歸雜費簿内核實支銷。

一、局中應立循環總簿各四本，曰捐項生息簿，曰釐户籍貫簿，曰散給卹錢簿，曰支銷雜費簿。其循簿存局登記，環簿則於月終送交首事紳董遞相傳閲，各於月結之後書某人閲過字樣，仍歸司事收執。如此互相稽核，庶出納益昭慎重，亦免嘖有煩言。

卹嫠一舉，宜辦宜防者多，而可以六事概之：董事司事得人，一也；經始寧覈勿濫，二也；節省浮費，三也；動息不動本，四也；不討好，不避嫌，五也；隨時勸捐以廣卹事，六也。此後盡善盡美，可大可久，俱從此推行。

附録一　雲左山房文鈔原稿目録

卷一

卷二

慕中丞疏稿序　道光四年甲申
梁芷鄰觀察滄浪亭圖詩册序　道光五年乙酉
陳修園醫書叙　道光五年乙酉
南湖鄭祠祭田記　道光七年丁亥
重修積翠寺記　道光八年戊子
曾母陳太宜人九十壽序　道光九年己丑
誥封中憲大夫浙江道御史松軒陳先生墓誌銘　道光九年己丑
王實田封翁壽序　道光九年己丑

卷三

龍樹院雅集記　道光十年庚寅四月
曹太傅師制義序　道光十年庚寅十一月
祈晴祝文　道光十三年癸巳三月
籌濟編序　道光十三年癸巳

繪水集序　道光十三年癸巳十月

劉聞石制藝序　道光十三年癸巳十二月

梁芷鄰方伯室鄭夫人墓表　道光十四年甲午

新安曹太傅八十壽序　道光甲午十四年十月

卷四

制義平秩集序　道光十五年乙未

祈雨祝文　道光十五年乙未六月

二次禱雨祝文　道光十五年乙未閏六月

婁水文徵序　道光十六年丙申

兩淮都轉陶泉俞君墓誌銘　道光十六年丙申

重刻慶芝堂詩集序　道光十六年丙申

緑滿廬中箱帖跋　道光十六年丙申

卷五

沈母楊太君傳贊　道光十六年丙申

湖濱崇善堂記　道光十六年丙申九月
帥仙舟中丞七十壽序　道光十七年丁酉十月
沈鼎甫師六十壽序　道光十七年丁酉十二月
楚南同官録序　道光十八年戊戌秋
同游龍門香山寺記　道光二十二年壬寅三月
禮記訓纂序　道光二十二年壬寅六月

附録二

嘉慶己卯科雲南鄉試策問

問：諸經多有韻之文，不獨毛詩然也。易韻始自文王蒙解震、艮等卦辭，可類舉歟？孔子作十翼，惟繫辭、說卦、序卦不用韻，然亦間有合者，如「雨暑女」之隔句一韻，「彰剛望」之一句一韻，果有意求協歟？左傳所引繇辭，皆易類也，能析言其韻否？尚書自洪範無偏無陂之外，用韵者更有幾篇？詩主依韻，反有通章無韻者，曷故？曲禮禮運樂記中庸諸篇，有韻之言凡幾？孟子引晏子語「師行而糧食」之下亦皆用韻。或以為即夏諺文，然歟，否歟？夫言為心聲，自然應節，經文具在，初不因韻而害意也。諸生幸際經學昌明之朝，其以素所誦習者詳著於篇。

問：周公陳王業所自，迺作豳風，自后稷封邰，至公劉遷邠，世次凡幾？七月曰流火，十月曰改歲，授衣萑葦係以月，於耜舉趾繫以日。周正歟，夏正歟？「大火為心」，鄭志答問有殊說，「豳土晚寒」，毛傳孫毓有異解，能抑衷歟？「秀葽鳴蜩」，何書可證？「采荼薪樗」，爾雅孰訓？「周禮籥師，吹豳息蠟」，有風有雅有頌，以一詩三分之者何人？謂雅頌別有豳詩者，何說？「朋酒」何義？「公堂」何地？後世帝王欲知稼穡繪之殿壁者何代，能徧記歟？我皇上劭農敦本，首重民依，御制詩二集中，以「豳風時序」名篇，今歲重華宮茶宴聯句，復以「豳風」命題，黼座旰宵，厪咨尤切，宜乎三登告瑞，寰海屢豐。多士來自田間，方釋耒以横經，宜舉知而敷對。

問：史家首稱「三史」，蓋合司馬、班、范言之。然蔚宗以前，已有「三史」之目數，何書歟？本紀、世家諸例創自龍門，而遷書自引禹本紀，又曰：「余讀世家言，抑不無所本歟？」小司馬輩所改竄者何條，附益者何事？試指其謬。孟堅繼叔皮成漢書，前此撰者尚有何人？後此續者復有何氏？臣瓚之注初本單行，散見本文之下，始於何代？蔚宗芟繁就簡，所採掇者幾家？司馬彪、華嶠之書，劉舍人盛稱之，而後代獨重范書者，曷故？劉昭注續漢志，以補蔚宗之闕，章懷注何以又不及志？宋乾興元年始以昭所注志併入范史，從何人之請？我皇上道精監古，衮鉞為昭，御製全史詩地負海涵，允為千秋圭臬，下學之士雖未能仰窺萬一，而考鏡往事亦得失之林也，尚其敷陳毋隱。

問：風雅遞嬗，代著新聲，洎乎有唐，體製斯備，其中李、杜、韓、白，尤千古集大成者，宋惟蘇文忠、陸務觀之詩可以希風曩哲，凡耽味吟咏者，於數大家更宜手置一編者也。少陵號稱詩史，集中陳濤、青坂、花門、杏園可以證史者，能攷之否？的博、蓬婆、白鹽、赤甲，皆在何地？五雲太甲究作何解？焦遂別見何書？賀知章謂太白可泣鬼神者何詩？與太白同隱徂徠者何人？昌黎之擬琴操，香山之新樂府，能悉數之而通其義否？坡公再入玉堂，放翁亦兩直史館，能攷其歲月否？坡至海外，始終相從者誰？陸咏姚平仲詩，其事有他書可証否？御選唐宋詩醇獨擷甫、白六家之詩，誠以為詞林之金科玉條，必不能舍其津航而出。碧鷄金馬，久習誦弦，試於揚扢之餘，悉數風騷之盛。

問：苴蘭六詔稍遠中原，以開闢之獨遲，遂荒敻而難攷。其天文分野，或為參井，或為井鬼，能測之歟？自漢至唐，代置郡縣，其因其革，能詳之歟？蒙段僭竊，世紀頗遥，能數之歟？元世祖次第戡定，設立諸路；明太祖克滇後復申定軍衛流土之制，能按其籍歟？點蒼、鷄足之山，金沙、瀾滄之水，大半來自徼外，起脉彝中，能一一疏源導委否？沿邊諸隘，多與吐蕃、交阯、猛緬毘連，能徧為覼縷否？我朝大化漸被，中外一家，近者南掌使臣方躬覲闕廷，貢獻方物，尤極萬國共球之盛。君子樂操土風，則在滇言滇，諸生必能數典焉。

畿輔水利議

總敘

竊惟國家建都在北，轉粟自南，京倉一石之儲，常糜數石之費。循行既久，轉輸固自不窮，而經國遠猷，務爲萬年至計，竊願更有進也。恭查雍正三年命怡賢親王總理畿輔水利營田，不數年墾成六千餘頃，厥後功雖未竟，而當時效有明徵，至今論者慨想遺蹤，稱道勿絶。蓋近畿水田之利，自宋臣何承矩，元臣托克托、郭守敬、虞集，明臣徐貞明、邱濬、袁黄、汪應蛟、左光斗、董應舉輩，歷歷議行，皆有成績。國朝諸臣，章疏文牒，指陳直隸墾田利益者，如李光地、陸隴其、朱軾、徐越、湯世昌、胡寶瑔、柴潮生、藍鼎元，皆詳乎其言之。竊見南方地畝狹於北方，而一畝之田，中熟之歲，收穀約五石，則爲米二石五斗矣。蘇松等屬，正耗漕糧年約一百五十萬石，果使原墾之六千餘頃悠而不廢，其數即足以當之。又嘗統計南漕四百萬石之米，如有二萬頃田，即敷所運。儻恐歲功不齊，再得一倍之田，亦必無虞短絀。而直隸、天津、河閒、永平、遵化四府州可作水田之地，聞頗有餘，或居窪下而淪爲沮洳，或納海河而延爲葦蕩，若行溝洫之法，皆可成爲上腴。謹考宋臣郟亶、郟喬之議，謂治水先治田，自是確論。直隸地畝，若俟眾水全治而後營田，則無成田之日，前於道光三年舉而復輟，職是之故。如仿雍正年間成法，先於官蕩試行，興工之初，自須酌給工本，若墾有功效，則花息年增一年。譬如成田千頃，即得米二十餘萬石，或先酌改南漕十萬石，折徵銀兩解京，而疲幫九運之船便可停造十隻，此後年收北米若干，概令覈其一半之數折徵南漕，以爲歸還原墾工本及續墾佃力之費。行之十年，而蘇、松、常、鎮、太、杭、嘉、湖八府州之漕，皆得取給於畿輔。如能多多益善，則南漕折徵，歲可數百萬兩，而糧船既不須起運，凡漕務中例給銀米，所省當亦稱是，且河工經費因此更可大爲撙節。上以裕國，下以便民，皆成效之可卜者。至漕船由漸而減，不慮驟散水手之難，而漕弊不禁自除，絶無調劑旗丁之苦。朝廷萬年至計，似在於此。謹薈萃諸書，擇其簡明切要可備設施者，條列事宜，析爲十二門，首臚水田利益國計民生，明當務之急也。次辨土宜，次考成績，因利而利，示已成之事，著必效之券也。次專責成，次優勸獎，齊心力，勵勤能也。次輕科則以絶顧慮，次禁擾累以杜流弊。次破浮議阻撓，以防中梗，由是令行禁止而經畫可施。次以田制溝洫，而營種之事備焉，經畫既施，美利務在均平，故攤撥次之。美利既昭，見小終貽遠害，故禁占礙又次之。首善倡行有效，以次推行各省，普享樂利，而營田之能事畢矣。凡所鈔輯，博稽約取，匪資考古，專尚宜今，冀於裕國便民至計或稍有裨補云。臣林則徐謹敍。

目録

開治水田有益國計民生

乾隆二年七月諭：自古致治，以養民爲本，而養民之道，必使興利防患，水旱無虞，方能蓋藏充裕，緩急有資，是以川澤陂塘、溝渠隄岸，凡有關於農事，豫籌畫於平時，斯蓄洩得宜，潦則有疏導之方，旱則資灌溉之利，非可委之天時豐歉之適然，而以臨時賑恤爲可塞責。朕御極以來，宵旰憂勤，惟小民之依是咨是詢，前後諭旨，諄復再三。但化導自在有司，而督率則由大吏。近日直省督撫，惟甘肅巡撫德沛到任後，即以興水利、裕倉儲爲請，署陝西巡撫崔紀亦有勸民鑿井灌田之奏，尚能留心民食，知本計之所當先。其餘能盡心於吏治官方、命盜錢糧諸事者，尚不乏人，而於民生衣食本源，未能切實講求。地方守令亦惟刑名錢糧，自顧考成，至以愛養百姓爲心，留意於稼穡桑麻，如古循吏所爲者，蓋不可得。即如直隸，今年夏初少雨，則以熯旱爲憂。及連雨數日，尚不甚大，而永定河遂有漲溢之患，決口至四十餘處，低窪之地多被水淹。雖因山水驟發，然水性就下，其經行之地自有定所，設豫爲溝渠以洩之，爲塘堰以瀦之，自可以分殺水勢，不致匯爲洪流，衝突漫衍如此之甚，是皆平日不能豫先籌畫所致也。各該督撫有司，務體朕痌瘝乃身之意，刻刻以民生利賴爲先圖，一切水旱事宜悉心講究，應行修舉者，即行修舉，或勸導百姓自爲修理，如工程重大應動用帑項者，即行奏聞，妥協辦理，興利除害，俾旱澇不侵，倉箱有慶，以副朕惠愛黎元至意。

明史列傳：徐貞明著潞水客談，略曰：西北之地，旱則赤地千里，潦則洪流萬頃。惟雨暘時若，庶幾樂歲無饑，此可常恃哉？水利修而後旱潦有備，利一。中人治生，必有常稔之田，以國家之全盛，獨待哺於東南，豈計之得哉？水利興，則餘糧棲畝皆倉庾之積，利二。東南轉輸，其費數倍西北，有一石之入，則東南省數石之輸，利三。西北無溝洫，故河水横流，民居多没，修復水田，則可分河流，殺水患，利四。西北平曠，游騎得以長驅，若溝澮盡舉，則田野皆金湯，利五。游民輕去鄉土，易於爲亂，水利興，則業農者依田里，而游民有所歸，利六。招南人以耕西北之田，則民均而田亦均，利七。西北罹重傜之苦，田墾民聚，則傜可減，利八。沿邊諸鎮有積貯，轉輸不煩，利九。天下浮户，依富家爲佃客者何限？募之爲農而簡之爲兵，屯政無不舉矣，利十。

國朝沈夢蘭五省溝洫圖説：溝洫之設，旱澇有備，利一。淤泥肥田，墝确悉成膏腴，利二。溝涂縱横，戎馬不能逾越，足資阻固，利三。貿遷舟載通行，車脚費省，物價可平，利四。蝗蝻閒作，溝深易於捕治，利五。西北耕田，人力無所施用，俗語所謂「望天收」，溝洫既開，縵田悉作甽田，利六。西北地廣人稀，歲入無多，家無蓋藏，水利興，將饒沃無異東南，利七。東南民奢而勤，西北民儉而惰，以西北之儉師東南之勤，民食自裕，利八。邪教之起，由多游民，百姓皆從事於隴畝，風俗自靖，利九。東南轉輸，一石費至數石，故昔人謂「西北有一石之收，則東南省數石之費」，利十。河流漲發，時憂衝決，五省徧開溝洫，計可容漲流三萬餘千丈，利十一。漲流既有所容，河隄搶築，歲費漸可裁省，利十二。軍政莫善於屯田，溝洫通利，荒土悉可墾種，因此召募開屯，不費餉而兵額充足，利十三。經畫一定，邱段分明，民間無爭占之端，里胥無飛灑之弊，利十四。每地方二十里同溝共井，相救相助，聯保甲，興社倉，諸事便易，利十五。

徐越畿輔水利疏：臣考之太倉每歲漕糧所入，僅敷一歲所出之數。現值江浙飢凶，淮黃梗阻，已有歲運不能足額、抵通不能如期之虞，萬一天災再告，輸輓難前，賑貸莫繼，無論東南之凋瘵無策以拯，即京師數千百萬官民軍旗人等，能無米而炊乎？此時而始爲區畫，亦已晚矣。查漕糧原有常額，每年尚可留餘，祇緣歲有一百六七十萬漕糧之給，遂至空倉而出。若得因地制宜，使八旗不致荒澇，澇糧得以議省，則每年有一百六七十萬之存賸，不三年即可有四五百萬之積儲，雖遇天時凶災，河道阻塞，而國家有備無患，非萬年根本之重計乎？冀州之域，古稱燕趙，從來膏沃自給，不盡仰食於東南，特以人事未盡，遂將自然之地利廢置不講，以致水旱皆災，歲無常獲。若相其地勢高卑，因勢利導，大興水田，庶幾人事修而地利登，非但八旗屯丁車籌盈祝，無藉倉撥，而各府民田由此盡墾，即東南之民力可甦，近畿之盜賊可息。何也？東南漕糧，民間交兑及漕船歲修、行月諸費，以至抵通盤剥，合公私計之，大約石米到倉，費銀四五兩不等，而領出漻糧及運軍餘米，在京賣價不過八九錢耳，民力徒困而國計何裨？水利興則米穀多，將來可照改折解銀，在本京收買足額，朝廷之上歲可增改折銀數百萬兩，而辦漕之民力不於此而甦乎？至於西北米多價重，生理各足，既無曠土，自無遊民，誰復迫飢寒而甘爲盜賊？此又不弭盜而盜自弭也。臣故曰：積漕利國，富旗安民，莫過於大興畿輔水利者也。

陸隴其論直隸興除事宜書：屢年以來，朝廷憫恤災荒，州縣議蠲議賑，所費錢糧不可勝數。與其蠲賑於既荒之後，何如講求水利於未荒之前？蠲賑之惠在一時，水利之澤在萬世。宜通查所屬州縣水道，何處宜疏通，何處宜隄防，約長闊若干，工費若干，彙成畿輔水利一書進呈，請以次分年舉行。以一時言之，雖若不免於費，以久遠言之，比之蠲賑所省必百倍。或鼓舞官吏紳衿，能開河道若干者，作何優敘獎勵，此亦一策也。

李光地飭興水利牒：北土地宜，大約病潦者十之二，苦旱者十之八，而北方苦旱，遂至於不可支者，由於水利不修。今通飭州縣，各因其山川高下之宜，如近山者，導泉通溝；近河者，引流釃渠。若無山無河平衍之處，則勸民鑿井，亦可稍資灌溉。若一縣開一萬井，則可溉十萬畝，約計畝獲米一石，十縣之入已當通直全屬之倉貯矣。一溝之水又可當百井，一渠之水又可當十溝，以此推之，水利之興，較之積穀備荒，其利不止於倍蓰而什佰也。

柴潮生水利救荒疏：天災國家代有，荒政未有百全，計口授糧，僅救死而扶羸；以工代賑，亦掛一而漏百。何如擲百萬於水濱，而立收國富民安之效，縱有堯水湯旱，亦可挹彼注茲，是謂無弊之賑恤。連年米價屢廑聖懷。盡停採買，豈可久行？捐監輸倉，亦非上策。若小民收穫素裕，自然二鬴有資。臣訪問直隸士民，皆云「有水之田較無水之田，歲入不啻再倍」，是謂不竭之常平。且近畿多八旗莊地，直隸亦京兆股肱，皆宜致之富饒，始可居重馭輕。若水利既興，自然軍民兩利，是謂無形之帑藏。且雨者，水土之氣所上騰而下澤也。土氣太盛，則水氣受制，故明臣魏呈潤、徐光啟皆以興水利爲致雨之術。直隸近年以來，閔雨者屢矣。謂政事之缺失，乃聖人罪己之懷；諉氣數之適然，亦術士無稽之論。但使水土均調，自然雨暘時若，是謂有驗之調燮。且水性分之則利，合之則害，用之則利，棄之則害。故周用有言：「人人皆治田之人，即人人皆治水之人。」先臣張伯行亦主此論。又陸隴其爲靈壽令，督民濬衛河，其始頗有怨言，謂開無水之河以病民，既而水潦大至，他邑苦水，獨靈壽有宣導，歲竟有秋。貨殖者，旱則資舟；爲國者，備斯無患。是謂隱寓之河防。

臣則徐謹案：周官大司徒掌天下土地之圖，辨十二壤而知其種，樹藝之事繁矣。而王畿之内，惟稻人設專官，其用水作田之法，亦較諸職特詳。蓋五穀所殖，稻之入最豐，又性宜水，爲之溝防蓄洩之制，天時不齊，可仗人力補救，非如他種之一聽命於天。故農爲天下本務，稻又爲農之本務，而畿内藝稻又爲天下之本務。我朝劭農重穀，列聖相承，茆檐耕織，悉被宸章，海澨雨暘，動厪聖慮，稼穡惟寶，艱難周知，固已立萬世不拔之基矣。而畿輔農田水利，歷經奉旨興修藝稻，迄猶未廣。今畿輔行糧地六十四萬餘頃，稻田不及百分之二，非地不宜稻也，亦非民不願種也，由不知稻田利益倍蓰旱田也。乃觀潞水客談所述及本朝諸臣奏疏，先後指陳稻田利益，深切著明若此。是其上裨國計者，不獨爲倉儲之富，而兼通於屯政、河防，下益民生者，不獨在收穫之豐，而并及於化邪弭盜，洵經國之遠圖，尤救時之切務也。今誠逐條研核，確信夫營田藝稻實爲根本至計，效可必致而事在必行，則萬年美利既不難操券以觀成，倘載經營乃可與更端而圖始，而土宜之辨，已事之徵，可遞詳矣。

直隸土性宜稻有水皆可成田

元史列傳：虞集進言：京師之東，瀕海數千里，北極遼海，南濱青、徐，萑葦之場也。海潮日至，淤爲沃壤，宜用浙人之法，築隄捍水爲田。

明史列傳：徐貞明上水利議曰：畿輔諸郡，或支河所經，或澗泉自出，皆足以資灌溉。北人未習水利，惟苦水害，不知水害未除，正由水利未興也。今順天、真定、河間諸郡，桑麻之區半爲沮洳，誠於上流疏渠濬溝，引之灌田，以殺水勢。下流多開支河，以洩横流。其淀之最下者，留以瀦水。稍高者如南人築圩之制，則水利興，水患亦除矣。

明史河渠志：萬曆三十年，保定巡撫汪應蛟言：易水可溉金臺，滹水可溉恒山，唐水可溉中山，滏水可溉襄國，漳水可溉鄴下，而瀛海當衆河下流，故號河間，視江南澤國不異。至於山下之泉，地中之水，所在皆有，宜各設壩建閘，通渠築隄，用南方水田法，六郡之内得水田數萬頃，畿民從此盈饒，永無旱澇之患，不幸漕河有梗，亦可改折於南，取糴於北，此國家無窮之利也。

明汪應蛟海濱屯田疏：天津可墾荒田，連壤接畛，若盡爲之開渠以通蓄洩，築隄以防旱澇，每千頃致穀三十萬石，以七千頃計之，可得穀二百萬石。且地在三岔河外，海潮上溢，取以灌漑，於河無妨。白塘以下多官地，原無糧差，白塘以上爲民地，願賣則給價，不願則給種，於民情無拂。就中經理得宜，行之久遠，可不謂國家萬世之利哉。

國朝怡賢親王請設營田疏：北方本三代分田授井之區，而畿輔土壤之膏腴甲於天下，東南濱海，西北負山，有流泉潮汐之滋潤，無秦、晋巖阿之阻格，豫、徐、黄、淮之激盪，言水利於此地，所謂用力少而成功多者也。

又，京東水利情形疏：薊州運河東南至寶坻，會白龍港，又南經玉田、豐潤，合淝水達海，河身深闊，源遠流長。請於下倉以南建橋下閘，壅水而升之，注於兩岸，多開溝澮，遠近貫注，用之不乏矣。淝水又名還鄉河，沿河一帶建閘開渠，數十里内無非沃壤。玉田本屬稻鄉，夾河爲湖，引流種稻，足資灌漑豐潤。負山帶水，湧地成泉，疏流導河，隨取而足，縣南接連大泊，平疇萬頃，土膏滋潤。陡河自館山東流，繞縣而南，傍河稻田數百頃，農多饒裕。若推而廣之，兩岸良田不可數計。灤州之別故河若疏通，而西南負郭之田皆收浸潤之利。龍溪、沂河之間，地勢平衍，土岡環之，東南一望無際，皆可播流而溉，西南則游觀莊引泉可田，南則稻河、吳家龍堂等處引河可田，西北則自沙河驛東、榛子鎮西流清而腴，地平而闊，沿岸一帶建壩開溝，無處非水耕火耨之地。遷安之桃林河、泉河、三里河，夾河皆可田。黃山之麓，清泉噴湧，即還鄉河所自出，兩岸地與水平，播之可種稻田百餘頃，且可分還鄉河之勢。盧龍縣北燕河營，湧泉成河，及營東五泉，漫溢四出，皆可挹取爲樹藝之利。

又，京西南水利情形疏：胡良河所經，地稱膏腴，溝渠圩岸，宛若江南，擴而廣之，房、涿之間皆稻鄉也。淶水一派，石亭赤土樓邨，秔稻最盛，而河流所經之定興、新城等縣，亦霑澆灌之利。三易水曰濡、曰武、曰雹，俱挾源泉分流，疏渠其勢甚便。一畝泉流爲清苑河，五雲、石臼二泉流爲放水河，蒲水伏流，復見爲五郎河。九龍泉繞慶都而入方順河，源盛水饒，疏而引之，不可勝用也。滱水入唐縣爲唐河，横水會之，居民引以溉稻，直達下素，町畦相望，經曲陽而所溉尤多，南入定州，白龍泉會之，傍河諸邨皆圩岸也。推而廣之，所得稻田難以頃畝計矣。派水經新樂、定州，沿流多資灌溉。滋河經靈壽爲慈水，沿流皆可田，伏而復見，繞無極，經深澤，疏流成渠，天然水利也。洨河至欒城，合北沙河而流始漸大，澆溉可資，但岸高難以升引，應作壩壅之，俾水與岸平，開溝二三尺，縱横俱可通流，涓滴皆爲我用矣。伏秋水漲，則決壩洩之，旱澇無虞，萬全之利也。聖女河源出任縣，泉從地湧，引流可田。牛尾河、百泉河源出邢臺，作閘節宣，沿流一帶皆水田也。滏陽河源出磁州，至邯鄲，會渚、沁二水，貫大泊而與滹沱水合，所經之處皆可疏渠灌稻。南北二泊爲二十餘河之委匯，而水口河身均多淺隘，今應展空寬深，導南泊之水歸穆家口，北泊之水入滏陽河，積澇日消，舊岸漸復，四周涸出之地尚可以數計哉？然後作小隄以繞之，多開斗門，疏渠種稻，則沮洳之場無非樂土也。

畿輔通志：京東輔郡，負山控海，泉深而土澤，潮淤而壤沃，諸州邑泉從地湧，一決即通，水與田平，一引即至，具可疏鑿成田。寶坻縣營田，引薊運河潮水。按，明臣袁黄爲寶坻令，開疏沽道，引戽潮流，教民種稻。蓋潮水性温，發苗最沃，一日再至，不失晷刻，雖少雨之歲，灌溉自饒，浙閩所謂潮田也。京西諸河匯於西淀，新安三面皆潦水匯注，歲失耕稼。賢王爲開河分洩，築隄捍禦，沮洳遂爲樂土，淀稻徧野，蒸蒸殷富。安州居其上游，積淀環繞，地多汙萊，聞新民坐獲美利，州人羡之，相率墾洿澤，引河流，自行插蒔營田，收穫甚豐。涞水縣稻子溝蓋緣稻得名。涿州有督亢亭舊迹，亦土壤膏腴之證。文安爲七十二清河匯聚之區，土人於瀕河傍淀處芟蒔稻，多獲豐收。大城爲子牙河所經，土性膏腴，最爲宜稻之區。滿城一畝泉湧地噴珠，鷄距、紅花等泉連綿相接，灌溉優渥。宛平盧溝橋西北營田，引桑乾河水。明臣徐貞明言：「桑乾水經保安境上，有用土牛逼水成田者。」今保安、懷來稻田最盛，皆於上流疏引，隨高下以作溝洫，淤泥停壅，不糞而肥，苗發穎粟，所收倍於他水，是亦桑乾可田之一證也。京南西帶重巒，源泉並注交流，會於大泊，形如聚扇。元臣郭守敬言，滏、漳二水合流處，引水由滏陽、邯鄲、洺州、永年，下經鷄澤，合入澧河，可溉田三千餘頃。大陸澤爲上游之壑、下流之源，澧河源於大陸，源大流盛，夾岸汲引，其利尤溥。邢臺百泉，時出不窮，不惟利周本邑，兼可潤及鄰疆。天津營田全資潮汐，一面濱河，三面開渠，潮來渠滿，則閘而留之，以供車戽，中間溝塍地埂，宛轉交通，四面築圍以防旱澇，皆前明汪應蛟遺制也。

又：永定河濁泥善肥苗稼，凡所淤處，變瘠爲沃，其收數倍。河所經由兩岸，窪鹹之地甚多，若相高下，開濬長渠，如懷來、保安石徑山引灌之法，分道澆溉，則斥鹵變爲肥饒。而分水之道既多，奔騰之勢自減，從高而下，由近而遠，一河之潤可及十餘州。此亦轉害爲利之一奇也。

畿輔安瀾志：渾水性肥，所過變斥鹵爲膏壤。昔年文、霸所屬信安、勝芳等邨，乃濱水荒鄉，自康熙戊寅開河以後，濁流旁衍，地肥土潤，今且畦塍相望，宛如江南。

又：盧溝橋以上修家莊，地居山麓，大半沙磧，乃農人自營稻田，歷今數十餘年不廢。蓋務此者皆晋人，性習勤而無畏難，故業成卒享其利。其藝稻之法，布列石渠，即於沙石之上引水留泥，復於四五月河水涓細之時，通水而上，借以插秧，水足則仍洩於本河。正定、平山引滹水植稻，亦用此法。上而宣、大間，處處可引，惟在賢有司實心勸導，示以有徵之成效，課使各自營力，斯善於興利者矣。

柴潮生水利救荒疏：臣請考之於古，證之於今，直隸爲禹貢冀州之域，厥田中中，今土壤乃至瘠薄。東南農民家有五十畝，十口不飢。此間雖擁數頃之地，常虞不給，雖其土燥人怠，亦不應懸殊至此。漢張堪開狐奴稻田，民有麥穗之歌。狐奴，今之昌平也。北齊裴延儁修督亢陂，爲利十倍。督亢，今之涿州也。東南二淀，爲宋何承矩塘濼之遺；天津十字圍，乃明汪應蛟屯田之舊。垂之竹册，非比荒唐。又查國朝李光地爲巡撫，請興河間水田，言涿州水占之地，每畝鬻錢二百尚無售者，一開成水田，畝易銀十兩。上年直督高斌請開永定河灌田，亦云：查勘所至，衆情欣悦。又聞石徑山有莊頭修姓，能自引渾河灌田，比常農畝收數倍，旱澇不致爲災。又聞蠡縣亦有富户自行鑿井灌田，每逢旱歲，其利益饒。又聞現任霸州知州朱一蜚，於二三月間曾勸民開井二十餘口，今頗賴之。證之近事，復確有據，則水利之可興也決矣。

臣則徐謹案：稻，水穀也。禹謨六府始水而終穀，故天下有水之地無不宜稻之田。近在内地者無論已，迪化在沙漠之境，而有泉可引宜禾，錫以嘉名。臺灣懸閩海之中，而有潮可通，産米甲於諸郡。此皆從古天荒，開自本朝，而一經耕治，遂成樂土。況神京雄據上游，負崇山而襟滄海，來源之盛，勢若建瓴；歸壑之流，形如聚扇。而又有淀泊以大其瀦蓄，有潮汐以資其潤澤，水脈之播流於全省，若氣血之周貫於一身，奥衍之資，天造地設，是有一水即當收一水之用，有一水即當享一水之利者也。然非深明乎因地制宜之用，化瘠爲沃之方，恐狃於成見，必將以水土異性爲疑。今且不敢遠徵，斷自元、明建都以來敷陳諸策，固已言之鑿鑿，試之有效，而我朝怡賢親王周歷經度，疊次疏陳。參之諸臣奏議、三輔志乘，凡土之宜稻，地之可田，悉經逐段指出，則畇畇畿甸，實具天地自然之利，尤爲萬無可疑。今即水道之通塞分合不無小殊，而土性依然，地利自在，可知稻田之不廣，良由人事之未修，而所以物土宜興水利者，可以考求遺迹，實力舉行矣。

歷代開治水田成效考

後漢書列傳：張堪拜漁陽太守，迺於狐奴開稻田八千餘頃，勸民耕種，以致殷富。

水經注：魏將軍劉靖以嘉平二年，道高梁河，造戾陵遏，開車箱渠，灌田二千頃。至景元三年，遣謁者樊晨更制水門，水流乘車箱渠，自薊西北，經昌平，東盡漁陽潞縣，灌田萬有餘頃。

魏書列傳：裴延儁轉幽州刺史，修復范陽郡督亢渠、漁陽燕郡戾陵諸堰，溉田百萬餘頃畝。

隋書食貨志：齊皇建中，開督亢舊陂營屯，歲收稻粟數十萬石。

册府元龜：隋開皇中，幽州都督裴方行引盧溝水，開稻田千頃，百姓賴以豐給。

唐書地理志：漁陽郡三河有孤山陂，溉田三千頃。

宋史列傳：滄州節度副使何承矩，疏請於順安砦西開易河蒲口，資其陂澤，築隄貯水爲屯田。乃以承矩爲制置屯田使，俾董其役。自順安以東瀕海，東西三百餘里，南北五七十里，悉爲稻田。又，食貨志：咸平六年，知保州趙彬分徐河水南注運渠，置水陸屯田。天禧末，河北屯田歲收二萬九千四百餘石，保州最多，逾其半焉。

唐縣志：金泰和六年，縣尹劉弁開渠引唐河灌田數千畝，又導而東，以溉完縣諸田。又，明萬曆二十七年，知縣楊一桂濬渠引唐河溉田一千餘畝。明年復大開濬，引唐河東注，歷唐縣三十五邨、完縣三邨，溉田二百餘頃，名廣利渠。

元史本紀：脱脱言：京畿近水地召募南人耕種，歲可收百萬餘石。於是西至西山，南至保定、河間，北抵檀順，東至遷民鎮，凡係官地及屯田，悉從分司，農司立法佃種，歲乃大稔。

明史河渠志：永樂八年，濬定襄故渠，引滹沱水灌田六百餘頃。萬曆三十年，真定知府郭勉濬大小鳴泉四十餘穴，溉田千頃。邢臺達活、野狐二泉流爲牛尾河，百泉流爲澧河，建二十一閘、二隄，灌田五百餘頃。天啟二年，命太僕卿董應舉管天津至山海屯田，規畫數年，開田八十萬畝，積穀無算。

明史列傳：萬曆十三年九月，徐貞明領墾田使，先詣永平，募南人爲倡，至明年三月，墾田三萬九千餘畝。

新安縣志：萬曆閒，邑令張廷玉開王家橋下三渠，用雹水灌田一千五百餘頃。

懷安縣志：明兵備道胡思伸浚惠民渠，引洋河之水溉民田數萬頃，皆成膏腴。

明來復保安衛水田記：萬曆四十六年，兵備道胡思伸疏，淪保安西二渠，開田十萬餘畝，秔稻兼利，比於江南。

汪應蛟海濱屯田疏：天津葛沽一帶，咸謂此地從來斥鹵，不耕種，閒有近河種豆者，畝收不過一二斗。臣竊以爲此地無水則鹻，得水則潤，若以閩浙治地法行之，未必不可爲稻田。今春買牛制器，開渠築隄，一時並興，計葛沽、白塘二處，耕種共五千畝，内水稻二千畝，其糞多力勤者，畝收四五石，餘三千畝種蔔豆、旱稻。蔔豆得水灌溉糞多者，亦畝收一二石。惟旱稻以鹻立槁，於是地方軍民始信閩浙治地法可行於北，而臣與各官益信斥鹵可盡變膏腴矣。

畿輔通志：天津藍田，康熙閒鎮臣藍理所開也。河渠圩岸周數十里，墾田二百頃，召浙閩農人數十家分課耕種，每田一頃用水車四部，秋收畝三四石。又，京東局，雍正四、五、六、七、十一等年，玉田縣引小泉、暖泉、孟家泉、藍泉等河之水，營稻田三百八十四頃二十畝。豐潤縣引陡河、泥河、黑龍潭、楊家泮等水，營稻田四百五十頃十一畝。遷安縣引徐流河、三里河、黄山泉河之水，營稻田十六頃二十七畝。灤州引沂河、煖泉、福山泉館水，營稻田二十九頃八十二畝。平谷縣引洵河及山泉，營稻田六頃十一畝。薊州引大小海子等泉之水，營稻田五十六頃五十六畝。寶、河二縣引薊運河潮水，營稻田二百十五頃八十六畝。武清縣引鳳河，營稻田十八頃二畝。又，京西局，雍正五、六、七、十一、十二等年，新安縣引雹河、依城河及淀河之水，營稻田八百九十一頃五十五畝。安州引依城河及淀河之水，營稻田十六頃三十八畝。安肅縣引督亢陂及雹河之水，營稻田一百七頃五十六畝。唐縣引唐河水，營田八十一頃六十九畝。慶都縣引湟池、北隆、堅功、湧魚等泉之水，營稻田十二頃五十三畝。淶水縣引淶河，營稻田二十二頃二十八畝。房山縣引拒馬河、挾河之水，營稻田二十六頃四十四畝。涿州引拒馬河、胡良河之水，營稻田三十頃六畝。霸州引中亭河，營稻田一百一頃三十五畝。任邱縣引白洋淀，營稻田八十五頃八十畝。文安縣引會同河、子牙河之水，營稻田四百五十九頃四十畝。大城縣引子牙河，營稻田三百三十二頃九十七畝。定州引小清河、馬跑泉之水，營稻田六十二頃四十七畝。行唐縣引蓮花池及龍泉之水，營稻田十四頃十二畝。新樂縣引海泉、湧泉之水，營稻田三頃三十六畝。滿城縣引一畝、鷄距等泉之水，營稻田二頃二十一畝。宛平縣引永定河水，營稻田十六頃。又，京南局，雍正五、六、七、八等年，磁州、永年、平鄉引滏陽河水，營稻田一千二百十頃七十三畝。任縣引滏陽、牛尾等河之水，營稻田一百二頃四畝。正定縣引大小鳴泉、方泉、班泉之水，營稻田三十二頃七十九畝。平山縣引滹沱河、冶河之水，營稻田三百四十頃十八畝。井陘縣引冶河水，營稻田四十七頃二十畝。邢臺縣引百泉河及達活、紫金等泉之水，營稻田八十六頃九十六畝。沙河縣引百泉河及小澧等泉之水，營稻田五頃六畝。南和縣引百泉河水，營稻田八十五頃五十五畝。又，天津局，雍正五年、六年，天津州、滄州、靜海縣及興國、富國二場引用海河潮水，共營田四百八十七頃四十三畝。

怡賢親王請改磁州歸廣平疏：明臣高汝行、朱泰等於滏陽所經建惠民八閘，以資灌漑，沿河州縣民皆富饒，秔稻之盛甲於他郡。

劉於義南府水利疏：鉅鹿向有鹻地四萬餘畝，不能耕種。乾隆九年，知縣詳明建閘引水澆注，凡經水之地，鹻氣頓除，布種秋禾，收成豐稔。

一統志：寶帶渠在懷柔縣城外，縣人鍾其潆鑿渠引水，縣境鹹土自後遂成水田。

畿輔安瀾志：阜平縣農民沿沙河開渠，引水營田，自乾隆十年以來，得稻田八十餘頃。

臣則徐謹案：天下事創則難與慮始，因則易與圖功，故治地莫善於因。明臣左光斗水利三因策曰：因天之時，因地之利，因人之情，明課稻於北，似創而實因也。時韙其言，水利大興。鄒元標嘗言：三十年前都人不知稻草何物，今所在皆是，此三因之明效也。臣竊謂今日用因之法，莫如因故人之遺迹而修復之，因現在之成效而推廣之，非特施功易，奏效速也。西北水田久置不講，一旦興舉，事同創始，利益雖宏，土宜雖得，而未經試可，人將不信。宋何承矩規畫塘濼，人多議其非便，發言盈廷。承矩援漢、魏至唐屯田故事以折之，衆始信服。不二年，輦穗送闕，功效大著，至今畿南秔稻猶其遺澤。承矩蓋善於用因者矣。今歷稽開墾成績，著之於篇，某州邑某泉某水，按圖可索，信而有徵。主議者既決然於説之必可行，任事者亦曉然於功之有可據，或就廢堰古渠之迹尋訪遺規，或即羹魚飯稻之鄉講求成法，而一切營墾事宜可舉而措之矣。

責成地方官興辦毋庸另設專官

明徐貞明潞水客談：得人固難，是必有經略之功而無紛更之擾則善矣。世有能任之者，不必如宋人專以勸農之名，亦不必如今制責以水利之職。蓋勸農而興水利，牧養斯民之首務也。今惟選擇守令，久任而責成之，殿最繫焉。興利而民不知者，可坐致也。

國朝怡賢親王定考核以專責成疏：臣等疏濬水澤，營治稻田，所有完過工程，例應交地方官收管，各處水田溝洫，必須每年經理，令管河各道督率所屬州縣按時修濬。但考成未有定例，河道無憑舉劾，請嗣後計典將水利營田事實逐一開注，由河道結送督撫，以定優劣。

孫嘉淦覆奏消除積水疏：田間溝洫，盈千累萬，而河道交錯，兼多疑難之處，眾説紛歧，臣等不能親身閱視，即委員分勘，以一人之身查數十州縣，勢不能遍歷邨莊，則詳細委折仍須責之州縣。

范時紀京南窪地種稻疏：伏查京南霸州、文安、大城、固安、寶坻、天津、靜海、滄州、青縣等處，地勢低窪，遇雨水稍多，或河流泛漲，動輒淹爲巨浸，若不設法疏治，久之地畝恐皆廢棄。請令直隸總督於所屬府廳州縣内，遴選素日留心地方民瘼之員，於此十數州縣地方，詳細踏勘，何處何邨可以展挖溝渠，疏濬支河，添築隄埝，作爲稻田，一州一縣行之有效，將該處承辦官從優議敍，使他邑觀效，積漸而廣，自可變瘠爲腴。

工部議覆御史湯世昌西北各省疏築溝道疏：應如所奏，行令各該督撫，嚴飭所屬於每年農隙時親往履勘督辦，工竣後册報道府前往查勘。果係實心任事之員，行之有驗，即備詳督撫，於考課殿最時臚爲一條。儻或漫不經心，甚至縱役滋累，亦即糾參示儆。

臣則徐謹案：周人重農，故農官莫詳於周禮。漢魏而降，如搜粟都尉、宜禾都尉、典農中郎將、司田參軍，皆於守令而外特設專官。竊以養民裕國，本是守令之事。若設官專領，於民情之苦樂、地方之利病未必周知，而既無司牧之權，則令未必行，禁未必止，公事恐多牽掣。若仍須會同地方官，又易啟推諉歧視之漸，且多一衙門，多一冗費。即鄉邨董勸之人，如農師、田長等名目，亦不必設，恐奉行日久，實去名存，徒滋閭閻浮費也。守令爲親民之官，情形熟，呼應靈，擇其勤恤民隱、實心任事者，屬之經理，以成田之多寡，得稻之盈絀，課其殿最，不煩更張而事可集。故當創行之始，相度水泉，經畫地畝，以及招募農民試種，倡導章程，自宜專簡大員，核定辦理。俟事有端緒，效可廣推，則專責之地方官爲便。

勸課奬勵

雍正二年，諭直隸督撫等官：朕惟撫養元元之道，足用爲先。朕自臨御以來，無刻不廑念民依，重農務本，業已三令五申矣。但我國家休養生息，數十年來户口日繁，而土地止有此數，非率天下農民竭力耕耘，兼收倍獲，欲家室盈甯，必不可得。周官所載巡稼之官不一而足，又有保介、田畯，日在田閒，皆爲課農設也。今課農雖無專官，然自督撫以下，孰不兼此任也。其各督率有司，悉心相勸，並不時咨訪疾苦，有絲毫妨於農業者，必爲除去。仍於每鄉中擇一二老農之勤勞作苦者，優其奬賞，以示鼓勵。如此則農民知勸而惰者可化爲勤矣。再，舍旁田畔以及荒山不可耕種之處，量度土宜，種植樹木，桑柘可以飼蠶，棗栗可以佐食，柏桐可以資用，即榛楛雜木亦可以供炊爨。其令有司督率指畫，課令種植，仍嚴禁非時之斧斤、牛羊之踐踏、奸徒之盜竊，亦爲民利不小。至孳養牲畜，如北方之羊，南方之彘，牧養如法，乳字以時，於生計不無裨益。總之，小民至愚，經營衣食非不迫切，而於目前自然之利反多忽略，所賴親民之官委曲周詳，多方勸導，庶使踴躍爭先，人力無遺而地利始盡，不惟民生可厚，風俗亦可轉移。爾督撫等官，各體朝廷愛民之意，實心奉行。儻視爲具文，苟且塗飾，或反以擾民，則尤其不可也。

明徐貞明潞水客談：設得牧養斯民者，擇其勢順功敏之處，募願就之民，經略其端，以示倡率之機，使民灼然知水利之可興，則必有競勸而爭先者，庶令不煩而事自集。至若不費公帑，不煩募民，而田功自舉者，邊地屯田以餉軍，其道有三：倡力耕之機，定賞功之制，廣世職之法而已。內地墾田以阜民，其道有三：優復業之民，立力田之科，開贖罪之條而已。

袁黃皇都水利書開田賞功論：元泰定中，虞集進言：「京師之東，聽富民欲得官者，授以地，官定其畔以爲限，能以萬夫耕者，授以萬夫之田，爲萬夫長。千夫、百夫亦如之。三年後，視其成，以次漸征之。五年有積蓄，命以官，就所儲，給以禄，十年不廢，得以世襲如軍官之法。」至正間，脱脱略仿集議，於江南募能種水田及修築圍堰之人各一千名爲農師，降空名餙牒十二道，能募百人者授正九品，二百人者正八品，三百人者從七品，就令管領所募之人。嘉靖中，秦鼇言：「畿輔之地，水土沃饒，乞選江浙之士爲之長吏，仍又仿行古者孝弟力田之科，有能率衆墾田萬畝者授其官，其千畝者亦如之，果能勸課有法，不吝超遷，則三數年後必有萬倉之積矣。」

徐光啟農政全書墾田疏：墾荒足食，萬世永利，而且不煩官帑。招徠之法，計非武功世職如虞集所言不可。惟集言世襲如軍官之法，所擬不管事，不升轉，不出征，空名而已。田在爵在，去其田隨去其爵，即世襲又空名也。但恐空銜人未樂趨，故必以空銜爲根著，而又使得入籍登進以爲勸。

大清會典：康熙四十三年，天津附近荒棄地畝開墾一萬畝以爲水田，行令各省巡撫，將閩、粤、江南等處水耕之人，出示招徠，計口授田，給以牛種。

許承宣西北水利議：國家廣開事例以佐軍需，今次第底定，將停事例，以澄敘官方矣。何不即用見開之例，於西北各省每縣增設農田官，此日之品級與他時升轉皆得比縣令，而以其捐納之數募耕夫，庤錢鎛，買犢儲種，并償民之棄熟田爲水道者。

怡賢親王請設營田疏：小民可與樂成，難與慮始。請擇沿河濱海施功容易之地，設營田專官，經畫疆理，召募南方老農課導耕種。其有力之家率先遵奉者，圩田一頃以上，分别旌賞；有能出資代人營治者，民則優旌，官則議敘，仍歲收十分之一歸還原本。至各屬官田約數萬頃，請先舉行，爲農民倡率，其濬流、圩岸以及瀦水、節水、引水、戽水之法，一一酌量地勢，次第興修，一年成田，二年小稔，三年粒米狼戾。小民覩水田收穫之豐饒，自必鼓舞趨效，將凡可通水之處，無非多稼之鄉矣。

户部議覆大學士朱軾條奏：一、自營己田者，照田畝多寡給與九品以上、五品以下頂帶，以示優旌。一、效力營田者，應酌量工程難易、頃畝多寡，分别録用。

一、詿誤降革之員效力營田者，准其開復。一、流徒以上人犯效力營田者，准減等。

臣則徐謹案：魏書高允曰：方一里則爲田三頃七十畝，方百里則三萬七千畝。若勸之則畝益三升，不勸則畝損三升。方百里損益之率，爲粟二百二十三萬斤，况以天下之廣乎？旨哉斯言，其著勸農之利可謂約而達矣。然此就已成之田言之，若治旱田爲水田，易雜糧爲稻米，畝益至一石以外，則勸課之功，其益愈大而其效愈廣。伏讀大清會典載：國朝墾荒，自助牛種、寬徵賦而外，有懸爵賞以勵招徠之條，區畫周詳，務使野無曠土。惟民爲邦本，食爲民天，課之勤，故獎之至也。今營成之後，地方官既各視多寡以爲考成，民間自營者，驗明成熟有效，按頃畝分别等差，給予優獎，又佐之以議敍之典、贖罪之條，如此則勸率既至，鼓舞自生，數年後倍入之獲，目驗而身習，美利所在，民自趨之，不待勸而無不勸矣。

緩科輕則

康熙十二年諭户部：自古國家久安長治之模，莫不以足民爲首務，必使田野開闢，蓋藏有餘，而又取之不盡其力，然後民氣和樂，聿成豐亨豫大之休。見行墾荒定例，俱限六年起科，朕思小民拮据，開荒物力艱難，恐催科期迫，反致失業，朕心深爲軫念。以後各省開墾荒地，俱著再加寬限，通計十年方行起科，其該管地方官員，原有議敍定例，如新任之官自圖紀敍紛更擾民者，著各該督撫嚴行稽察，題參處分。

陸隴其論直隸興除事宜書：一、墾荒之宜勸也。畿輔各州縣，荒田累千萬頃，朝廷屢下勸墾之令，而報墾者寥寥。非民之不願墾也，北方地土瘠薄，荒熟不常，一報開墾，轉盼六年起科，所報之糧一定而不可動，所以小民視開墾爲畏途，聽其荒蕪而莫之顧也。竊謂此等荒地，原與額内地土不同，與其稽查太嚴使民畏而不敢耕，何若稍假有司以便宜，使得以熟補荒，如有額外新墾之地復荒者，聽有司查他處新墾地補之，其荒糧即與除免，不必如額内地土，必達部奉旨，始准豁除。無賠累之苦，無駮查之煩，民不畏墾之累，自無不踴躍於墾矣。其已墾成熟者，或更請寬至十年起科，使得償其牛種工本之費，然後責其上供，亦所以勸墾也。

李紱廣西墾荒事宜疏：臣思地不加辟之故，墾荒者出産惟穀，納賦需銀，差徭隨田而起，恐貽後日之累，所以裹足不前。新奉旨，水田六年升科，旱地十年升科，寬其弓丈，薄其科則，則差徭可無累矣。

楊永斌請輕科勸墾疏：查得原報可墾外，各屬尚有荒地，體察民情，恐磽地薄收，儻遇旱潦，糧賦無出，是以未肯盡力。臣竊思瘠田雖産穀稀少，若多墾數十萬畝，年豐可得數十萬石米穀，即年歉亦必稍有收穫，養活多人，不致乏食爲匪，於民生實有裨益，誠不可不爲多方勸導，以盡地利。臣查糧額内，有斥鹵輕則，每畝徵銀四釐六毫四絲，米四合二勺六秒。若令凡有難墾之地，准照輕則起科，則民心鼓舞，地利可以廣收。

臣則徐謹案：水田之興，西北大利也。然或計其歲入之饒而議及歲供之數，則民情懼罹重賦，必將瞻顧不前。昔徐貞明領墾田，使北人懼東南漕儲派於西北，事初舉而煩言頓起，遂以中止，此其明徵也。宋臣晁公武有言：「晚唐民務稼穡則增其租，故播種少。吴越民墾荒而不加税，故無曠土。」是因墾議賦，適因賦病墾，卒至田不加闢，賦無可增，於國於民兩無裨益。況我朝賦役之制，東南賦重而役輕，西北賦輕而役重，用一緩二，實爲立法之精心。今役既無可議減，賦又何可議增？請今自新開水田，若本係行糧地畝，照原額徵收，永不加增。或係無糧荒地，亦須酌寬年限，緩其升科，輕其賦則，明定章程，徧行曉喻，俾共知聖天子深仁大度，但求民閒有倍入之收，不計國賦有絲毫之益，庶良懦絶顧瞻之慮，豪猾息梗阻之謀，而樂事勸功，共戴皇仁矣。

禁擾累

雍正元年諭户部：朕臨御以來，宵旰憂勤，凡有益於民生者，無不廣爲籌度。因念國家承平日久，生齒殷繁，地土所出，僅可贍給，偶遇荒歉，民食惟艱，將來户口日滋，何以爲業？惟開墾一事，於百姓最有裨益。但向來開墾之弊，自州縣以至督撫，俱需索陋規，致墾荒之費浮於買價，百姓畏縮不前，往往膏腴荒棄，豈不可惜？嗣後各省凡有可墾之處，聽民相度地宜，自墾自報，地方官不得勒索，胥吏亦不得阻撓。至升科之例，水田仍以六年起科，旱田以十年起科，著永爲定例。其府州縣官能勸諭百姓開墾地畝多者，准令議敍，督撫大吏能督率各屬開墾地畝多者，亦准議敍，務使野無曠土，家給人足，以副朕富民阜俗之意。五年諭内閣：修舉水利、種植樹木等事，原爲利濟民生，必須詳諭勸導，令其鼓舞從事，方有裨益，不得繩之以法。若地方官員因關繫考成，督課嚴急，則小民轉受其擾矣。著直隸學臣轉飭教職各官，切加曉諭，不時勸課，使小民踴躍興作。若地方官員怠忽不加勸導，或有逼勒過嚴者，著學臣稽察奏報。三路巡察御史，亦著善於勸導，悉心稽察，如地方官有奉行不善之處，即據實奏聞。六年諭：凡興河渠等事，朕意本欲惠養斯民，爲地方永賴之利，乃差往人員等奉行不善，轉爲閭閻之擾。前聞直隸工員内，有因營田拔去民間已種豇豆之事，因諭令怡親王確查。今據參，梁文中不行曉諭於事先，乃將已成之禾稼逼令抛棄，違理妄行，顯欲阻撓政事，非無心錯誤可比。該巡察御史苗壽、陶正中何以不行查參？梁文中所犯既實，不必交與該督再審，著革職，於工所枷號示衆。其所毁壞豇豆，著即於梁文中名下照數追賠。

李光地飭興水利牒：此事原爲百姓籌謀，非如欽工、上差諸務期會徵發，隨以督責也。該府州縣履歷民間，務要減省徒從，隻馬單車，勞問父老，詢以農事，不得騷動閭閻，費民一草。胥役有藉此作一名色驚擾編氓者，立斃杖下。

臣則徐謹案：爲國不患無任事之人，而患有僨事之人。任事者，方興利以救弊；僨事者，即因利而滋弊。故曰：利不百不興，害不百不去，誠慎之也。今興治水田，爲西北百姓建無窮之利，民間自營之産，人自耕之，人自享之，賦税不增，租典由便，有利無害者也。特恐創行之始，或急於見功，奉行不善。或假手胥吏，生事滋擾。甚或違理妄行，藉以阻撓政事，如雍正六年上諭處革之梁文中其人者，將養民之政反爲擾民之事。此端一開，浮議乘隙而生，必至懲羹吹齏，因噎廢食。是在承辦各官，毋急近功，毋執偏見，虛心諮訪，善言勸導，毋令書役得以藉手，庶杜漸防微之慮周，而善作善成之效可期也。

破浮議懲阻撓

宋史食貨志：何承矩知雄州，大作稻田以足食，於雄莫、霸州，平戎、順安等軍，興堰六百里，置斗門，引淀水灌溉。初年種晚稻，值霜不成，取江東早稻種之，八月稻熟。初，承矩建議，阻之者頗衆，晚稻不成，群議愈甚，事幾爲罷。至是，承矩載稻穗數車，遣吏送闕下，議者乃息。

國朝怡親王請設營田疏：浮議之惑民，其説有二：一曰北方土性不宜稻也。凡種植之宜，因地燥溼，未聞有南北之分，即今玉田、豐潤、滿城、涿州以及廣平、正定所屬，不乏水田，何嘗不歲歲成熟乎？一曰北方之水，暴漲則溢，旋退則涸，能爲害不能爲利也。夫山谷之源泉不竭，滄海之潮汐日至，長河大澤之流遇旱未嘗盡涸也，况陂塘之儲有備無患乎？

藍鼎元論北直水利書：夫人情公私不一，安保其必無異議，惟在鋭意舉行，不爲浮言搖惑而已矣。今所慮者，或謂南北異宜，水田必不宜於北方。此甚不然。永平、薊州、玉田、豐潤，漠漠春疇，深耕易耨者何物乎？或謂北地無水，雨集則溝澮洪濤，雨過則萬壑焦枯，雖有河，不能得河之利。此可以閘壩、隄防蘊其勢，使河中常常有水，而因時啟閉，使旱潦不爲害者也。或謂北方無實土，水流沙潰，隄岸不能堅固，朝成河而暮淤陸，此則當費經營耳。然黃河兩岸一概浮沙，以葦承泥，亦能捍禦，誠不惜工力，疏濬加深，以治黃之法堆砌兩岸，而渠水不類黃强，則一勞永逸，未嘗不可恃也。

柴潮生水利救荒疏：或曰：北土高燥，不宜種稻也。土性鹻，水入即滲也。挖掘民地，易起怨聲也。且前朝徐貞明行之而敗，怡賢親王與大學士朱軾之經營亦垂成而坐廢，可爲明鑒也。臣請又一一言之：九土之種異宜，未聞稻非冀州之產，現今玉田、豐潤秔稻油油，且今第爲之興水利耳，可稻可禾，聽從民便，不疑者一也。土性沙鹻，是誠有之，不過數處耳，豈徧地皆沙鹻乎？且即使沙鹻，而多一行水之道，究比聽其沖溢者猶愈，不疑者二也。若以溝渠爲損地，尤非知農事者，今使十畝之地損一畝以蓄水，而九畝倍收與十畝之田皆薄收，孰利？況損者又予撥還，不疑者三也。至於前人之屢行屢罷，此亦有由。徐貞明有幹濟之才，所言亦百世之利，其時王之棟參劾，出於奄人，勳戚之意，其疏亦第言滹沱不可開耳，未嘗言水田不可行也。但其募南人開墾，即以地予之，又許占籍，左光斗之屯學亦然，是奪北人之田而又塞其功名之路，其致人言也宜矣。至營田四局，成績具在，公論難誣。當日效力差員，不無奉行未善，所以賢王一沒，遂過而廢之，非深識長算者之所出也。況非常之（一）原黎民所懼，所貴持久，乃可有功。秦人開鄭、白之渠，利及百世，而當時至欲殺水工鄭國。漢河東太守番係引汾水灌田，河渠數徙，田者不能償種。至唐長孫恕復鑿之，畝收十石。凡始事難，成事易，賡續以終之則是，中道而棄之則非，不疑者四也。

宜兆熊、劉師恕奏：有唐縣劣生于超等捏造將來加糧名色恐嚇愚民，將去歲已經具結、情願營種之稻田，不許加功，以致羣相觀望，經知縣臧珣再三開喻，而于超等反赴臣衙門具辭，執抗不遵，當即咨革嚴究。此等劣衿劣監造言阻撓，理合奏聞，容臣等酌量情罪，嚴行究擬，懲一警百，庶知所畏懼，而善政可收實效矣。奉硃批：所處甚是。案內人犯審明後當嚴懲之。他處亦勤加察訪，如有此類不法之徒，斷不可寬縱，以長刁風。又奏：磁州東西二閘，去年議定五日一次啟閉，水利均平，實屬至善。茲當啟放之期，有吏員沈國連、刁民顧成法等率衆阻撓，當飭該府州將首惡拏解，並宣布聖意，水利務在均平，豈容獨霸。隨據稱，沈國連已拏監禁，顧成法畏罪脱逃，現在嚴緝，而邨民俱各帖然，聽從啟放。除飭緝顧成法嚴究外，其附和邨愚，分別省宥，以廣皇仁。奉硃批：直隸此等强横之風，豈可不力爲革除。沈國連當嚴擬具題，顧成法嚴緝務獲，其附和邨愚，概予從寬發落。卿等若能如此不事姑息，大振委靡，則歷年之頽風何難挽回？惟須力行不倦，毋偶爲此一二事以取信於朕，隨復懈弛也。朕之或褒或貶，亦只據一事論一事，就一時論一時耳。勉之。

臣則徐謹案：天下事當積重難返之後，萬不得已而思變通，幸而就理，萬世之利也。然北米充倉，南漕改折，國家歲省經費萬萬，民間歲省浮費萬萬，此皆自蠹穴中剔出，陋規中芟除者，則舉行之日，浮議阻撓必且百出。如前明宏治閒濬大通河，漕船已達大通橋，節省金錢無算，而張鶴齡等因失車利，造黑眚之説以阻壞之。夫成功尚可壞，况未成乎？徐貞明初上水利議，格不行，遲之十年，重以蘇瓚、徐待、王敬民、申時行諸人之力，僅得一試，無何蜚語潛入，王之棟一疏敗之而有餘。舉事者何其難，撓事者又何其易也。今聖謨、樞贊一德一心，詢謀既定，無慮異議之滋，而小人之浮言梗阻，勢亦在所不免。要之，簧鼓不足聽，而刁健不可長，是在卓然不惑、處之有道而已。

校記：

〔一〕此處漏字。

田制溝洫水器稻種附

明袁黄寶坻勸農書：井田畛涂溝澮，不必盡泥古法。縱横曲直，各隨地勢。淺深高下，各因水勢。中間有卑窪特甚者，量疏爲塘，塹出溝澮之間，旱則蓄，水則洩。圍田地卑多水之處，隨地形勢四面各築大岸以障水，中間又爲小岸，岸下有溝以洩水。或外水高而内水不得出，則車而出之。塗田瀕海之地，潮水往來，淤泥常積，鹹草叢生，此須挑溝築岸，或樹立椿橛以抵潮汛。其田形中間高，兩邊下，不及十數丈爲小溝，百數丈爲中溝，千數丈爲大溝，以注雨潦，謂之甜水溝。初種水稗，斥鹵既盡，乃種稻。沙田，沙淤之田也，此田大率近水，地常潤澤，可保豐熟，四圍宜種蘆葦以護隄岸，内則普爲塍岸，可種稻秫，間爲聚落，可種桑麻，或中貫湖溝，旱則平溉，或旁繞大港，潦則洩水，無水旱之虞，故勝他田也。

邱濬大學衍義補：京畿地勢平衍，不必霖潦之久，輒有害稼之苦。莫若少倣遂人之制，每郡以境中河水爲主，又隨地勢各爲大溝廣一丈以上者，以達於河，又各隨地勢開小溝廣四尺以上者，以達於大溝，又各隨地勢開細溝廣二三尺以上者，委曲以達於小溝。其大溝則官府爲之，小溝則合有田者共爲之，細溝則人各自爲於其田。每歲二月以後，官府遣人督其開挑，而又時常巡視，不使淤塞，縱有霖雨，不能爲害矣。

左光斗屯田水利疏：禹功明德惟是，平水土，濬溝洫而已。支流既分，全流自殺。下流既洩，上流自安。無昏墊之害，有灌溉之利，此濬川之當議也。沿河地方，惟運河不敢開洩外，其餘源流瀦委是不一水，陂塘隄堰是不一用，或故迹可尋，或方便可設，則疏渠之當議也。東南地高水下，車而溉之，上農不能十畝。北方地與水平，數十頃直移時耳，事半功倍，難易懸殊，則引流之當議也。河流漸下，地形轉高，不能平引，其法攔河設壩以壅之，或壅二三尺，或壅四五尺，然後平而引之，水與壩平流。從上度遞流而下，節節如是，蓋能不俯地以就水，而惟升水以就地，支河淺流，最宜用此，則設壩之當議也。蓄洩不時，秋水時至，壞禾蕩舍，往往有之。惟於入水之處，設斗門，旱則開之，澇則塞之，出水之處反是，此建閘之當議也。沿山帶溪，最易導引，而山水暴漲，沙石衝壓，再行挑洗，勞費不貲。其法順水設陂以障之，用河支，不用河身，支以上溉，身聽其下行，此設陂之當議也。而必概種秔稻，恐不驟習，隨其高下，聽其物宜。總之，水源一開，水田之利勝旱地一倍，價值亦增三倍，漸漸由而不知，通而不倦，而焦原盡澤國矣，則相地之當議也。春夏急水，秋冬無所用之，儲有餘以待不足。法用池塘以積之，既可儲水待旱，兼可種魚蒔蓮。每見南方百畝之家，率以五畝爲塘，水不勝用，利亦如其畝之所入。仿而行之，或五家一塘，或十餘家一塘，居然同井遺意。惟原窪下之處，不必另設，則池塘之當議也。

國朝湯世昌請修溝道疏：江浙之田，畝收數石，以水利修而農力勤也。西北則不然，並無溝洫，全仗天時，其大道兩旁，儘可開溝深廣，以資蓄洩。伏祈飭諭各該督撫，飭屬於秋成之後督率農民，照河工民埝民修之例，酌令富者計畝出夫，貧者出力餬口，於大道經行之所，闊則兩旁開溝，狹則止開一道，幫寬四尺，底寬二尺，深一丈，因其地勢，節節開通，如有積窪，量加深廣，以爲潴水之地，即以挖起之土培平大道坡岸，乘此農隙，數月可竣，行之有效，即邨莊徑路亦可倣行。

胡寶瑔開田溝路溝疏：豫省地勢平衍，其恃以宣洩者，溝渠之功，實與河道相表裏。前濬河道，工竣即將民田溝洫宜開、並每年加挑路溝及小溝、廢渠宜復各緣由陳奏。奉旨：如所議，永遠實力行之。臣欽遵牽屬辦理，皆係民間業佃各就地頭施功，雖有綿亘數十里者，而一人一户承挑無幾，是以民易爲力。自是每歲或於春融，或於農隙，隨時查勘。總緣民間連獲有收，已享其利，每歲加修，更屬力少而事便，是以逐處寬深，鮮有水患。即上年被水，皆由外河沖決，並無内水瀰漫之處，且節節疏通，就下甚利，田地皆得速涸，不誤耕種，尤爲明驗也。

沈夢蘭五省溝洫圖説：溝洫之法，先視通河以爲川，次視支河小水及地形低窪便於疏濬省工省力者，每距二十里爲一澮，川縱則澮横，除山澤、城邑及沙礫不可耕外，每距七百二十步爲一洫，每横距八十步爲一遂，縱距二百四十步爲一溝，皆經畫標識之，合方二十里造一册，田若干户，户若干畝，逐一註明，擇其老成、衆素信服者董司其事，不可假手胥吏。歲十月，農事既登，開濬洫澮深廣如法，其土即堆兩旁以填涂道，人工按畝科計，田率人耕三十畝，工率日挑二百尺，人十日而洫澮畢。次開溝遂，又十日而皆畢矣。如天寒凍早，溝遂明春開亦可，其田非自種者，即著佃户開濬，照佃科工，産主量給飯資，畝率穀米一升，工畢之後，丈量地畝，畝折四步均攤，以歸畫一。每歲春冬，各令撈取洫澮新淤以糞田，畝率三四十尺以爲常例。又溝洫之制，無地不宜，而西北尤亟。西北地勢平衍，河流勁而多濁，漲則勁流汹涌而衝決爲患，退則濁泥滯澱而淤塞爲患，古人於是作溝洫以治之。伏秋水漲，則以疏洩爲灌輸，河無迅流，野無熯土，此善用其決也。春冬水消，則以挑濬爲糞治，土薄者可使厚，水淺者可使深，此善用其淤也。

畿輔安瀾志：乾隆九年，河道總督高斌請展唐縣廣利渠，導唐、完之水東流一百二十里，於渠身兩岸，每渠五里設一涵洞，共二十有四，聽民濬溝引渠分入均溉。十一年又奏，涵洞引水，大利農田，請唐、完、滿三縣涵洞，不拘五里，聽村民自爲增設。又，澧河在南和、任縣二境，爲利甚溥，並無閘座、涵洞，民間穴隄，以空心大木橫貫其內，兩岸沿隄爲溝，水由木心達諸溝塍，謂之桶引，水足則去桶塞穴，隄岸依然。又，唐縣尹楊一桂導唐河東流至南雹水邨，有客水溝、横來溝下於渠三尺許，因之則渠水跌落，不能東行，填之則壅阻客水，淹害邨田，乃建木騰橋，使河水騰於上，山水穿其下，上下並行而不相害，橋欄爲閘，可啟閉，啓則水洩注溝，復入於河。

王心敬井利説：用水車之井，必須用磚包砌，淺者需七八金，深者十金以上，而一水車亦需十金。淺井可灌二十餘畝，深井可灌三四十畝。但使糞灌及時，耘耔工勤，即此一井，歲獲可百石，少亦七八十石。夫費二三十金而荒年收百石，所值孰多？至用轆轤之小井，不須磚砌，工匠不過數錢，器具不過一金，若地帶沙石須磚砌者，工費亦只三五金。一井可及五畝，但得工勤，歲可得十四五石，更加精勤，二十四五石可得也。夫費三五金而於荒年收穀十四五石，甚至二十餘石，所值孰多？

蔣炳諭民鑿井疏：農民罔知盡力耕鑿。臣留心訪察，凡有井之地，悉爲上産，每大井可溉田二十餘畝，中井亦十餘畝，雨澤儻愆，足資綆汲。請令將臣詳議曉諭農民，有能鑿大井者，給口糧工本，中井半之。地方官親爲相度，計及久遠，庶磽瘠可變膏腴。

劉於義慶雲鹽山事宜疏：慶雲、鹽山兩邑，雖有鹹池及苦水之處，而甜水可以澆灌之地甚多，但百姓無力砌井。查每砌磚井一，需物料銀八兩，可灌地五畝。若廣爲穿井，小旱之年，百姓竟可不餒。請於水利節省項下將慶雲縣賞給銀一萬兩，可砌磚井一千二百五十。鹽山縣賞給銀八千兩，可砌磚井一千，再令百姓每年多開土井，以助澆灌。

元王禎農桑通訣：若田高而水下，則設機械用之，如翻車、筒輪、戽斗、桔槔之類，挈而上之。若地勢曲折而水遠，則爲槽架、連筒、陰溝、浚渠、陂柵之類，引而達之。凡下灌及平澆之田爲最，用車起水者次之，再車、三車之田又爲次也。

王禎灌溉圖譜：水柵，排木障水也。若溪深田高，水不能及，於上流作柵遏水，使之旁出下溉，以及田所。水閘，開閉水門也。閘有地形高下，水路不均，則跨據津要築壩，前立斗門以備啟閉，旱則激水灌田，又可轉激轉磑，實水利之總揆也。水塘，即洿池，因地形坳下，用之瀦蓄水潦，或修築圳堰以備灌溉。大凡陸地平田，別無溪澗井泉以溉者，救旱之法非塘不可。又，翻車，今龍骨車也。牛轉翻車，比人踏功將倍之。水轉翻車，視水勢隨宜用之，其水日夜不止，絶勝踏車。筒車水激轉輪，眾筒兜水以灌田，晝夜不息。連筒，以竹通水也。架槽木，架水槽也。戽斗，挹水器也。刮車，上水輪也。桔槔，挈水械也。轉轤，纏綆械也。

明西洋熊三拔泰西水法：龍尾車者，河濱挈水之器也。物省而不煩，用力少而得水多。若有水之地，悉皆用之，竊計人力可以半省，天災可以半免，歲入可以倍多。玉衡車者，井、泉挈水之器也。一人用之，可當數人，高地植穀，縱令大旱，能救一夫之田。

畿輔通志：宛平縣產稻，有糯、粳二種。香河縣產粳稻、糯稻、水稻、旱稻。昌平州產膳米。房山縣產稻紅、白二種。遵化州產東方稻、雙芒稻、虎皮稻之類，皆食米。糯稻有旱糯、白糯、黄糯，皆可釀酒。滿城縣產稻有黄鬚者，有烏鬚者，有粳稻、旱稻、糯稻。淶水縣產水稻。邢臺縣產稻有三種：紅口稻、芒稻、糯稻。

臣則徐謹案：溝洫之利甚溥，非獨水田宜設，前人論之詳矣。而經畫水田，要在盡力溝洫。陂塘之潴蓄，所以供溝洫之挹注也。閘堰涵洞之啟閉，所以均溝洫之節宣也。溝洫修而田制備，田制備而地中之水無一勺不疏如血脈，水旁之地無一畝不化爲膏腴。大禹之粒蒸民，舉其要，不外濬川距海，濬畎澮距川。然則營田之政，亦盡力溝洫而已。直隸八郡地勢，西北高，東南下，而一郡之中又各有高下之異。今擇其近水之處，隨宜經畫，負山高仰之地，可導泉引溉，則爲陂爲塘，以備暵旸。濱河平廣之地，可疏渠引溉，則爲閘爲堰，以齊旱潦。瀕海近淀之地，可築圍引溉，則爲圩爲隄，以防漫溢。如是，則水之爲田患者寡，水之不爲田用者蓋亦寡已。經畫既定，播種可施，乃更揆度地形，作水器以省灌溉之力；辨別土性，擇稻種以適氣候之宜。使向之聽豐歉於天時者，一視勤惰於人事。人事修舉而天時不害，地寶咸登矣。

開築挖壓田地計畝攤撥

怡賢親王請設營田疏：臣等更有請者，從來非常之利，言之而不行，行之而不究者，非局外之浮議爲阻，實局中規畫未周也。臣等恭聆訓旨：凡民間之小屋有礙水道者，加倍賞償。大哉王言！順人情而溥美利，無過於是。伏念濬河築圩，損數夫之産，利千耦之耕，甚而富家百頃，俱享平成；貧人數畦，偏值挖壓。若概償官價，不惟所費不貲，亦非民情所願。計畝均攤，通融撥抵，視本田畝數加十之二三，其河淀窪地已經成熟報升必須挖掘者，將附近官地照數撥補。如此，則事無中撓，人皆樂從矣。

柴潮生水利救荒疏：疏河開溝、建閘堀塘，其中有侵及民田並古陂、廢堰爲民業已久者，皆計畝均勻撥還，民情自無不樂從。

劉於義、高斌水利事宜疏：一、築堤開河，閒有佔用成熟地畝，查係旗地，就近撥補；係民地，照例給價，仍於糧册内查明，題請開除。

臣則徐謹案：方田之法，二百四十步爲畝，畝折四步爲溝洫。損四步以益二百三十六步，人共知其利矣。若池塘、渠道之用，需地愈多，爲利愈廣，或利周一邑，或利闗數郡。而遇有佔用民地之處，輒生異議者。虧一家私已之産，充一方公用之利，固非恒情所樂從也。我憲皇帝洞鑒此情，爰有加倍賞償之諭。嗣經怡賢親王奏請均攤撥抵，部議准行，立法最爲盡善。至乾隆閒，旗地仍歸撥補，而民地則改行給價。竊惟民閒田地時值不齊，少給則輿情不洽，多給則經費不貲，並恐民心難饜，轉啟煩言。觀徐貞明滹沱之役，以償價不敷，致滋忌者口實，功敗垂成，知給價之正多格礙也。且開築既資公利，則地畝自應公派，所有挖壓田地，仍宜於灌溉所及之地計畝均勻撥還，庶國帑不糜而民情大順矣。

禁占墾礙水淤地

乾隆三十七年諭：淀泊利在寬深，其旁閒有淤地，不過水小時偶然涸出，水至則當讓之於水，方足以暢蕩漾而資瀦蓄，非若江海沙洲東坍西漲，聽民循例報墾者可比。乃瀕水愚民，貪淤地之肥潤，占墾傚尤，所占之地日益增，則蓄水之區日益減，每遇潦漲，水無所容，甚至漫溢爲患。在閭閻獲利有限，而於河務關繫非輕，其利害大小較然可見，是以屢經飭諭，冀有司實力辦理。今地方官奉行不過具文塞責，且不獨直隸爲然，他省濱臨河湖地面類此者諒亦不少。此等占墾升科之地，一望可知，存其已往，杜其將來，無難力爲防遏，何漫不經意若此！通諭各督撫，除已墾者姑免追禁外，嗣後務須明切曉諭，毋許復行占耕，違者治罪。若仍不實心經理，一經發覺，惟該督撫是問。

陳儀後湖官地議：玉田後湖營田，賢王措置之妙，尤在留湖心毋墾，以爲潦水歸宿之所。蓋周圍築堰，山漲固不内侵，而雨澤過多，則内水亦難外洩。留湖心以受之，田功乃可萬全。所棄者少，而所全者大也。自游民申有山借墾荒之名，冒耕湖心之地，違賢王措置之苦心，遂遺營田之害。

陳黄中京東水利議：欲興水利於西北，當即規度地勢，棄最下之田，蠲其常税，潴爲陂澤，潦有所洩，旱有所資。第使每邑蠲去若干頃，而其餘所墾之地，凶歲俱可無虞，是一時所蠲之數甚少，而久遠之利無涯。如必窪下之地利其肥淤，寸寸耕之，水既無所歸，則漫溢旁流，高原並受其害，是得肥淤之利少，而受泛濫之害多，此勢之必不行者。

沈聯芳邦畿水利集説：畿輔地方平衍，河道縱横，入海之處，惟海河一門，全賴大澤以容蓄衆流。邇者淀泊淤地，爲民開占種，甚或報墾升科，地方有司受其所惑，殊不知阻遏水道，其咎綦重。惟是積重難返，圍圩耕種之地未能悉行除去，是不可不詳查，如有實在阻塞水道之處，宜急爲鏟挖，永行禁止。

臣則徐謹案：天以五行生萬物而先水，水之有利，水之性也。至用水者與水爭地，而水違其性，水利失，水患滋矣。明臣潘鳳梧曰：若計開田，先計儲水。荒政要覽曰：澤不得，川不行。川不得，澤不止。二者相爲體用，爲上流之壑，爲下流之源，全繫乎澤。澤廢，是無川也。畿輔之地，百川輻輳，賴淀泊以爲之容蓄，而後澇不虞汎濫，旱不至焦枯。自規圖小利者於附近淤地日漸占墾，以至阻礙水道，旱澇皆病，於通省水利大局關繫非小。夫治地之法，將有所取必有所棄。彼第知澤内之地可爲田，而不知澤外之田將胥而爲水，其弊視即鹿無虞、鑿空尋訪者殆有甚焉。今履勘所至，凡有此等地畝，務須查明界址，分别划除，永禁侵墾。所謂舍尺寸之利而遠無窮之害，此正經營之始所當早爲禁絶以杜流弊者也。

推行各省

史記列傳：西門豹爲鄴令，發民鑿十二渠灌田，民以給足。漢書溝洫志：史起爲鄴令，引漳水溉鄴，以富魏之河内。又，鄭國鑿涇水爲渠，溉舄鹵之地四萬餘頃，收皆畝一鍾，於是關中爲沃野，因名曰鄭國渠。趙中大夫白公穿渠引涇水溉田四千五百餘頃，因名曰白渠，民得其饒。又，列傳：召信臣爲南陽太守，開通溝瀆，起水門、提閼以廣灌溉，歲歲增加，多至三萬頃。後漢書列傳：鄧晨爲汝南太守，興鴻卻陂數千頃田，汝土以殷，魚稻之饒流衍他郡。

唐書列傳：姜師度徙同州刺史，鬭河以灌通靈陂，收棄地二千頃爲土田。又，韋武爲絳州刺史，鑿汶水，灌田萬三千餘頃。

又，温造爲朗州刺史，開復鄉渠百里，溉田二千頃，民獲其利，號右史渠。太和中，節度河陽，奏復懷州古秦渠、枋口堰，以溉濟源、河內、温、武陟田五千頃。

元史列傳：郭守敬陳水利六事。其五，懷、孟沁河漏堰餘水引東流至武陟縣北，合入御河，可灌田二千餘頃。其六，黃河自孟州西開引，少分一渠，經由新、舊孟州中閒，順河右岸下至温縣南，復入大河，其閒亦可灌田二千餘頃。

明周用東省水利議：治河墾田，事相表裏，田不治，則水不可治。運河以東，濟南、東昌、兗州三府，雖有汶、沂、洸、泗等河，與民閒田地曾不相貫注。每年泰山、徂徠山水驟發，則漫爲巨浸，一值旱暵，則又故無陂塘渠堰蓄水以待急，遂致齊魯之閒一望赤地，此皆溝洫不修之故。今修溝洫，各因水勢地勢之宜，縱横曲直，隨其所向，自高而下，自小而大，自近而遠，委之於海，則治河裕民之計也。

馮應京重農考：中州濱河之區，當秋水時至，百川灌河，曾無一溝一澮之停蓄，以故頻受其患，而不獲資尺寸之利。若乃鄴之漳水，南陽之鉗盧陂，昔人率用以灌漑，并州西南，若汾若沁，盡可引注爲農田用。

國朝畢沅陝西農田水利疏：陝西四塞雄封，厥田稱上。漢中、興安、商州各屬，延亘南山，水土饒益。西安、同州、鳳翔三府，邠、乾二州，沃野千里，實爲陸海奥區，涇陽龍洞一渠，爲關内膏腴之最。大川如涇、渭、灞、滻、灃、滈、潦、潏、河、洛、漆、沮、汧、汭等水，流長源遠，若能就近疏引，築堰開渠，變瘠土爲良田，三農自獲倍收之利。况三秦爲中土上游，大川半在其地，若分爲溝洫，蓄作陂池，則入黄之水，其勢並可少殺。

臣則徐謹案：西北諸省古稱沃饒之地，甚多河渠溝洫，漢唐以來，代有興舉，成效著於史策。自水利積久失修，膏腴之壤皆爲陸田，遂若大河以北土性本不宜稻者，驟舉稻田之利語之，人必不信。然粤西民俗，則又止知水田種稻，不知旱地可種雜糧。先臣李紱因地有餘利，請多覓農師教導，兼植北方粱粟。易地以觀，可知南北種植之殊，端由民習，不盡關土性也。今請俟畿輔倡行之後，確有明效，且共覩稻田之入倍於旱田，自必聞風興起。乃以營種之法頒之山、陝、豫、東諸省，令各隨宜相度，以漸興舉。由是推行愈廣，樂利愈宏，財用阜成，家給人足，風俗純厚，經正民興，東南可藉蘇積困而西北且普慶屢豐，此億萬世無疆之福也。

附録　本傳

林則徐，福建侯官人。嘉慶十六年進士，改翰林院庶吉士。十九年，散館，授編修。二十一年，充江西鄉試副考官。二十四年三月，充會試同考官。四月〔一〕，充雲南鄉試正考官。二十五年二月，轉江南道監察御史。時河南儀封南岸工程未竣，則徐以料販囤積居奇，奏請飭地方大吏嚴密查封，平價收買，以濟工需，下所司議行。先是，海盗張寶投誠後，累官至副將，至是復擢總兵。則徐恐其驕蹇不可制，疏劾之，上韙其言。四月，京察一等，復帶記名，以道府用。〔二〕尋授浙江杭嘉湖道。

道光元年，聞父病，引疾歸。二年，授江蘇淮海道，未赴任，署浙江鹽運使。三年，遷江蘇按察使。四年正月，署布政使。八月，丁母憂。五年，奉旨赴南河督修隄工，工竣，仍回籍。六年四月，命署兩淮鹽政，以疾辭。十月，服闋，七年五月，授陝西按察使，署布政使，旋升陞江寧布政使。十月，丁父憂，十年正月，服闋，六月，授湖北布政使。十一月，調河南布政使。十一年七月，調江寧布政使。時江蘇水災，咨糴河南米麥，則徐委員赴商丘劉家口及陳州、光州採辦，由河、淮運達江境，順道親往督辦，並於淮、揚一路勘災籌賑。十月，擢河東河道總督。十二年正月，疏言：「運河挑工已完六分，惟沿隄出土之路，因泥漿拋撒，逐條凍積，名曰泥龍，尚未除淨，日積日多，挑運更為費事。一經春雨，更恐衝入河心，現飭工員挑完一段，即起淨一段泥龍，其已挑未淨之處，官差夫頭，量予懲責。」上是之。二月，擢江蘇巡撫，未即赴任。三月〔三〕，奏言：稽料為河工第一弊端，其門垛、灘垛、底廠，及併垛、戴帽各名目，非抽拔拆視，難知底裏。現將南北十五廳各垛查明，抗弊者察治，並請裁山東泉河通判。得旨：向來河臣查驗料垛，從未有如此認真者。

六月，抵巡撫任。疏言：「江蘇錢穀最為繁重，而漕務痼疾已深，整頓錢漕，先懲已甚，清釐倉庫，尤貴截流。當執法者，不敢以姑息啓玩心；當設法者，不敢以拘牽礙全局。」報聞。時議裁汰冗員，八月，則徐偕兩江總督陶澍奏裁江寧、鎮江二府照磨，揚州府檢校，華亭縣主簿，金壇縣湖谿司巡檢；又偕南河總督張井奏裁丹徒、如皋二縣縣丞，儀徵清江閘閘官，均允行。閏九月，以南河盜決官隄，首犯陳端日久未獲，降五級留任。先是，則徐在江寧藩司任内，以各屬水災，建議倡捐煮賑，資送留養，收孩瘞棺，捐衣勸糶，養佃典牛，借籽種，禁燒鍋十二條，經陶澍以聞。至是事竣，偕陶澍奏請獎勵捐輸出力各官紳，允之。十二月，密陳藩、臬、道、府考語，疏言：「察吏莫先於自察，必將各屬大小政務，逐一求盡於心，然後舉以驗屬員之盡心與否。若大吏之心先未貫澈於此事之始終，又何從察其情僞？臣惟恃此不敢不盡之心，事事與屬員求其實際。謹將司道府之立心行事，人品官聲，略具梗概以聞。」初，則徐任察使時，奉旨綜辦三江水利，以憂去任。經陶澍奏明孟瀆、劉河分年籌辦。十四年，孟瀆工竣。六月，則徐以劉河近日淤墊更甚，奏請接行勘辦，從之。七月，奏言：「江蘇錢漕倍於他省，其中有緩有急，有舊有新，勢難一律清解。與其漫無區別，徒令剜肉補瘡，莫若專嚴於提新，而暫緩於補舊。新款果能全解，是州縣無新虧，而舊欠亦可漸冀彌補。」得旨：「竭力為之。」八月，奏：「江蘇各沙洲，前經召佃收租，充水利經費，惟其中有書院、善堂公款，及民户承買之業，請自道光八年新例以前，報部有案者，遵照舊案，一律准買執業；其未經報部及例後所報者，發還原價，概行歸公，以示限制而杜效尤。」下部議行。是年夏秋間，江蘇各府或江湖盛漲，廬畝被淹，或暘雨愆期，收成積歉。九月，蘇、松等屬續遭風雨，木棉穀粒均有受傷，委員勘實，奏請蠲賑，格於廷議，復上疏曰：「蘇、松、常、鎮、太倉四府一州，錢漕最重。道光三年水災以來，歲無上稔，民力益見拮据。今歲秋禾，節節受傷，甚至發芽霉爛。每畝比之上年，少收五六斗。民間積歉已久，蓋藏本極空虛，當此秋成之際，糧價日昂，來歲青黃未接，不知更當何如？小民口食無資，而欲强其完納，即追呼敲撲，亦有時而窮。前此漕船缺米、州縣尚能買補，近且累中加累，不但無墊米之銀，更恐無可買之米。且鄰省亦連被偏災，布疋絲紬銷售稀少，權子母者無可牟之利，任筋力者無可趁之工。故此次雖係勘不成災，而困苦情形，實與全災無異。覩此景象，時時恐滋事端。儻通盤籌畫，有可暫紓民力之處，總求恩出自上，多寬一分追呼，即培一分元氣。」疏入，報可。十一月，以陳端就擒伏誅，偕陶澍奏保出力人員。

十五年正月，奏鎮江所屬丹徒、丹陽運河為江、浙漕船要道，現屆大挑之年，請計段興工。均允之。十一月，署兩江總督。十六年二月，回巡撫任。七月，復署兩江總督，入覲。十七年正月，擢湖廣總督。時荆襄歲苦水患，則徐抵任後，修築隄工，躬自監視。七月，奏籌襄陽等屬鹽務緝私章程，如所議行。尋以江南河庫道李湘茝因庫款不清褫職，則徐坐前任江蘇巡撫時註考不實，降四級留任。九月，前任總督訥爾經額奏武岡州滋事首逆藍正樽已被鄉勇毆斃，則徐遵旨嚴究，亦以毆斃屬實覆奏。上責其隨同附和，遷就了事，降五級留任。十八年二月，偕湖南巡撫錢寶琛奏籌辰沅道屬苗疆屯防各事宜，下部議行。又疏陳整頓鹽務，略言：「貧民挑運售私，其近川近粵近潞之處，與兩淮場竈皆遠，而鄰鹽一蹴即至，成本既輕，售價自賤。且鄰省鹽課皆輕，淮綱獨重，即彼此同一官鹽，亦必彼盈此縮，況以無課之私販，紛紛侵灌，其勢更不能相敵。現在剴諭紳民，日用飲食，何在不可節省？獨於食鹽計較貴賤，犯法食私，紳衿革功名，平民受滿杖。明利害者當不至如是之愚。且湖廣錢漕最輕，若鹽課復背官食私，天良何在？嗣後責成紳衿大户，及鄉團牌保，互禁食私，犯者公同送究，其挑賣之窮民，許改充肩販，由官鹽店給票，赴鄉賣完繳價。再從前襄陽、宜昌、衡州三處奏明，官運商鹽，減價售賣，以敵鄰私，歷辦並無成效。且一種奸販轉賣減價之賤鹽，以灌旺銷之引地，藉寇資盜，無異剜肉補瘡。應將此三處不令減價以杜流弊。」四月，奏請湖南提督常駐辰州府，扼要彈壓。均允之。閏四月，湖南撫標右營游擊馬辰失察家人及弁兵舞弊，事覺，則徐坐曾經保奏，降四級留任。九月，奏：「各州縣水旱偏災，奉恩旨謄黄祇能開載若干村莊，其地名不能一一全敍，難保吏胥無高下其手，衿民亦或狡稱蠲免，紛紛訐訟，請將應蠲、應緩、應遞緩之頃畝細册，由各州縣另行繕榜，隨同謄黄徧貼曉諭，並責成該管道府稽察，毋許隱匿。」上嘉其所見精細，允行。

先是，鴻臚寺卿黄爵滋疏請嚴禁鴉片以塞漏卮，吸食者治以死罪，命下中外各大臣議奏。則徐奏言：「鴉片流毒已甚，非難於革癮，而難於革心。欲革玩法之心，安得不立怵心之法？况行法在一年以後，議法在一年以前，轉移之機，正繫諸此。必直省諸臣，共矢一心，極力輓回，以期永絶澆風，此法乃不為贅設。」遂擬章程六條：一、收繳煙具，以絶饞根；一、各省於定議後出示，分一年為四限，遞加罪名，以免觀望；一、加重開館興販，及製造煙具罪名，勒限自首，以截其流；一、失察處分，先嚴於所近；一、著令地保甲長查起煙土、煙膏、煙具，庇匿者罪同正犯；一、豫講審斷之法，以杜流弊。因繕呈戒煙經驗藥方數種。尋奏湖南、湖北拏獲煙販，並收繳煙土、煙膏、煙具情形，上甚嘉之。十一月，入覲，賜紫禁城騎馬，命頒欽差大臣關防，馳往廣東查辦海口事件，水師咸歸節制。十九年三月，偕總督鄧廷楨等奏截回躉船二十二隻。起獲煙土二萬二百八十三箱，請酌給茶葉、大黄以示體恤。得旨：「所辦可嘉之至。該商畏罪自首，情尚可原，免其治罪。酌賞之處，著照所議。」則徐下部優敘。四月，奏夷人夾帶鴉片，請照化外有犯之例，人卽正法，貨物入官，議一專條，并酌予限期，上命軍機大臣等議行。新例既定，則徐請先傳檄嘆咭唎國王，諭以利害，擬稾呈覽頒發；又遵查海口排練礮臺情形，奏言：「廣東中路海口，以虎門為咽喉，進口七里，一山屹立海中，曰横檔，其前有巨石，曰飯籮排，又其前小山，曰下横檔。海道至此分二支，右多暗沙，左以武山為岸。山下水深，夷船必由之路，海面僅三百餘丈，鎖以鐵練，承以木排，復建礮臺，俯臨排練，就令夷船堅固，衝斷鐵練，尚有一層阻截，羈絆多時，臺礮乘之，必成灰燼。」報聞。

時通商之國以十數，俱遵具並無夾帶鴉片切結，惟暎咭唎持兩端。七月，夷目義律率船五只，以索食為名，犯尖沙觜，則徐檄參將賴恩爵禦之九龍山，碎其雙桅大船，夷船紛集，礮彈如雨，我軍以網紗障船，就旁施礮，斃敵多名。接仗踰五時，夷人死傷益眾，逡巡遁。八月，復檄守備黄琮等偵夷船於潭仔洋面，乘夷人方開礮，亟擲火斗火罐焚其船，敗走之。義律因潛赴澳門，倩他國人遞説帖，求轉圜，則徐以其言未可信，奏請相機勦撫。諭曰：「既有此番舉動，若再示以柔弱，則大不可。朕不慮卿等孟浪，但誡卿等畏葸。先威後德，控制之良法也。」時御史步際桐奏謂責夷出結，徒開含混之路，則徐覆言：「外人最重然諾，彼愈不肯出結，愈見其結之可靠，亦愈不能不向其飭取，臣不敢存趨易避難之見，致負委任。」尋義律經則徐檄諭，雖自稱悔罪，禀請逐船搜查，勒限驅回空躉，仍覬望圖免具結。九月，復乘間糾兵船滋擾，水師提督關天培敗之穿鼻洋，遂竄泊尖沙觜。則徐以其北有山梁曰官涌，可以俯而攻也，令深溝固壘以待之。暎人果六犯官涌，皆受懲創，然猶逗遛外洋。則徐疏其反復情形。上以彼曲我直，中外咸知，諭令停止貿易，暴其罪狀，驅逐出口。則徐復請敕下福建、浙江、江蘇各督撫嚴防海口，如所請行。先是，三月，則徐調兩江總督，未卽赴任。十二月，調兩廣總督，奏請移高廉道駐澳門，並撥隸水師以資控馭，允之。尋順天府府尹曾望顏奏請無論何國，概絶通商，大小漁船，概禁出洋，以斷接濟。則徐遵議，奏言：「自斷嘆夷貿易後，他國夷商喜此盈而彼絀，當以夷制夷，使相間相睽。若概與之絶，轉恐聯為一氣。且廣東民人多以海為生，若概禁出洋，則勢不可以終日。擬令漁人出洋，止許帶一日之糧，庶少接濟。」下軍機大臣議行。

時嘆夷被逐，寄椗外洋，勾引漁船蛋户，誘以重利，希圖接濟銷售。二十年正月，則徐定計以毒攻毒，令關天培密裝礮船，雇漁蛋各户，教以出洋埋伏，候夜深順風，揚火焚艤附夷舟匪船二十三只，延燒夷舟，及海灘蓬寮。自是漢奸膽懾，夷船接濟幾斷。四月，奏：「尖沙觜為夷船經由寄泊之區，又為粵省東赴惠、潮，北趨閩、浙要道，請與官涌兩處各建礮臺，俾聲勢聯絡。」如所請行。五月，再焚夷船於磨刀外洋，延燒匪艇十一隻，蓬寮九座。尋諜知嘆夷新來兵船游駛外洋，請飭沿海各省嚴備。嗣探夷船揚帆東向，因奏言：「夷情詭譎，凡事矯飾虚張，若徑赴天津求通貿易，所陳或尚恭順，仍懇優以懷柔之禮。敕查嘉慶二十一年成案，將其遞詞人由内河護送至粵，藉可散其爪牙。」

六月，暎夷改犯浙江，陷定海，掠甯波。則徐上疏自請治罪，並密陳：「夷務不能中止，暎夷所憾在粵，而滋擾於浙，雖變動若出意外，其窮蹙實在意中。惟其虛憍性成，愈窮蹙時愈欲顯其桀驁，試其恫喝，甚且別生秘計，冀售其奸。如一切皆不得行，仍必帖然俛伏。第恐議者以為內地船礮，非外人之敵，與其曠日持久，不如設法羈縻。抑知夷性無厭，得一步又進一步，若使威不能克，卽恐患無已時，勢必他國紛紛效尤，不可不慮。」因請戴罪赴浙，隨營自効。暎夷旋復構釁於粵，則徐調集米艇火船，築墩置礮於蓮花峯下，為關閘前山障蔽，又以安南軋船專擊船底，夷人所憚，遣人求式仿造，以備火攻。七月，親駐虎門，督師水路夾擊，轟傷夷船，沈其三板數隻，獲礮彈大小二百有奇。八月，再敗之龍穴洲，船夷惶亂不能拒，僅放空礮，他船來援，我軍轟斷其篷索，不得進，遂乘潮南竄。二役斃夷無算，官兵受微傷僅數人。捷奏未至，九月，諭曰：「自查辦以來，內而奸人犯法，不能淨盡，外而興販來源，不能斷絕。甚至本年福建等省紛紛徵調，糜餉勞師，此皆林則徐辦理不善之所致。著交部嚴加議處，卽行來京聽候部議。此次暎夷各處投遞稟帖，訴稱寃抑，朕洞悉各情，斷不為其所動。惟該督以特派大員，辦理終無實濟，轉致別生事端，誤國病民，莫此為甚。是以特加懲處，並非因該夷稟訴，遽予嚴議也。」尋部議革職，命仍折回廣東以備查問。則徐既獲罪，琦善代之。十二月，琦善奏嘆夷要求情形，上覽奏震怒，所請廈門、福州通商及給還煙價，均不准行；飛調四川、湖南、貴州兵赴廣東，諭琦善督同則徐妥為辦理。

二十一年三月，賞四品卿銜，命赴浙江鎮海軍營協辦事務。則徐至浙，與兩江總督裕謙、浙江巡撫劉韻珂籌辦海防，節次捡獲夷匪正法，杜絶接濟，嚴堵要隘，夷不得逞。五月，復革去卿銜，遣戍伊犁。七月，河決開封，則徐道中奉旨免戍，襄辦東河河工。時大學士王鼎奉命總理河務，以則徐熟悉情形，深資得力入奏。得旨，即督飭工員趕辦。二十二年，工竣，仍遣戍。二十四年，伊犁將軍布彦泰奏請飭則徐勘辦開墾事宜，則徐親歷庫車、阿克蘇、烏什、和闐、喀什噶爾、葉爾羌及伊拉里克、塔爾納沁等處，請酌給回子耕種，並請改屯兵為操防，均如議行。二十五年九月，命回京，以四五品京堂候補。十一月，賞三品頂帶，署陝甘總督。十二月，行抵甘州，會野番肆劫，飭鎮防護馬廠，并仿洋礮法改製大礮，推輪運放，士氣争奮。二十六年三月，授陝西巡撫，仍暫留甘肅，偕陝甘總督布彦泰等辦理番案。六月，剿番族番僧於黑錯寺，復追掃果岔匪巢，殲擒殆盡，得旨，調度有方，下部優敘。時關中旱，民不能耕，爭殺牛以食。則徐謂如是則來歲又饑也，乃官為收牛償其值，勸富民質牛以息。次年歲乃大熟。〔四〕十一月，因病奏請開缺，得旨賞假三月。

二十七年，升雲貴總督。時雲南漢回互鬬，垂十數年，焚殺幾無虛日。則除抵雲南，適回民丁燦廷赴京疊控保山縣漢民沈振達串謀誣害，劫殺無辜，經地方官提犯鞫訊，漢民遂糾眾奪犯，燬官署，劫獄囚，搜殺回户，拆瀾滄江橋，道路以梗。永昌鎮道以下皆被困城中，文報久斷。漢民因揑造文武會稟。則徐察其偽，密遣員役易服偵探得實〔五〕。二十八年，則徐督兵赴勦，先宣示曰：但分良莠，不分漢回。〔六〕途次聞趙州之彌渡有客回勾結土匪滋事，遂就近移兵勦之，破其栅，殪匪數百，並撫恤受害良民，趙州底定。保山民聞風懾服，縛犯迎師，則徐按其罪重者百數十人，立誅以徇，駐大理數月，召漢回父老，諭以恩信。眾皆感畏。〔七〕復乘勢搜捕永昌、順寧、雲川、姚州歷年拒捕戕官諸匪千餘名，寘諸法。奏入，奉旨加太子太保銜，並賞戴花翎。二十九年五月，騰越廳卡外野夷滋擾，則徐檄總兵揑住、迤西道王發越率明光隘土守備左大雄勦平之，上嘉其「遠振軍威，乂安邊地」。六月，因病請假。七月，復奏請開缺，允之。

則徐回籍後，嘆夷因廣東停其貿易，不許入城，改而之閩。入省城，住神光、積翠二寺。則徐率紳士倡議驅之。慮其以礮船來海口恐喝，數乘扁舟至虎門、閩安諸海口閲視形勢，函商疆吏，與總督劉韻珂、巡撫徐繼畬意見不合。〔八〕三十年五月，大學士潘世恩，尚書孫瑞珍、杜受田應文宗顯皇帝登極求賢詔，均首以則徐薦。初，則徐之入覲也，嘗臚陳直隸水利事宜十二條。及奉使廣東，宣宗成皇帝密詢以漕運利弊，則徐疏陳四條：一本原，一補救，一補救外之補救，一本原中之本原。其言本原中之本原，則開幾輔水利也。至是，〔九〕命迅速來京，聽候簡用。九月，以廣西洪秀泉稔亂，諭曰：「朕睠懷南服，民生一日不安，朕心一日不忍。前任雲貴總督林則徐疊次宣召，尚未來京。著卽作為欽差大臣，頒給關防，馳赴廣西會勦。林則徐受皇考簡任深恩，前在雲南辦理漢回軍務，迅速蕆事，朕所夙知。著卽星馳就道，蕩平羣醜，綏靖巖疆，毋違朕命。」十月，命署廣西巡撫。

十一月，行次廣東潮州，病卒。諭曰：「前任雲貴總督林則徐，由翰林洊歷外任，疊蒙皇考簡膺疆寄，宣力有年。上年勦辦雲南保山匪徒，調度有方，渥荷恩施，賞加太子太保銜，並賞戴花翎。旋因病請假回籍。朕御極之初，知林則徐平素辦事認真，不避嫌怨，疊經降旨宣召來京。嗣因廣西匪徒滋事，特授為欽差大臣，頒給關防，令其速赴軍營勦辦。前據馳奏，已由本籍起程，方冀迅掃邊氛，以綏南服。茲據徐繼畬馳奏，該大臣沿途勞頓，舊疾復發，於廣東潮州途次溘逝。念其力疾從公，歿於王事，覽奏殊深悼惜。著加恩晉贈太子太傅，照總督例賜卹。任内一切處分，悉予開復。應得卹典，該衙門察例具奏。伊子編修林汝舟、文生林聰彝、文童林拱樞，著俟服闋後，由吏部帶領引見，候朕施恩。」尋賜祭葬，謚文忠。咸豐元年，雲南巡撫張亮基請以則徐入祀雲南名宦祠，二年，陝西巡撫張祥河奏請於陝西省城為則徐建立專祠，均允行。同治四年，入祀江蘇名宦祠。

子汝舟，翰林院編修；聰彝，浙江候補道；拱樞，刑部郎中。〔十〕

校記：

〔一〕清史列傳作「閏四月」。

〔二〕清史列傳作「帶領引見，記名以道府用」。

〔三〕據軍機處録副文件，上奏為道光十二年二月廿七日。

〔四〕「時關中旱」至「大熟」，本傳無此文字。

〔五〕「以下」至「探得實」，本傳無此文字。

〔六〕「先宣示曰」至「不分漢回」，本傳無此文字。

〔七〕「駐大理」至「眾皆感畏」，本傳無此文字。

〔八〕「則徐回籍後」一段本傳無此文字。

〔九〕自「初」至「至是」，本傳無此文字。

〔十〕本傳作拱樞「江南道御史」。

滇軺紀程

滇軺紀程（一）

四月

廿七日，戊午。卯刻。考差人員候宣，得旨，以則徐充雲南正考官，吴慈鶴副之，祝慶蕃充貴州正考官，吴振棫副之。俱九叩頭，謝恩畢回寓。

五月

初八日，戊辰。晴。晨，送行者絡繹。巳刻起程，未正抵長新店。憩小又行，路窪多潦。酉至良鄉縣城外旅店宿。聞行李車離此二十里停閣難動，雇騾往迎，四鼓始到。

初九日，己巳。晴。辰刻行，巳正到豆腐店，與巢松前輩同飯罷，行過琉璃河，熱甚，憩一小廟。申刻抵涿州，穿城行，宿南關外旅店。

初十日，庚午。晴。卯刻行，巳刻高碑店飯。又行三十五里抵定興縣，宿城內行館，垣瓦多傾圮。

十一日，辛未。晴。子刻行，十里渡北河。黎明過故城鎮小憩，辰刻抵安肅縣，城內行館較大。早飯後行二十五里，其地爲漕河，有慈航寺，方恪敏公督直隸時所重建也。相傳恪敏微時，嘗於冬月徒步出關省親，雪後過此，凍而仆。寺僧夢佛爲言門外仆者乃此間開府，宜迅護之。僧如其言，扶入而甦焉。脩廟所以報也。旁有恪敏、勤襄等祠。因與巢松在此避午暍，觀恪敏公遺照，僧爲設寒具，飽啖而行。申刻抵保定省城，制府以下皆遣迎於郊，以柬答之。

十二日，壬申。晴。寅刻行，辰刻至涇陽驛，其地屬滿城縣，而距縣城三十里，飯罷即行。午刻至望都縣城内行館。巢松前輩昨日見贈二律，今依韻答之。又作七律四首，寄答李孝廉綸光。晚飯罷，出觀堯母祠。陵在祠後，有井曰鷄鳴井。

十三日，癸酉。晴。子刻行三十里，過清風店，天尚未明。辰刻抵定州縣城。飯罷即行，過明月店，見「義皇聖里」碑。午正刻抵新樂縣，行館在城外。自定興至此皆苦旱，黍苗出土不及寸，望雨甚切。

十四日，甲戌。晴。子刻行，刮風，涼如深秋。寅刻伏城驛飯。四十五里，屬正定縣。午刻抵正定府城，宿城内行館。旋遊大佛寺，其殿三層，俯睨全城，銅佛高七丈三尺，誠鉅觀也。寺内有隋碑，郡守陶凫鄉前輩櫟搨一紙見贈。

十五日，乙亥。晴。平明行，五里渡滹沱河，水甚小，過二十里鋪喫麪。巳刻抵欒城縣，由城内行，住東關外旅店。是日因渡河，不能早行，僅行六十里，實則長如七八十里。夜驟雨一陣。

十六日，丙子。晴。平明始行，因昨夜新雨故也，途有行潦。自欒城至趙州四十里，多繞道。辰正刻飯趙州城内行館。自趙州而南，昨夜未雨，路亦甚坦。行五里過大石橋，又十五里憩古廟口金山寺，其外茶亭，阮芸臺尚書題句云：「買絲客去休澆酒，鋤餅人來且喫茶。」申刻抵柏鄉縣，穿城行，住南關外旅店。是日計行一百里。

十七日，丁丑。晴。子正刻行，月色如畫。卯正至内邱城内行館，飯罷即行。自内邱以南，多沙地，然遠山疊翠，林木蔥茂，泉潤草香，道旁有稻田數畝，差具南中風致。未刻至邢臺縣，順德府城。適有集場，人貨坌積。宿南關外旅店。計行百二十里。

十八日，戊寅。晴。子初刻行，黎明至永年縣屬之臨洺關，已行七十里矣。行館較精緻，飯罷又行。過邯鄲觀小憩，其地即盧生入夢處，壁上嵌「蓬萊仙境」四大字，乃呂仙手書。又有乩書楹帖云：「黃粱富貴本空虛，須識箇中人，閒適未容長睡去；白鶴神仙工點化，無如夢裏客，酣恬不肯即醒來。」午初刻至邯鄲縣，由城内行，宿南關外旅店。縣尹呂叔訥星垣，武進名下士也，與巢松有舊，來見於館，年已七十，由廣文擢大尹，現攝斯邑，出示所畫江山萬里圖長卷，殊雄勁。

十九日，己卯。子刻即雨，寅初稍晴，行。淩晨雨甚，道泥濘，輿人皆委頓。午抵磁州，宿南關外行館。先二十里爲杜郵店。自杜郵至城，雙渠夾道，其清如鏡，芰荷出水，蘆葦彌岸，翛然可賞。閱蔣礪堂尚書黔軺紀行集，知此渠乃國朝州牧蔣擢疏滏陽河成之，至今稻田資其霑溉。噫！何地不可興利，顧司牧奚如耳。

二十日，庚辰。昨夜大雨，黎明行，天始霽，路仍甚滑，辰刻渡漳水，則陽烏上升矣。漳之旁有銅雀臺故址，又纍纍相望者，皆曹孟德疑冢也。登岸數武，即豐樂鎮，屬河南安陽治，行館甚敞。飯罷又行，四十里至彰德府，城內宿。此地多勝蹟，如韓魏公晝錦堂之類，恨不能悉覽耳。

廿一日，辛巳。晴。子初刻行，黎明至湯陰縣城。謁岳忠武祠，其二十三世孫奉祀者出迎，以楹帖贈之。又過嵇侍中祠、扁鵲墓。辰刻宜溝驛行館飯。其地爲先賢子貢故里，今駐以巡檢，屬湯陰治。又行三十五里過淇水，先數里爲鹿臺、鉅橋遺蹟。水流激石，作下灘聲，有草橋，可徑行，過西岸為高郵店。又二十五里抵淇縣城內，宿綠筠書院。是日計行百三十里，而實有百五十里長。

廿二日，壬午。晴。子刻行，黎明過比干墓，有孔子書碑。至衛輝府，館於城外旅店，飯罷又行。午刻新鄉縣，宿城外旅店。計行百里。

廿三日，癸未。晴。子刻行，多沙路，途遇野狼，輿夫哄逐之，始卻走。卯刻至亢邨驛，屬獲嘉縣，有驛丞駐此。飯罷行，二十里至王禄集。西北風殊大。或云黄河盛漲，無渡船。或云南北岸俱多深淖，不能徒涉。衆意皆願止此。余與巢松遣人先赴河滑察聽，尚可過去，乃復行。凡深淖之處，輿人裸而舁之，行李則募人運送，始抵河之北岸。酉刻開舟行，風已息，而河溜仍甚急，水將平隄，歷十二刻，於南岸登陸，天已薄暮。滎澤縣尹遣人來迓，詢知行館在縣城内，蓋岡陵驛之館爲大水所汩故也。又行二十餘里，凡涉深淖者八九處，甫抵行館，漏已再下矣。

廿四日，甲申。晴。卯刻行，途間仍多積潦，蓋近河州縣，皆於月之中旬連霑大雨故也。午刻抵鄭州，行館在城外，甚精邃，有竹木之勝。是日僅行四十里，以昨過疲，今有勝地，且作偃息云。

廿五日，乙酉。晴。子刻行，平明至郭店驛。飯罷又行，午刻至新鄭縣，館於城内。縣西有具茨山，其高處名風后頂；又東有大騩山，騩即隗，與風后頂皆以人得名。舊志皆以鄭城居溱、洧二水閒。今考縣志，溱水出密縣鷄絡塢，入新鄭境，即合於洧，今城南之水即洧淵，而北來未嘗涉溱，知城非春秋舊地矣。宋王沂公、陳文惠、歐陽文忠、吕文靖墓皆在此。明范脩己曲洧新聞載，子產廟誤爲祈子之祠，張生祠誤爲子皮，遂為皮工奉祀，殊可一噱。縣志又載有唐開元墓甎殘字，乾隆元年出土。唐年府君墓志，乾隆三十六年出土。今未暇訪搨，誌以俟考。邑又有三賢堂，祀子產及裴晉公、王沂公。申刻，飯罷又行，渡洧水，乘小舟，輿馬，皆徑涉。岸上有「子產乘輿濟人處」碑。亥刻至長葛縣屬之石固鎮宿。是日計行百四十里。

廿六日，丙戌。晴。平明行，五十里渡潁水，飯於潁橋行館，襄城縣轄。其地有潁濱書院。是日甚熱。飯後暫息數時，申刻又行，晡時抵襄城縣。穿城行，至南關外，過石橋，乃汝、潁合流處，宿於橋南旅店。予衣箱落水浸溼，漏夜開曬。

廿七日，丁亥。丑刻，巢松先行，時已微雨，晨起尚未息。予將行李草草部署，早飯罷始就道。道旁有黃城山，其下即沮溺耦耕處。申刻過遵化店，渡沙河，其上有「子路問津處」碑。至葉縣城内行館，則巢松已赴保安驛矣。飯後余亦前進，路甚泥濘，蓋今晨之雨南來愈大也。十里有「丈人止子路宿處」碑。渡澧河，至舊縣行館，漏已再下，因宿焉。此地有昆陽雄風坊，即光武破王尋處。

廿八日，戊子。平明行三十里至保安驛行館飯，仍葉縣境，有裕葉巡檢駐此。飯後又行三十里爲扳倒井，相傳光武駐師於此，土渴甚，扳石得泉，後因成井。今井中泉源甚盛，且瀉爲兩池，皆種白蓮。後有光武祠，壁間繪雲臺二十八將象，奉香火者爲克敬道人，居此五十年矣。其別院曰玉照堂，有荷池一方，旁多蒔卉。予到此，甚願留憩，見黑雲如墨，亟須就道，甫二里，則大雨如注，沿途輿人多蹶，予亦爲箕之簸揚矣。酉刻抵裕州北關外，行館甚敝，巢松在此相俟。裕即古方城之地。

廿九日，己丑。辰刻行，道旁有張廷尉祠墓。三十里許渡趙河，於岸上行館小坐。未刻冒雨行，申刻宿博望驛，即漢張騫采地。

三十日，庚寅。寅刻冒雨行，三十里至新店，天晴。飯罷又行，至南陽府離城八里之栗河店宿。此地行館本在城內，近因夏間河水常發，往來非易，故每館於此。明日即由此前進，不經府城矣。

六月

初一日，辛卯。晴。子初刻行，平明林水驛飯，未刻過新野縣，館於南關外。

初二日，壬辰。晴。子刻行，渡白河，換船兩次。白河即淯水，發源嵩山雙鷄嶺，西南入漢河，上有望夫石。平明新店鋪飯，辰刻憩呂堰驛，入湖北襄陽境。下午又行，渡小青河，晚抵樊城，即仲山甫封地，宿於旅店。自京都至此，已行二千三百九十五里矣。宋將王順、牛天富拒元兵在此地，今城已無存。

初三日，癸巳。晴。在樊城檢行李。

初四日，甲午。晴。候夫馬未齊，再住一日。聞漢江老龍隄漫口，府、縣皆在彼防護。

初五日，乙未。晴。平明濟漢，由襄陽城外行。城南有峴山祠，羊、杜二公墮泪碑在焉。峴之南為鹿門山，龐德公、孟浩然皆隱此。東為習家池舊址，晉山簡所遊者，今名北馬泉。西北方山之麓爲漢皋，即鄭交甫遇二女解佩處。是日多沿漢行，六十里渡小河飯，宜城轄。又三十里至宜城縣，城内宿。城之東北一十里，有宋玉墓。城東有杜康臺，爲康造酒處。此地舊出美酒，張華輕薄篇所謂宜城九醒也。

初六日，丙申。晴。子刻行，平明新店飯。仍宜城轄。渡小鹽河，巳刻至鍾祥之麗陽驛宿。是日行九十里，實只七八十里耳。

初七日，丁酉。晴。亥刻即行，二十里過斑竹岡。唐韓翃送人赴江陵詩云「斑竹岡連山雨暗，枇杷門向楚天秋」，即此。又四十里石橋驛飯，屬荆門州。時天尚未明。又行四十里至子陵鋪，相傳嚴子陵曾僑寓於此，州東北岩山上有客星井，亦其迹也。又二十里宿荆門州城内之考棚。下午微雨。是日多山路。

初八日，戊戌。晴。子刻行，二十里過掇刀鋪。相傳關聖屯兵此地，插青龍刀於石罅。今關帝祠内有小石，建大刀其中。時昏夜，未得觀。復有馬跑泉遺阯。又二十里團林鋪飯，六十里宿建陽驛，其地以建陽河得名，仍荆門州治。

初九日，己亥。晴。以昨晚旅店湫隘，熱不可耐，定更後即行。丑刻四方鋪飯，卯刻至荆州府城。史記楚文王熊貲始都郢，即此。有仲宣樓、庾亮南樓、馬融絳帳臺、孟嘉落帽臺，宋玉、羅含宅諸遺阯。南門外有息壤，其土握去復生，相傳鯀所以湮洪水者，今握多尚致水潦。聞江水猝發，官道盡没，舟行爲梗，因定計乘舟。未刻赴舟次，舟殊窄，俗名倒爬。下午大風，不能開，在江邊暫泊。

初十日，庚子。晴。巳刻風定，解纜行，東南風利。三十里至虎渡口，俗名太平口，江面較小，過此則皆下水矣。晡時過李家口，公安縣轄。亥刻至黄金口泊。計行九十里。

十一日，辛丑。晴。辰刻發，午過沱孔，蓋自公安達湖南皆泛沱水，江之别支也。申刻過四水口，入湖南澧州界。漏夜行，四鼓泊津市，距澧州二十里餘。是日計行一百八十里。

十二日，壬寅。晴。開舟，以上水行較遲緩，巳刻至澧州，距城二里許卸舟，館於城内試院。州治有車武子聚螢臺及陸宣公墓遺迹。閲州志，知自虎渡口至州水道，乃明張江陵開濬以殺荆流者。是日熱甚，下午雷雨數陣。

十三日，癸卯。晴。未刻就道，渡湖舟者三。戌刻宿清化驛。

十四日，甲辰。晴。丑刻行，平明過鼇山鋪，辰刻抵大龍驛。武陵縣轄，縣北有大龍山，故名。

十五日，乙巳。晴。子刻行，平明已抵常德府，館於城外。常德即隋朗州。城外十五里有善德山，以善卷避堯讓天下於此，故名。

十六日，丙午。晴。子刻行，丑刻過陬市，又作周溪，屬桃源縣。人居、市肆亦極整密。過小渡三處，皆以舟爲梁。辰刻至桃源縣，行館在河湑。因緬甸貢象入境，邑令恐前途驛舍不敷，勸余併兩程行。申刻飯罷又行，過即山路，俯臨大谿，勢險而窄。經桃洞，即秦人避地處，以昏黑未得觀，聞有劉夢得書「桃源佳致」四字。渡白馬、水西、辰谿三水，亥刻至鄭家驛宿。是日計行百二十里。

十七日，丁未。晴。天凉如秋。平明行，巳刻次新店驛，仍桃源轄，是日轎始加縴。

十八日，戊申。晴。寅刻發，平明已二十五里，入沅陵縣界，巳刻過辰龍岡。山勢環抱，疑若無路。次界亭驛。

十九日，己酉。晴。寅刻行，平明過馬鞍塘，遇緬甸貢象過此。又過獅子塘及來溪石橋。巳刻至馬底驛宿，驛在馬鞍山之麓，故以命名。是日山路陡甚。

二十日，庚戌。寅刻行，山路多險，巳刻至辰陽驛，在驛館小坐。雲南伴送貢象之員亦於是日到此。行館逼狹，邑令張時菴鴻箴勸余入城住其署中，遂渡沅入辰州府城，於縣署之後堂下榻。此地有小西山，在城西北，古藏書之所也。

廿一日，辛亥。張明府留住一日，意誼甚殷，以紙索書。余作七律二首，書扇贈之，又撰書楹帖一聯云：「一縣好山留客住，五谿秋水爲君清。」是晚雷雨大作，滂沱達旦。此地已旱四十餘日，得此喜雨，交相慶也。

廿二日，壬子。張明府又留一日，以滇省貢使亦過此，夫馬不足故也。午後又大雨，書聯、箑數事。

廿三日，癸丑。平明行，張明府渡河送於郊。未刻至船谿驛，仍沅陵轄。是日皆山路，七十里遠如百里。抵驛後有雷雨一陣。

廿四日，甲寅。寅刻行，四十里過辰溪縣。其地無城，飯後渡溪行，三十里至山塘驛宿。是日山多路長，天氣陰晴各半。

廿五日，乙卯。寅刻行，四十里至中和鋪，憩留雲寺。又四十里宿芷江縣之懷化驛，宋史地理志有懷化鋪，即其地也。是日所過諸山俱峻絕，木旗嶺雲氣尤變幻，八十里地遠如百里。晡時雨。

廿六日，丙辰。晴。寅刻行，平明過榆樹灣，市肆甚密。謁天后宫，憩楊公廟。楊公宋時人，蓋神於沅水者。巳刻抵羅舊驛，俗名馬公平，以山路到此忽平坦也。羅舊在公平南二十里，本有驛舍，嗣因去懷化過遠而府城又太近，故移驛於馬公平，而仍其羅舊之名。驛有王陽明先生碑，刻詩云：「客行日日萬峯頭，山水南來亦勝遊。布穀鳥啼林雨暗，刺桐花暝石谿幽。蠻煙喜過青楊瘴，鄉思愁經芳杜洲。身到夜郎天萬里，五雲西北望神州。」

廿七日，丁巳。寅刻行，巳刻至沅州府城，行館在城内，甚清邃。郡守藍凡石嘉績率代理芷江令李參軍、縣尉蔣賓隅寅來迎候。凡石年七十餘，浙之定海人，乃乾隆乙酉鄉科，己丑中書，迄今二十六科，宦途中鮮有其匹。賓隅亦戊申賢書，以作宰罣誤左遷縣尉，今已十餘年矣。余作沅兩君歌贈凡石、賓隅。

廿八日，戊午。寅刻行，過橋，橋兩旁皆列肆。三十里冷水塘小坐。自冷水以南，又皆山路。過小栗、大栗二嶺，遇雨即晴。又過迴龍閣，瀕河狹路，險甚。巳刻抵便水驛，宋史地理志崇甯三年以奬州地爲便谿砦即此也。行館即在巡檢署中。

廿九日，己未。晴。寅刻行，渡沅水，又過蜈蚣嶺，巳刻至晃州。此地舊屬芷江縣，以苗民不願，嘗赴京呈請改歸黔省，於丁丑年特設直隸通判以便之。予至此，見學宮考棚尚未落成，聞苗民復在京呈改，特派督撫會勘，行且至矣。考晃州以晃山得名，宋淳熙紀年，酋長田漢權以砂井人栗忠所獲晃州古印一紐來獻，遂以漢權爲晃州刺史。

三十日，庚申。晴。寅刻行，渡沅，三十里至鮎魚鋪，入貴州界。又三十里玉屏縣，行館在城内。此地亢旱月餘，田禾槁者十之七八。是日熱甚。向聞雲貴夏不葛，冬不裘，恐未盡然。

七月

初一日，辛酉。晴。寅刻行，五十里至清谿縣，路坦而近。渡清浪水入城，館於縣署，蓋此地無驛舍也。

初二日，壬戌。晴。寅刻行，五十里至焦谿，過河飯。又四十里宿鎮遠縣。是日路甚險惡，上接千仞，下臨重淵。聞雨後水發，尤不可行。兹以遇晴爲幸，然此地告旱久矣，身雖行役，亦甚爲盼澤也。府城有中河山，兩水夾流，山居其中，石壁鐫有「楚橋風順」四字。又有香爐山，上豐下削，巖上鋟「泝流光」三字。府治倚山爲城，山隙處補以睥睨，望之若無城然。府前大石橋臨鎮陽江。江即潕溪，合西來諸水入沅，由此泛舟下水，可直達常德。是日始見苗民。

初三日，癸亥。晴。寅刻行，平明過文德關。關側有石五竅，竅中出泉，名雲根五漏泉。又十里經相見坡，三重迭起，每陟一坡，則兩坡皆見，行人相去數里，若覿面然。辰刻劉家莊飯。又行，經華嚴洞，輿悤悤舁過，以未得觀爲憾。又過望城坡，距施秉縣十里，而全城在望。坡南兩山夾澗，俗傳諸葛武侯鑿以運糧者，明黔撫郭子章開之復塞。國初洪承疇謂開此洞可舟運至偏橋，以達黄平。役千人鑿之，不通而止。諺曰：「若要此洞開，除非諸葛來。」蓋山削水急，每爲崩石壅斷故也。午刻抵施秉縣宿。縣北有巴施山，南有秉谿，故名。

初四日，甲子。寅刻行，遇雨。巳刻處暑。三十里灩橋塘飯，又十里將至東坡塘，有飛雲巖，天然奇秀，真如金枝玉葉，輪囷蔥鬱。上有大士立象，左右皆流泉，四時不竭，由兩方池瀉出，歷溪橋而下。山中終日泠泠有聲，巖下一洞雖小，亦覺奇古。西有數百年古柏，而西南有月潭寺，王文成公碑記在焉。到此小憩又行，二十里抵黄平州，館於城内。聞城東四十里，有架梁山，孤峯插天，可望千里。城北三十里有北攸河，原名都凹水，即潕江[二]之源。

初五日，乙丑。平明行，天陰微雨。三十里重安江飯，仍黄平州轄。飯後過渡。

午過大風洞，至清平縣，由北城出南關外宿。夜雨，有寒意。

初六日，丙寅。雨，甚涼。平明行，四十里飯楊老驛。又四十里過魚梁江，四面石壁如削，嵐翠滴瀝，中亘石橋，泉琤瑽過橋下，亦名響琴峽。岸旁小寺，有閣三重，值雨，景尤佳絕。過峽爲黃花嶺，又十里宿西陽驛。自楊老至此，皆平越州治，距州城三十里。

初七日，丁卯。平明雨歇，行五十里，次貴定縣。

初八日，戊辰。晴。卯刻行，十五里經牟珠洞，俗名母豬洞，明太史邱禾實易名憑虛，國朝鎮遠守陳受漣易今名。山門額曰「天然古洞」。初入尚有容光，謂之天窗。中閒矗立自然石柱，高十餘丈，層級分明，僧人奉佛於此。再進則須燃炬，見石乳垂垂如筋，異狀百出，曰童子拜觀音，曰七層寶塔，曰蓮花座，曰鐘，曰木魚，叩之，音各相類。曰石象、石尊，曰千人座，曰十八羅漢，無不宛肖。地下白石如梅，曰落地梅花瓣。過此，路益仄而滑，難以更進矣。聞洞之西，復有兩洞，皆相通，未及悉觀。又十五里新安飯，仍定州轄。過銀錠關，又三十里次龍里縣。縣在元爲龍里州，以城南有龍駕山得名。聞其山有留雲洞，洞中石乳二，叩之若鐘鼓聲，何黔山之多奇也？夜雨。

初九日，己巳。晴。卯刻行，三十里谷腳小坐。又行，過龍洞坡，午至貴州省城。

初十日，庚午。辰刻行，黔中當事俱遣送。過湯粑嶺，飯龍場驛，仍貴筑轄，明王文成公曾謫此地驛丞。飯後又行，遇大雨。午至清鎮縣城内住。

十一日，辛未。晴。卯刻行，在蘆荻塘飯，次安平縣。自昨日過龍場後，山皆迤邐，路較坦易。是日午後天氣亦暄暖。

十二日，壬申。晴。卯刻行，三十里過飯籠鋪，飯於白板房。又五十里至安順府，與巢松宿城内旅店，緣行館留待制軍耳。

十三日，癸酉。晴雨相閒。雲貴制府伯協揆今日住鎮甯州，恐行館未能騰出，因在此暫住一日。

十四日，甲戌。雨。晨起，飯罷行，三十里馬場塘，伯協揆入都祝嘏過此，班荆小坐而别。又三十里鎮甯州，城内宿。

十五日，乙亥。晴。晨起，飯罷行，十五里過安莊坡，又十五里繁花鋪。過白水橋，有瀑布横亘十餘丈。又過羅伽坡、迴龍坡，路俱險惡。未刻至坡貢宿。

十六日，丙子。晴。早晨飯罷行，過鳳凰關、石龍關，俱陡削。三十里至安樂鋪，路稍平。午至朗岱，是處苗民別出數種，衣飾各殊。道旁桂花正開，折數枝供之小瓶。

十七日，丁丑。晴。晨飯罷行，十五里過打鐵關，又十里拉邦坡，十五里那當坡，俱甚陡險，下臨無地。自昨日鳳凰關以西，皆登多而降少，至此則上少而下多。拉邦直下十里。那當十五里中下坡者居四之三。又渡毛口河，河水如渥赭，亦名西林渡。後過二小坡，宿阿都田，爲興義府南安縣轄，距城九十里。

十八日，戊寅。陰。卯刻飯後行，歷山坡十餘處，至花貢遇雨。過老鷹崖，直上十五里，黔山之峻無出其右者。次白沙驛，普安縣轄，距城六十里。雨後天氣嫩寒如初冬。

十九日，己卯。晨起，飯罷行，遇雨，路甚泥濘，幸無峻險處。二十里罐子窰李家旅店小坐。又十八里至上寨，行館半將傾圮，與巢松前輩於一屋内聯牀而寢。

二十日，庚辰。卯刻飯，行，沿溪傍山，路窄泥滑。過庚戌橋，乃雍正八年鄂西林相國所建。逾南鯨坡，頗峻，然視前數日則剏施矣。三十里至楊松，道旁桂花盛開，以多雨，其香少減。又三十五里次劉官屯遇雨，仍普安廳轄。至夜分始息。

廿一日，辛巳。陰晴相間。卯刻飯，行，途多怪石，泥又滑，幸雨已歇，輿人雖蹶，尚無甚苦。七十里至亦資孔，本名亦是孔，以路形似「亦」字也。武弁來迓。是日風勁，如北地之九十月。

廿二日，壬午。晴。卯刻飯，行三十五里入滇省界，有「滇南勝境」木坊，右爲關聖廟，左爲石虬亭，有石蜿蜒地中，如虬形。小坐又行，十五里至平彝城内，住縣署。自入滇境，輿後加用監臨封條。吏送科場事宜册。

廿三日，癸未。晴。卯刻飯，行。西風大。官道以積雨故，爲水所没，繞道由山麓行。山皆迆邐，土色如赭。三十里棠梨灣小坐。又三十里至白水驛宿，屬南甯縣，距城七十里。

廿四日，甲申。晴。卯刻飯，行。西風大。過分水嶺，不甚峻。四十五里至霑益州城内。巢松待余於逆旅，湫隘喧雜，實不可住，因移榻於州署。是日巢松前輩生日。

廿五日，乙酉。晴。卯刻飯，行三十里至三叉路，南甯縣轄。又四十五里至馬龍州，下榻於州署之西偏。

廿六日，丙戌。晴。卯刻行，五十五里板橋鋪，二十八里逾關索嶺，不甚峻。宿易隆驛，仍尋甸州轄。夜雨達旦。

廿七日，丁刻。晨起雨歇，飯，行三十里又雨。有一水，可十餘里，衆山環之，名嵩明海。一山突出水湄，萬松森立，道旁一碑曰「小蓬萊」。有寺曰「海潮」，適大雨如注，未得登眺爲憾。雨後山泉陡落，如黄龍蜿蜒，百道疾走，四望山色明秀，水田千頃，甚愜幽賞。又三十里至楊林驛宿，乃嵩明州轄，距州治三十里。省中遣巡捕來，省垣諸公皆以柬來。

廿八日，戊子。晴。卯刻飯，行，路坦而近，六十里至板橋驛宿。

廿九日，己丑。晴。以向例皆於八月朔進省，仍在板橋住一日。遣巡捕官先入城，持柬答撫軍、司道。書扇十柄。

八月

朔日，庚寅。晴。卯刻行，二十里高坡塘，有亭，立銅牛一。又十里過金馬山，相傳阿育王季子至德呼馬於此，又名呼馬山；漢王褒所祭，或即其地，今有金馬祠。省中以鹵簿鼓吹來迎，撫軍、司道皆遣迓，昆明莊明府親迓於郊，弗敢見。去城二里有太平橋，古名牘甎橋，相傳爲諸葛武侯建。入麗正門，城甚宏壯。城中舉袂成雲，視黔省數倍。過五華山麓，五華書院在焉，鄂西林相國所建也。使館在五華山右九龍池之上，俗名「萊海」，古稱「柳營」，乃沐氏别業。館有兩院，與巢松前輩分住。

校記：

〔一〕滇軺紀程又稱己卯日記，記録林則徐嘉慶二十四年四月廿七日（一八一九年六月十九日）至八月朔日（九月十九日）充雲南鄉試正考官赴雲南途中見聞。

〔二〕應是沅江誤。

荷戈紀程

七月

初六日，壬子。晴。已刻出西安城，廿七里泗池汛。又二十里爲灃水橋，俗謂之三里橋。沿岸北行二里許即渡渭。此處報水以分數計，是日水勢浩瀚，舟人以爲不止十分，幸舟過尚平穩。及登北岸，即咸陽縣城矣。住東門内行館。

初七日，癸丑。晴。黎明行，出北門，頗有小坡，十五里上照，又十里雙照，又十五里店張驛飯，其地屬興平，距縣三十五里。飯罷又行，十里晏邨，五里儀門寺，五里藥王洞，十里醴泉縣，館於西門外。

初八日，甲寅。晨起天已陰，二十里至楊鳳汛，雨漸大。又行二十里至乾州，郊迎，館於城内，因途中難行，即住此。

初九、初十兩日俱因阻雨发水，未行，仍住乾州。

十一日，丁巳。晴。黎明出北門，十里黑虎灣，八里十八里鋪，十二里陽峪嶺，十五里安駕宮，橋交永壽縣界。又五里監軍鎮飯。此鎮以監軍名，閱祁鶴皋先生萬里行程記，謂沿唐時宦官監軍舊名。迨考永壽縣志，乃知明崇禎時，邑人任棟爲河南監軍道，家住於此。棟勦流賊被難，以忠義稱，亦足以名其鎮矣。飯後又行，五里舊永壽縣，十里屹塔鋪，五里蒿店塘，十里穆陵關，唐人許棠嘗過此，有詩。五里沙廟店，五里老虎頭，二里永壽縣，館於南城外。是日行九十里，自乾州至此皆向北行。按，永壽在漢時爲漆縣，見史記，又爲好畤，見漢書，秦始皇起梁山宮，即太王踰梁山處也。漢書陸賈傳云：「以好畤田地善，往家焉。」今縣之西南五十里有陸賈墓，唐長孫無忌竄居於此，今有子孫在焉。自過監軍鎮後，沿途多山，其民皆穴居，即古陶復陶穴之風，今土人謂之窰洞。

十二日，戊午。晴。寅正刻行，入南門，出北門，即上坡行。五里分水嶺，五里乏牛坡，十五里瑤垣坡，下坡五里爲底窨溝。沿途多有澗水，輿人皆涉過。又十里太峪鎮，邠州轄。飯後上太峪坡，計坡路十里始下坡。又五里腰鋪子，又五里十里鋪，又七里三里臺，又三里邠州城。入東門，館於城内，與州署爲鄰，其署中求書者坌集，勉應之。

十三日，己未。晴。黎明行，出西門，十里有明岨山，圓如覆盂，其下有水簾洞，泉出不涸，土人誤信西游小說，謂其山即花果山者，謬也。自此而西北，皆沿涇河行，水勢浩瀚。涇水自甘肅平涼來，衆水匯之，河寬處不下數百丈，兩旁皆重山屹立如牆。又十里大佛寺，即慶壽寺，唐貞觀二年所建也。佛有三尊，一正坐，二旁坐，高約八丈，寬約二三丈，皆就石巖鏨鑿而成，此外造像不可勝計。此二十里間，棗樹最多，其實已纍纍矣，桑林亦蔥蔥彌望，誠一幅豳風圖也。十五里安仙鎮，又五里則渡涇河，土人謂之黑水渡。過西岸即亭口鎮，長武縣轄，有行館甚小。飯罷又行，自此至長武四十里，皆上高坡，肩輿須曳縴行。十里小邨，土人謂之馬兒包。又十里謂之二敞里，又五里冉店，又十五里至長武縣城，館於南門内，求書者又坌集，應之，至夜始罷。

十四日，庚申。陰。是日赴涇州，計程一百里。聞路甚長，天未明即行，幸無大坡。出西門，十五里洪家鋪，又十五里窰店，入甘肅涇州界。是處市集略大，爲向賣贏馬之所。又十里張邨鋪，又五里瓦雲驛，飯後又行，忽起西北大風，凉甚。十五里高家窰，又十里三十里鋪，又十里二十里鋪，又十里太平關，又十里涇州城。行館在東門外，頗寬敞，其前為嚴家山，相傳為徙置嚴嵩家屬處也。晚微雨。

十五日，辛酉。昨夜三鼓後雨漸大，晨起簷霤潺潺。輿人來言途多積潦，且出門即須過涇水，既不能涉，又無渡船，祇得作一日住。

十六日，壬戌。晴。黎明行，入南門，出北門，未半里即涉涇水，深雖不及二尺，而其流甚急，土人扶輿以濟，殊爲涉險。西南山上有王母宮，其下豎碑云「古瑤池，降王母處」。因泥滑難行，故未登眺。自州城至王莊三十里，中間所過十里鋪、二十里鋪，居民皆只數家，王莊地亦小，行館僅三楹，仍涇州轄。飯罷又行，十里土溝鋪，交平涼縣界。又十里花家莊，又十里驛里廟，又十里白水驛，市鎮頗大，行館亦敞。

十七日，癸亥。晴。黎明行，十里馬連鋪，五里王家寨塘，五里鄜現鎮，十里四十里鋪。飯罷復行，十五里甲子峪，十里米家衛，五里十里鋪，十里平涼府城。其城東西長而南北狹，入東門後，有闕數重，行館在城内，已近西門矣。是日行七十里，尚無大坡，惟處處由澗水涉過，已有七十二道腳不干之意。

十八日，甲子。黎明，出西城，行至十里鋪，即有雨點。一路澗水洶湧，知上游昨已被雨，山水疊發也，輿夫、縴夫多有病涉之苦。十五里斜河子。五里下李家莊，五里至安國鎮。飯後雨勢愈大，祇可住此矣。行館雖小，尚新潔。

十九日，乙丑。黎明行，微有雨，所過山澗甚多，水皆湍急。十里入固原州界，又十五里蒿店小住，作麪餅食之。又上坡行，二十五里瓦亭驛，距固原八十里。即過六盤山，輿人咸慮及半途遇雨無可棲止，遂住此。

二十日，丙寅。晴。昧爽行，五里高場堡，十里和尚坡，即六盤山之麓。其時朝曦未出，西風忽來，山氣侵人，寒如冬令，因就旅店沽酒喫麪。稍暖復行，山峻路曲，盤旋而上，五里始至山半，曰廟兒坪，關帝廟香火甚盛。敬詣廟中行香。又旋行而上，其沙土皆紫色，一木不生，但有細草。五里至山巔，俯視下方田廬，則混茫一氣矣。頂上有兵房數椽，問其兵數，人三成眾而已。閱鶴皋先生日記：「過此遇雨，狼狽萬狀。」此次幸大晴，不逾時而過，殆東坡所謂「知我人阨非天窮」者耶？下山十里楊店，又十五里至隆德縣城，入東門，城內住。行館深而狹，城頗大而荒凉特甚。此處向以五十里爲一站，是日亦不能再行矣。

二十一日，丁卯。晴。寅刻行，天明過十里鋪，又十里小河子，又十里沙塘鋪，有市集。又五里龐家鋪，又十里神林鋪，自縣城至此，名四十五里，實止四十里。仍隆德轄。飯罷又行，十五里亂柴鋪，又十里為静甯州之二十里鋪，又十里平家河，又十里静甯州城。入東門，有行館甚敞。是日行九十里，路平而近。自涇州至隆德，日寒一日，非裘不可，抵静甯後則又變暖，早晨著棉，午後單衣，蓋地氣各不同也。

二十二日，戊辰。天陰。路多山坡。黎明過十里鋪河，五里官道岔，又五里齊家大山，又五里鄧家灣，又五里松家溝，又十里七里鋪，不知離何處七里。又五里高家堡，飯罷復行，十五里界石堡，交會甯縣界。又十三里罐子硤，又十里清水河，又五里倒回溝，緣山路迴環複疊，中隔山溝，後行望前行者，似折而回，故爲是名。又五里青家驛宿。此地有堡城，行館在堡内，頗新潔。

二十三日，己巳。昧爽行，天晴。十里大山川，即漆家大山。又十里太平店，又十里馬家鋪，以上多高坡。又十五里翟家所，土人謂之柴家觜。飯罷又行，十里李家岔口，又十里王家川，又十里孫家油房，又十五里會甯縣城宿。自李家岔口至縣城，上坡少下坡多，惟沿路皆山澗之水彎環流轉，處處涉過，俗稱「七十二道腳不乾」者，此也。此處縣城頗爲完整，自涇州西來，皆無其比。行館在西門月城内。

二十四日，庚午。晴。晨行十里楊家岔，中間涉過澗河約六七道，有王家河尤為汹湧，其上為桃花山，崎嶇殊甚，車馬皆殆。又十里鷄兒觜，又十五里夏家寨，交安定縣界。又五里新道口河，又十里漆家店，又十里西鞏驛。計六十里到此，沿途無可尖處，驛館頗寬，距安定縣六十里。

二十五日，辛未。晴。昧爽行，十里王公橋，坡路高峻，在昔有橋，今已廢矣。又十里周家窩，又十里青嵐山，亦作清凉山。山麓有旅店數家，行旅多住此。是日無可尖處，在此喫麪。復上高坡，雖亦陡曲，而較六盤山差爲迤邐。十五里賈河灣，又十五里安定縣城宿。

二十六日，壬申。晴。早晨在行館飯後行。十里大鹼溝，又十里二十里鋪，又十里剡家堡，又十里巉口河。自縣城到此，已過河三道。巉口地方略大，尚有市集。又十里梁家坪，又十里秤鉤驛宿。此驛以路形彎曲得名，仍安定縣轄。

二十七日，癸酉。黎明在行館飯後行，未半里即上坡。十里坪灘峴，又五里景家泉，過此則下坡多而上坡少矣。又五里古家鬧池，又十里車道嶺，西來到此始上嶺，東來則已下嶺矣。又五里白土窰，又十里甘草店，此處係皋蘭轄。有尖站、行館。又五里三墩塘，又十五里清水驛宿，係金縣轄。縣在西北四十里。

二十八日，甲戌。晴。早晨飯後行，上坡，五里接駕嘴，又五里雙店子，又五里畢家鋪，又五里三角城。聞城中亦有行館。又五里大坡坪，又五里石頭溝，土人謂之巖頭店。又五里黃家崖，又五里連搭溝，自此則下坡矣。五里崇台坪，又五里十里鋪，又五里謝家嘴，又五里定遠驛，土人謂之豬嘴驛，仍金縣轄。

二十九日，乙亥。晴。早晨飯後行，即上坡，五里豬嘴嶺，又五里太平溝，又五里柳溝店，又五里張家坪，又五里陽王溝，又五里東岡坡。自此以下則少陂陀矣，然積潦載塗，又須繞行小路。五里深溝子，又五里空心墩，又五里碑亭，又五里至省城東關，此關爲省會之外城，計十四里，其内城僅七里。入城宿於行館，客來絡繹。

三十日，丙子。晴。答拜各客。富海颿制軍富呢揚阿。留飯。其署中後園甚寬整，連及北城之上，有樓曰拂雲樓，登樓望北岸諸山，俯瞰黄河，眼界頗佳；其下小碑林，鎸懷素、米、董諸帖於壁，皆那文毅公所留物也。

八月

朔日，丁丑。晴。爲人書聯、扇。對客數起。午後出西關，答拜雲蘭舫觀察。雲麟。蘭舫寓會園，其地依山面河，有亭榭花木之勝。晡時回。是日甚暖，可著絺綌。

初二日，戊寅。晴。早晨對客。富海颿制軍邀午飯，赴之，閲趙松雪所書松江寶雲寺碑真蹟，晚回。

初三日，己卯。晨陰，大雨逾時，午後稍霽。司道程玉樵德潤、王西舶兆琛、唐子方樹義、雲蘭舫同來，約明日在玉樵處小集。下午拜客。

初四日，庚辰，晨陰。對客數起。玉樵來邀，赴之。其署中後園有林泉之勝，玉樵新爲修葺，名之曰「若已有」，中有稻田蔬圃，其上爲實穡堂，又轉而西爲月波亭，池中有小舟，因雨未能放櫂。是日會者六人，海颿在焉。申刻散歸。書聯、扇。

初五日，辛巳。陰晴相閒。唐子方來。自辰至酉手不停揮，而筆墨仍未能了。

初六日，壬午。晴。早晨書聯、扇。督、司、道俱來。下午赴各處辭行。復補書各處紙幅，終夕未寢。

初七日，癸未。晴。辰刻行，出西門，過黄河浮橋，計廿四舟，繫以鐵索，復有集吉草巨綆聯之，車馬通行，此天下黄河之所無也。十里至十里店，名爲離城十里，實則倍之。又五里浸灣墩，又五里俞福墩，又五里沙岡墩，又五里安定堡，又五里三道橋，又五里沙井驛。將至驛處，山土塌陷，有僅留一蹊徑者，驛舍亦破損。

初八日，甲申。晴。辰刻行，十里白家鋪，又十里新田鋪，又十里關帝廟，明萬歷年間顯靈於此，因建焉。又十里韓家溝，又十里石牌溝，又十里胡家山岑，又十里苦水驛。沿途皆極荒陋，將至驛則山樹皆緑，始有生趣，驛係平番縣轄。平番有八驛，在東西路者五，此其一也。

初九日，乙酉。晴。卯刻行，五里五里墩，十里腰外河，又十里新東川，十里塔兒沙溝，又五里張家水磨，又五里紅城驛，乃平番之第二驛也。行館小而潔。沿途堡城極多，此驛堡城尤大，有守備帶兵駐劄。此處出氈貨，而價昂貴。飯後又行，十里郎家坡，又十里金寺堡，又十里高岑營，又五里界牌灘，又五里南大通宿。本日所行皆平路，道旁山色頗秀，緑柳白楊森森夾道，自入甘省以來，惟此地稍有生趣耳。

初十日，丙戌。晴。黎明行，五里鄭家墩，五里郭家墩，五里魏家槽子，五里三教塘，五里莊浪城，係滿兵所住，有城守尉等官駐此。又五里平番縣城。飯後又行，五里深溝，又五里十里塘，又八里中鋪，又五里清水河，又七里武勝驛，此驛有把總駐劄。

十一日，丁亥。陰。卯刻登程，沿途塘汛甚多。五里石嘴子，三里兔兒墪，又五里小馬營塘，又三里大馬營，又四里界牌塘，又四里陰窊山，又三里土溝墩，又三里水泉子，又七里團莊塘，又三里岔口驛，乃平番第四驛也。飯後又行。其營汛多已傾圮。至二十八里爲打柴溝，自打柴溝至鎮羌驛二十二里，中間有火石溝、火石樓、德勝堡、三里墩等塘汛，相距不越二三里。鎮羌乃平番之第五驛也。是日西北風大，地氣陰寒，至驛舍則熾炭以待，聞六月未離棉衣，七月飛雪矣。

十二日，戊子。晴。辰刻行，五里水泉墩，又五里烏梢嶺，嶺不甚峻，惟其地氣甚寒。西面山外之山，即雪山也。是日度嶺，雖穿皮衣，卻不甚寒，下嶺卽仍脱皮衣矣。嶺之西北七里爲平番、古浪交界。又七里雙口子坪，又六里安陽，又十五里隆貴鋪，又十五里黑松驛。飯後又行，六里香爐墩，又三里碾子磨，又三里關王廟，又三里岔路墩，又三里新關灘，又三里太平溝，又五里扎子溝，又七里古浪縣城，入東門内行館宿。夜雨。

十三日，己丑。早晨雨，飯後稍晴，行。出西門，過三里墩，又過八里墩，十里橋兒溝，五里花窰墩，又七里雙塔堡，其地爲武威轄。八里陽窪溝，三里大墩，十里二壩廊，八里靖邊驛。

十四日，庚寅。晴。寅初行，十三里五壩墩，十里河東堡，又十里塘馬墩，又十里大河驛。飯後又行，經二十里、十三里、五里等墩。由大河驛至涼州城三十里，頗近。郭遠堂柏蔭邀余在其署中小住。此地滿城在漢城之東北五里。

十五日至二十一日，均住甘涼道署中，整行裝，换府大車，直至烏魯木齊。

二十二日，戊戌。陰。卯刻行，出西城，城外每五里立一墩鋪，即以里數爲名。在四十里鋪飯。又行十里懷安驛，二十里豐樂鋪宿。

二十三日，己亥。陰。黎明行，小石滿路，十里良山堡，又十里沙河堡，即柔遠驛也。聞有振武將軍孫思克碑，思克者，康熙間名將也。又五里九壩，交永昌縣界。又五里八壩，行館小而潔。飯後又行，十里落鳳堡，又十里回回堡，又十里三十里堡，又十里鎮經站，又十里頭壩。自九壩至頭壩，皆民間所築以禦山水者。自此至縣城東門十里，綠楊夾路，清泉泠泠，頗似南中風。在城内行館宿。是日路九十里，實不及八十里，而大車至更餘始到。夜雨頗大，子刻始止。

二十四日，庚子。陰。黎明行。出西門，沿途大石礧砢，幾無行處。過五里十里墩，又十里水磨關。過此則石子少差矣。五里紅廟墩，又五里重岡塘，有沙岡兩重橫亘於道，逾其脊而過。又五里橋兒洞，又五里三條溝，又五里空心墩，道旁有張將軍戰勝處碑，是何年月，未及諦視。又五里王新鋪，又十里水泉驛宿，仍永昌轄，有堡城，駐一守備，行館狹小。是日雖名六十里，實有八十三里長。山石澗水，處處難行。下午微雨數陣。

二十五日，辛丑。蚤起雨一陣，西風大，卯刻風雨俱息，因勉行。甫數里則大風甚，雨又至矣。須臾雨變為雪，寒冷異常。沿途皆山坡，每五里僅一墩臺，並無民居，一望曠然，殆與塞外無異，竟無可避雨雪之處。三十里交山丹縣界始有小邨，居民二十餘户，有廟曰定羌廟，祀關聖，而祔以王將軍進寶。蓋王爲康熙間名將，戡定羌夷於此。遂在廟中薰衣為食。未刻雪晴，風亦稍定，微見陽光，乃復行，十里帥圃墩，又十里峽口驛宿。將至驛數里，又是小石子路。驛舍亦狹。

二十六日，壬寅。晴。昨夕在車上宿，今日寅刻行，十五里豐樂鋪，有店。又十里阜昌堡，又十五里新河驛，亦山丹轄。飯後又行，過三十、二十里堡、十里堡，又十里至縣城，城外有大禹導弱水處碑。此地東門向不開行，遂入南門，住城内行館。連日所過大路之旁，多依山為牆，係明代所築邊牆，與蒙古畫界，牆以外六十里仍爲漢民游牧之所，六十里外乃蒙古牧地，今猶循此制。土人以爲卽萬里長城，非也。

二十七日，癸卯。黎明出西門，過十里鋪，有大土佛寺。又五里祁家店，又五里二十里鋪，又五里東樂城。此地居民六千餘户，以張掖縣丞駐之，催科理訟，與他處佐貳迥異。飯後又行，涉黑河，十里山羊鋪，十里架子墩，又十里古城子，有城甚小，屬張掖，卽仁壽驛也。

二十八日，甲辰。晴。卯刻行，五里鹹灘鋪，五里馬連井，十里二十里鋪，五里四角墩，七里八里鋪，八里甘州府城宿。提軍以下多來者，旋往答之。署太守李羲堂國軒留晚飯。

二十九日，乙巳。晴。飯後行。過八里鋪後涉河十餘道，土人謂之黑河，有深至馬腹者，總由雪山之水發下耳。又十二里崖水，又十里沙岡，又十里繞煙墩，又十里沙井宿，仍張掖轄。是日行五十里，前二十里多石子，後三十里則皆沙路，車行較穩而費馬力。

九月

朔日，丙午。晴。早晨行，十里小河灘，十里沙河，交撫彝廳界，旅店頗多，行旅皆宿於此小憩。又行十里九眼泉，十里小屯兒，十里古寨堡，又十里至撫彝城，甚小，行館在城内，與廳署切近。

初二日，丁未。晴。黎明行。十里三工堡，又五里雙泉堡，又五里蘆灣堡，五里渠口堡，在龍王宫小憩。過此則高臺縣界矣。五里懷恩墩，又十里高臺縣城，入東門，在城内行館飯。未刻出西門，二十里宣化堡，又五里定安堡，五里大甯墩，五里減淮墩，八里狼窩墩，七里黑泉驛。高臺共有五驛，此第二驛也。自入高臺境，田土腴潤，澗泉流處皆有土木小橋，樹林蔥蔚。其地産大米，兼多種秫，頃已刈獲，頗為豐稔。

初三日，戊申。晴。寅正刻行，二十里花牆子堡，城頗大，城樓亦高，聞係糧食互市之所。又十里紅寺，又二十里深溝，爲高臺第三驛。又行十五里馬連井，十五里鹽池驛宿。是日行八十里，實則不止，且多深沙，又係上坡，馬力幾竭，行人謂之沙嶺。上燈後始到驛，乃高臺之第四驛也。此地北山之下有池，産硝鹽，彌望如湖，聞明初始開鹽利，居民倚此爲生，鹽價每斤不及一文。此外皆斥鹵之地，無可耕種，每過數里無一居民，故土人亦稱其地爲戈壁，與高臺近城一帶大相懸殊。有把總帶兵八十名駐此。聞數日前距此十餘里有黑番來搶牲畜，戕一守備。今年西甯、甘、涼一帶邊境似此者屢矣。自蘭州至肅州内地所轄者，東西長而南北短。其北爲蒙古，尚屬安靜。南則熟番、生番，節節多故，其所由來者漸耳。

初四日，己酉。晴。黎明行，二十五里苦水墩，又十五里雙井堡，乃高臺之第五驛也。飯罷又行十五里營兒，二十五里黄泥堡，亦曰黄牛鋪，交肅州界。又二十里臨水堡宿。

初五日，庚戌。晴。黎明行，十里有營汛，牌坊曰「柳樹五墩」。迆西則四墩以至頭墩，相距各二三里。至十五里有祈報祠。將至東關，有公所曰酒泉。其廳事之後方池相傳出泉釀酒，州即古之酒泉郡，今泉不甚甘，則所傳者未必信也。入東門，至城内行館住。

初六日，辛亥。晴。整行李。

初七日，壬子。晴。飯後起行，出北門，在城外關帝廟小憩。廟新脩，甚寬敞，其後大方池，池中有舟，可容八人之席，此閒爲罕覯。又行三十五里為丁家壩，僅有數户居民，其前後則皆荒野，涉過澗河數道。又十五里安遠寨墩，又十里上腰墩，又五里大沙河墩，又五里嘉峪關，宿關之城外驛舍。是日行七十里，路不甚長，而小石碣砢，無一平路，尚喜大車在肅州城内已换長輈，左右車輪皆離車箱一尺，猶不至顛簸耳。此次大車車箱長約五尺，寬約三尺，自地至車轅量高三尺，自車箱至篷頂量高四尺五寸。

初八日，癸丑。晴。昨夕司關官吏來問所帶僕從及車夫姓名，告以人數。今晨起行，余策馬出嘉峪關，先入關城。城内有遊擊、巡檢駐箚。城樓三座，皆三層，巍然拱峙。出關外見西面樓上有額曰「天下第一雄關」，又路旁一碑亦然。近關多土坡，一望皆沙漠，無水草樹木，稍遠則有南北兩山，南即雪山，北則邊牆，外皆蒙古及番地耳。西行四十里至雙井，有人家數十户，在隆順店飯後又行，則交玉門縣界矣。三十里紅山子，有兩三人家。又二十里惠回堡，有堡城，乃乾隆年間官建，駐千總一員，兵一百名。此處有林木水泉，頗爲關外所罕。

初九日，甲寅。晴。丑正刻行，三十里火燒溝，爲臺站换馬處。又二十五里俗名脖膝蓋，有居民數家。又十五里赤金湖。此地無湖而以湖名，或舊有之耳。五代晋高居誨使于闐記云：「肅州渡金河西百里，又西百里出玉門關。」然則赤金湖即古之金河歟？飯後又行，二十里干店子，有營汛，牌坊曰「赤金營」。聞有赤金堡，駐一都司、一把總，設兵二百名，但不在大路旁耳。又二十里赤金峽，是日路長一百一十里，因起行甚早，故西初得到。沿途沙路平坦，將至峽，則山徑狹窄，不免顛簸。其山不甚高，而皆紫色，道旁頗有雜樹，而山上轉無寸草。赤金亦作赤斤，明永樂二年，有蒙古塔力尼率所部降，遂建赤金蒙古所；正、嘉以後爲吐魯番所據。國初定鼎後内附，康熙五十七年置靖逆同知，雍正三年以柳溝通判調靖逆廳，領靖逆衛赤金所。乾隆七年改赤金所爲五衛，二十四年西域拓疆，遂將靖、赤兩衛並爲一縣，賜名玉門縣。閱祁鶴皋先生萬里行程記，以「赤金」爲「赤斤」之訛。然考元和郡縣志，載金山在古玉門縣東六十里，其山出金，太平寰宇記引十三州志云：「金山在延壽東，有玉石障。」按延壽屬古酒泉郡，則此地自是出金之峽矣。

初十日，乙卯。晴。寅刻行，西風頗大。二十里俗名賊窩鋪，又二十里高見灘，有古石碣，字蹟剥落，今未得見。又二十里三十里井，有居民數家，因在此飲茶喫麪。又二十里大東渠，距玉門縣城十里。涉靖逆渠，入南門，在城内行館宿。玉門縣係乾隆二十四年御賜今名，非古之玉門也。古玉門關在今敦煌縣境，今之驛路不必由之。

十一日，丙辰。晴。此一程應住三道溝，只五十里，緣其地居民較多，過此則難住也。早晨在旅館一飯而行，十里頭道溝，涉水而過。又二十里千店子，又十里二道溝，又十里三道溝，此處交安西州界。聞安西州境有十道溝，皆通雪山水利，故有田萬頃，居民數百家。郵内頗有市肆，賣腌蘑菰，味可。

十二日，丁巳。晴。寅刻行，三十里六道溝，又十五里七道溝，有旅店數家，因就店中爲粥而食。又過八道溝，四十五里至布隆吉，為雍正年間曾駐大兵之地，今駐都司帶兵一百名。土城内行館白楊兩株甚茂。

十三日，戊午。晴。丑刻行，二十里野馬溝，又二十里雙塔堡，有堡城，駐千總，兵一百名，頗有田畝，旅店數家，在此爲食而行。二十里亂山子，又十里沙棗園，又二十里小灣宿。此處水利頗饒，田土腴潤，林木蒽秀，居民數百家，惟途甚不平，則車馬經由者多也。郵中有王正學者，甫入泮，是日設尊宴客，因與小談，亦口外一雅事也。御者云，附近别有一路，由駱駝井至安西州，里數與大路相等而道較平，緣偏僻未允行。

十四日，己未。晴。子刻卽行，三十里車轆轤壩，又十里乾溝，又十五里林家房，又十五里安西州，城内住。

十五日，庚申。晴。辰刻行，出北門，約十里過疏勒河，水甚乾涸，其上有龍王廟。又十五里地窩鋪，僅一家郵。又二十里大槳亦然。又十五里石窰子，有土屋兩家。飯罷又行，三十里至白墩子，時已更餘矣。此程雖云九十，而覺甚長，土人云實有一百二十七里。自安西以西，路皆沙磧，往往數十里無水草，碎沙之下實有石底，車行戛戛有聲。夜在車中宿。

十六日，辛酉。晴。黎明行，四十里至獨山子，有土屋兩間，因憩爲粥而食。過此多循山坡行，坡皆不高，其色紫黑，沿途有小石片如碎瓦。三十里至紅柳園宿。居民數十家，有太清宫頗敞，惟地名不知何取，不惟無所謂紅柳，且樹木初無一株也。是日路七十里，尚不甚長，未刻即到。詢之御者，明日可兼程，因於晚飯後復膏車碾月而行。是夜仍在車卧。

十七日，壬戌。晴。子正刻過小泉，已行五十里。又三十里，寅刻到大泉，待輿夫秣馬。至黎明，入旅館一飯，辰刻復行。三十五里大山頭，亦名地窩鋪，有居民兩三家；大抵戈壁中凡有一二土屋處，即皆稱地窩鋪也。又行二十里，見東南一帶山石多白色，曠野亂石亦往往白如明礬，檢數拳，頗可玩，聞土中掘出者爲佳，近日肅州玉器有一種曰馬連井者，即此石也。又十五里馬連井宿。自昨夕至今日，行一百五十里。計安西州所轄，東自三道溝，西至此，共八站，將及六百里。此地附近有金礦，故多挖礦淘金之人，故居民及千户云。

十八日，癸亥。晴。辰刻行，三十五里紅柳河，無河亦無柳，僅一家郵小憩煎茶飲之。過此循山峽行，路崎嶇。又二十里無地名，亦一家村，爲粥食。又二十五里星星峽，向為宿站，僅大小兩店，皆甚骯臟，借隔鄰土屋喫飯，夜在車宿。此地閒於山峽，陰氣森然，居民僅九家。聞峽之西有魑魅，自建關聖廟，邪魔漸遁。過客多於廟中留香火資，有捨兩馬於廟者，遂爲神馬，一往各山自覓食，朔望一至廟，旋又不知何往。一每日自赴郵店，有過客餧馬，卽與同槽食，飽且自去，今往來僕御咸知之，見馬來食，遂喜以爲神佑云。

十九日，甲子。陰。寅刻行，西北風大，出峽皆石路，且多自上而下，車顛甚。五十里小紅柳園，有店三家，止飯。仍不見所謂紅柳者，詢之土人，謂皆伐以爲薪，遂若彼濯濯矣。又四十里沙泉，有居民數十家，向爲宿站，就旅店卸車。店差不惡，而土炕外別無一物。沿途旅店皆然，幸自帶繩凳、活幾，勉爲一餐。此處水鹹，昨在馬連井購一葫蘆，貯水而來。因星星峽與小紅柳園之水俱尚可飲，故至此始用之。是晚風愈大，夜大雪，積厚四五寸。

二十日，乙丑。晴。晨寒甚，仍飛雪，巳刻雪霽，見陽光，始行。三十里疙瘩井，僅有兩店，在此喫麪。又五十里苦水，無行館。卸車於店，店亦甚陋。亥刻又行，五鼓至紅山墩，已行八十里，因路平，行尚不滯，僕夫餧馬在此略停。

二十一日。丙寅。五鼓有微雪。辰刻行，天漸晴，路亦平。午正刻至格子煙墩，已行六十里矣。此地民居二十餘家，水尚可飲，鴿子頗多，有店數家俱惡，仍用自帶几凳，夜宿車中而已。

二十二日，丁卯。晴。子刻卽行，三十里滴水崖，又四十里長流水，時已天明，在旅店中爲食。巳刻又行四十里，有小店二家，名曰四十里井，小憩又行。三十里黄蘆岡。此地多田畝，產哈密瓜，今已過時，殊不適口，有曬乾切片結爲一團者，味甜似柿乾，亦不佳。

二十三日，戊辰。晴。子刻行，四十里盧晴墩，又三十里至哈密城。時方侵晨，自覔東門外之福興店居停。考哈密本漢伊吾盧地，置宜禾郡尉，唐爲伊州，後陷于土番，元代入版圖，明爲哈密衛，今其地土潤泉甘，田多樹密，可謂樂土，惟田歸回民耕種，入糧於其王，滿漢官民無與焉。土城甚小，辦事大臣及協辦大臣同署，餘則一副將、一通判、一巡檢，皆住城内。回城距此五里，回王府在焉。城内及附近回民約萬餘户，男戴印花小帽，女穿紅衣，土人呼爲纏頭。其語與華言大異，然能華言者亦多。自此而西南，大抵皆回地也。哈密距嘉峪關一千五百餘里，本十八站，此次連兼兩程，故只行十六日耳。新疆南北兩路，皆此分途，天山横亘其中，故有南、北祁連之稱。祁連即天山，夷詞謂之達般。北路過達般則至巴里坤，即鎮西府城，附郭爲宜禾縣。凡赴古城、烏魯木齊、庫爾喀喇烏蘇、塔爾巴哈臺、伊犂者，皆取道於北。其西南達土魯番，凡赴南之喀喇沙爾、庫車、烏什、阿克蘇、葉爾羌、和闐、喀什噶爾者，皆取道於南。然北路過達般，其寒徹骨，且雪後路迷難辨，恐陷於無底之雪海，故冬令行人雖往北路，亦多由土魯番繞道，而中有十三間房一站，爲古之黑風川，若起大風，車馬皆可掀簸空中，則土魯番一路，亦行人所憚。惟別有小南路一條，亦通古城、烏魯木齊，其路較近。由哈密西南二百八十里之瞭墩係往土魯番之大路。分途往北，既避北路達搬之雪，又避南路十三間房之風，行人無不樂由。聞宜禾縣令不許商旅行此路，並將店拆毁一空，故中有數站無店可住，並新建關聖廟亦被毁去。俄而宜禾地震半月，城垣、衙署半就傾圮，縣令始悔毁拆店之非，此本年六七月間事也。頃聞小南路往來行人仍復不少，余亦決計由此而行，特覼縷識之。

二十四日，己巳。陰。本欲登程，御者請稍息以養馬力，從之。求書書𥫩集，竟日作字。

二十五日，庚午。晴。早晨出東關，過回城，入城一觀，其王府高出城巔。回王名百善，封此四十餘年矣。行三十里有一土屋，無郵名，小停爲食。又四十里頭堡，有土城，城内回民百餘户，城外漢民二十餘户。夜宿車中。此後大抵皆以吾車爲卧榻矣。

二十六日，辛未。晴。寅正刻行，二十里過二堡，時甫日出，有店，未停車。又四十里三堡，漢回居民與頭堡同。今因天旱，飯後又行，五十里沙泉宿，亦名沙棗泉。是日家忌，茹素。

二十七日，壬申。晴。寅正行，二十里鴨子泉，甫辰初。又四十里七子泉，食罷復行。二十里大墩，有回民兩家。又二十里瞭墩宿。自七子泉以西，皆碎沙石路，車甚顛簸，蓋循天山西南麓行也。將至瞭墩之二十里，實有三十餘里長。連日望見達般積雪，一白連天。聞古城等處，本月望間雪厚數尺，没過車箱。日來天晴，未知可漸消落否。

二十八日，癸酉。晴。御者脩整車軸，停一日未行。

二十九日，甲戌。晴。辰刻行，陂陀重疊，屢登屢降，小石滿路。五十里溝口無人家，尚有泉流，在此爲食。又行三十里爲一盌泉，有土屋一家。飯畢又行，徹夜未歇。

三十日，乙亥。晴。五鼓過芨芨槽，距一盌泉四十里，又十五里車轂泉，甫日出。七十里七箇井子，此處有民屋數閒，爲宜禾令毀去，衹就頹垣之下作飯而食。遇江西南城人朱姓，從伊犂、烏魯木齊販鹿茸回建昌，言新疆事甚悉。晚又開行，天已變陰，濃雲如墨，然無駐車之所，衹有勉行耳。半夜後雪甚大，行至六十里名黑山子，有兵卡一閒，人馬極乏，姑在此停，寒不可耐。

十月

朔日，丙子。天明起視，停車在山峽中，雪積五六寸，四面全不辨路，姑就兵房然薪作飯。巳刻見陽光始行，而路中轍迹仍不可辨，且陂陀登降，峽路蜿蜒，欲迷者屢矣。勉行三十里，至白山子，日已斜，此處合於北路巴里坤之大道。北路由噶順至此三十里，有店兩家，人馬俱疲，只可住此矣。下午大晴。

初二日，丁丑。黎明行，仍是峽路。三十里色壁口，有店兩家，在此喫麵。又十里爲色壁橋，亦有民居。過此陂陀尤多。有一坡殊陡，索費馬力。又三十里大石頭，係奇臺縣轄，民居數十家，飯後本欲復行，而大雪紛紛，不得不住此矣。

初三日，戊寅。晴。辰刻見陽光行，高岡平原一白無際，馬没蹏，人没踝，勉行三十里，地名戈壁頭，回語謂之烏蘭烏蘇。是時天又稍陰，御者請少息，仍在車中卧。

初四日，己卯。晴。寅刻行，四十里沙河，甫日出爲食，又行。陽光普被，積雪漸融，五十里三箇泉，回語謂之阿克他斯。

初五日，庚辰。晴。寅刻行，五十里一盌泉，有小店兩家，爲食。又行四十里，至木壘河，商賈雲集，田畝甚多，民户約五百家；有河一道，洩雪山之水，今冬令涸矣。出阿魏、磨菰。

初六日，辛巳。晴。寅刻立冬。是時開車行，五十里爲東城口，有旅店，小坐，遇獵者殺兩狐，取其皮傳觀。巳刻又行，四十里至奇臺縣城住。南關外貿易頗多，田疇彌望。天暖雪融成泥。

初七日，壬午。陰晴相閒。子刻卽行，五十里至甘泉鋪。四十里古城住。闤闠甚多，北口外之科布多等處，蒙古諸部均在此貿易。有滿兵、漢兵兩處土城，相距三里。滿城曰孚遠城，駐領隊大臣一員及協領以下數員，滿兵一千名。漢城住遊擊等員，漢兵四百名。夜又雪積至寸餘。

初八日，癸未。晨起已晴，五十里大泉，有兵房查驗東旋人口，烏魯木齊都統委員駐此。四十里濟木薩住，阜康縣丞與參將駐有土城，縣丞催科理訟，與東樂縣丞相同。自古城來，沿途田畝連塍，邨落相接。俗謂哈密至烏魯木齊有窮八站富八站，戈壁頭以東之八站爲窮，木壘河以西之八站爲富也。

初九日，甲申。陰晴相閒。辰刻行，三十里雙岔河，二十里腰站子，二十里三臺汛，亦濟木薩縣丞所轄。榆柳甚多，有上臺、中臺、下臺。上臺五百餘户，縣丞收糧之倉在焉。鋪户皆在下臺，相距約二里。

初十日，乙酉。上午陰，晚晴。辰刻行，四十里爲濟木薩、阜康縣交界，名四十里井，有店兩家，在此爲食。又四十里爲滋泥泉，亦名白楊河。夜仍在車卧。

十一日，丙戌。晴。寅刻行，五十里大泉，四十里阜康縣，城内行館宿。是日名九十里，實有一百三十里長。雪融後泥潦滿塗，已費馬力，且路多坎窞，一車陷則衆車皆停，故自寅至亥始能抵次，而車之折軸脱輻，不一而足，殊累人也。

十二日，丁亥。晴。因候折軸之車，午刻始行。四十里甘泉堡，晚又行五十里，至古牧地，入迪化州界，道路之長，泥淖之多，與昨日相彷彿。

十三日，戊子。晴。辰刻行，此處距烏魯木齊鞏甯城，名四十里，實有五六十里長，路尚平坦，但多潤水。行二十里七道溝，有土城一座，屯田把總駐。又十里紅山嘴，入城至行館住。都護、提軍以下多來唔。此地滿、漢二城，皆繁會之區，都統、道、州駐滿城，提督駐漢城，相距約十里。余住滿城，不及住漢城矣。

十四日，己丑。晴。早晨往漢城答拜各客，廢員戍此者多來晤談。

十五日，庚寅。晴。小憩，整行李，爲人作字，夜分始罷。

十六日，辛卯。晴。晨往答各官，並辭行。回寓後，復作字。雇赴伊犁車。

十七日，壬辰。晴。晨開車，十里爲十里店。二十里〔二〕爲地窩鋪，二十里亦名地窩鋪，十里爲三十里墩，交昌吉縣界。又十里爲頭墩河，冬令水已涸而積雪彌漫，陰寒特甚。十五里爲昌吉縣城，舊名洛克倫。

十八日，癸巳。晴。辰刻行，十里榆樹塘，又二十里小蘆草溝，十里大蘆草溝，十里榆溝，爲食。又二十里爲二十里店，二十里至呼圖壁宿。有土城名景化，巡檢駐此。雖云九十里，實有一百里長。

十九日，甲午。晴。辰行二十里爲五工臺，小坐。二十里亂山子，二十里圖古里克，俗呼土葫蘆，仍呼圖壁巡檢所轄。此站只六十里，向爲宿站，緣過此則無住處矣。

二十日，乙未。晴。辰行三十里樂土驛小坐。二十里塔西河，民居甚盛，閩漳、泉人在此耕種者數百家，皆遣犯後嗣，近來閩、粵發遣之人亦多分配此，因在店食。

十五里鮑家店，樹木頗多。又二十里綏來縣城，在東關外住。此地舊名瑪納斯，田土膏腴，向產大米販各處，大米每升約重四斤餘，價四十文。豌豆每升重亦然，價二十二文。人物之繁，不亞蘭州。有南北兩城，縣令與副將駐北城，都司駐南城。

二十一日，丙申。晴。輿人换輈，未行。由此處赴伊犂，轍迹愈寬，車輈每邊出車箱一尺二寸。下午爲人書條幅、楹帖。

二十二日，丁酉。晴。辰行過西關，十里有瑪納斯河，今冬令水弱，河流隔爲三道，深且及馬腹，夏令不知若何浩瀚矣。又三十里破城子，居民數百家，無所謂城也。爲食又行。四十里烏蘭烏蘇軍臺宿，民户亦多。前人記載皆言此處蚊多且虐，冬令幸無患。

二十三日，戊戌。晴。聞此站長，卯初行，黎明寒甚。二十五里五顆樹，十五里三道河，此四十里有五十里長。所謂三道河者，指夏令言，冬則涸矣。民户盈千，在飯館中一飯。又二十五里曰五斗完糧，蓋以一邨納糧之數名其地耳。又二十五里安濟海，此五十里有六十里長，仍綏來縣轄，居民有五千户，軍臺及旅店皆小，卻有行館甚敞，遂宿焉。

二十四日，己亥。晴。黎明行，沿途空曠無人，與前戈壁等。三十里有一人家，無地名。二十里爲四十里井，仍綏來西界，過此隸喀喇烏蘇之糧員管轄矣。又四十里奎墩，居民百餘户，聞水利薄，田不腴，邨墟殊荒陋耳。

二十五日，庚子。晴，黎明行，三十里河沿子，三十里庫爾喀喇烏蘇宿，有土城，領隊大臣、遊擊、守備暨糧員駐。

二十六日，辛丑。晴。辰行，沿途無人煙，樹木不少。三十里乾河子，新立牌坊曰「豐潤河」，道旁有小店。又四十里布爾噶齊住。居民百餘户。

二十七日，壬寅。晴。黎明行，十五里過小河，五里四顆樹，此二十里約有三十里長。又四十里爲敦木達，有軍臺，此四十里較短。到時尚早，因再行，三十里河沿子宿。

二十八日，癸卯。陰晴相間，黎明行，約三里，涉河兩道，一淺，一稍深，在夏秋則大渠也。又七八里，皆小石子路，過此乃平坦，樹木極多。又二十里固爾圖。又二十里花樹林，有店未停，惟行李車飼馬。二十里托多克，二十里沙窩頭，過此皆沙窩矣。店一家甚湫隘。

二十九日，甲辰。晴。黎明行，甫里許，即入沙窩路。此路直至沙泉子，六十里，先二十里沙最深，疲馬力，中二十里略淺，後二十里路多麤沙，似有石底，然車行尚不滯。沙泉子僅一店湫隘，與昨日之店。因尚早，知精河距此五十里，又前行，閒亦有沙，但不甚深。三十五里過一山，穿峽而出，此山自喀喇烏蘇至精河，横截南北，土人稱爲南山，似亦天山之支麓也。過山後，又行十五里精河城外。有土城，糧員及都司駐。

十一月

朔日，乙巳。晴。住一日。此地安插遣犯約二百餘名，令種地及各營服役，閩、粵人居其半。乞賞紛紛，勉應之。

初二日，丙午。晴。辰刻行，數里卽入葦湖，道旁葦草彌望，聞夏令此地皆水，須繞戈壁二十里，今水涸，惟閒亦有沙窩耳。四十里有牌坊曰「永濟湖」，俗呼爲腰站，有一店頗潔，小坐。民居四五家。又二十里爲托里，有軍臺。此站六十里，有七十里長。附近田地皆土爾扈特所種，皆有土爾扈特氈帳。

初三日，丁未。黎明行，天陰甚寒。沿途從葦閒穿行，五十里至大河沿，此地爲一馬頭，市肆民居頗盛。又行三十里爲托霍木圖軍臺，俗稱五臺，仍隸精河轄，居民寥寥。南山環繞如翠屏，其北亦羣峯聳秀。途遇伊犁差官貢馬進京，馬八十匹，聞正貢不過數匹，歲例三次，此係明年端陽之貢。

初四日，戊申。黎明行，陰晴相間。沿途皆戈壁，微有陂陀，然尚平坦，南北多峯巒。四十里有一小店，無地名，在此爲食。其地乏水，不能飲馬。又行四十里至四臺，爲伊犂界，昨日五臺尚為精河轄耳。居民數家，兩店甚陋。

初五日，己酉。晴。黎明行，沿途山坡盡石。四十里有店無水，祗賣乾餅，昨夕爲粥帶來食之。又行四十里三臺宿，四面環山，諸山水匯巨澤，俗呼海子，考前人記載，所謂賽里木諾爾是也。東西寬約十里，南北長倍之，波浪湧激，似洪澤湖，向無舟楫，亦無魚鮪之利，土人言中有神物如青羊，見則雨雹，水不可飲，飲將手足疲軟，意雪水性寒故耳。

初六日，庚戌。黎明大風，天陰。過一卡倫，循海子而西，沿途風濤之聲。四十里松樹頭，海子始盡，兩山劈開，千松挺立，行人謂之過達搬不知其名，考前人記載，當是塔爾奇山。大雪飄灑，有店，小坐。雪稀過山，山爲行者所憚，實不甚峻。東來上山少下山多，西來則反是矣。後峯迴路轉，俗名果子溝，實塔爾奇溝也。祁鶴皋先生行記稱奇絕仙境，如入萬花谷中。值冬濃碧嫣紅不可得見，而沿山松樹重疊，不可計數。雪後巖白松蒼，天然圖畫，古徑幽折，泉溜清泠，二十里中步步引人入勝。誠不僅作山陰道上觀也。過橋十餘道，二臺宿。晚雪霽。

初七日，辛亥。晴。辰刻行，仍在山峽中蜿蜒旋轉，雖路石高低，車行顛簸，而松雪清泉，處處動人欣賞。木橋數十道，橋下泉聲若琴筑然。四十里至頭臺，飯畢又行。五里出山峽就曠野。四十餘里至大蘆草溝宿。土城曰廣仁，駐遊擊，漢兵六百名。

初八日，壬子。晴。辰刻行，路甚坦。四十里地窩鋪，又二十里綏定城宿。爲伊犂鎮駐其署中，有園亭之勝，額曰「綏園」，又曰「會芳園」。塔爾奇城距十里。

初九日，癸丑。陰。辰刻喫麪行，行十五里爲十五里鋪，又十里伊犁城謁將軍、參贊，拜領隊四人及撫民同知，回寓布置，寓南街鼓樓前寬巷。

初十日，甲寅。晴。將軍發折，為余報到戍並派掌糧餉處事。

校記：

〔一〕荷戈紀程又名壬寅日記。記載林則徐道光二十二年七月初六日（一八四二年八月十一日）由西安出發，至十一月初十日（十二月十一日）抵達伊犂戍所的情況。與鈔本相較，印本删去諸多有關人事記録，沿途風物亦酌情删減，兹不一一校出。

〔二〕一本作「三十里」。